本报告的出版得到

国家重点文物保护专项补助经费资助

本报告的编著得到

国家社会科学基金项目

和中国社会科学院重点课题经费资助

中国田野考古报告集

考 古 学 专 刊

丁种第一百零九号

辽 祖 陵

2003～2010年考古调查发掘报告

第一册

中国社会科学院考古研究所
内蒙古自治区文物考古研究院　编著

文物出版社

北京·2022

图书在版编目（CIP）数据

辽祖陵：2003~2010年考古调查发掘报告 / 中国社
会科学院考古研究所, 内蒙古自治区文物考古研究院编著
. —北京：文物出版社, 2022.3
　　ISBN 978-7-5010-7124-1

Ⅰ. ①辽… Ⅱ. ①中… ②内… Ⅲ. ①辽墓—考古发
掘—发掘报告—巴林左旗—2003-2010 Ⅳ. ①K878.85

中国版本图书馆CIP数据核字（2022）第031080号

审图号：GS（2023）530号

辽祖陵——2003~2010年考古调查发掘报告

编　　著：中国社会科学院考古研究所
　　　　　内蒙古自治区文物考古研究院

封面设计：周小玮
责任编辑：蔡　敏　张庆玲
特邀编辑：刘　昶
责任印制：张道奇

出版发行：文物出版社
社　　址：北京市东城区东直门内北小街2号楼
邮　　编：100007
网　　址：http：//www.wenwu.com
经　　销：新华书店
印　　刷：天津图文方嘉印刷有限公司
开　　本：787mm×1092mm　1/16
印　　张：107.5
插　　页：2
版　　次：2022年3月第1版
印　　次：2022年3月第1次印刷
书　　号：ISBN 978-7-5010-7124-1
定　　价：2300.00元（全五册）

Zuling Mausoleum of the Liao Dynasty:

Report on the Archaeological Surveys and Excavations from 2003–2010

(I)

By

Institute of Archaeology, Chinese Academy of Social Sciences

Institute of Cultural Relics and Archaeology, Inner Mongolia Autonomous Region

Cultural Relics Press

Beijing · 2022

目　录

（以上第三册）

插 图 目 录

（以上第一册）

（以上第三册）

图版目录

（以上第四册）

第一章　前言

契丹辽王朝（简称辽朝，公元907~1125年）是契丹人建立、汉人居多数的中国北方的帝国。辽朝和南中国的五代（公元907~960年）、北宋（公元960~1127年）开启了中国第二次南北朝的局面，为多元一体中华民族的形成做出过重要贡献。

公元907年唐朝灭亡，五代第一个小王朝后梁建立。同年，契丹部落联盟由迭剌部取代遥辇部，耶律阿保机成为"可汗"，被尊称为"天皇帝"。经过近十年契丹内部的政治争斗，耶律阿保机集团取得绝对优势，遂于公元916年正式建国，国号"契丹"（后来一度称"大辽"），建元"神册"[1]。契丹辽王朝开始了200余年的辉煌历程。

契丹辽帝国以西拉木伦河（潢河）和老哈河（土河）流域为中心，一度占据北抵克鲁伦河流域和外兴安岭一线，东临日本海，西到阿尔泰山附近，南达河北高碑店白沟一线的广大地区。契丹族虽然是一个业已消亡的民族，但是其所建立的契丹辽帝国，开启了中国北方民族王朝主宰中国历史舞台的新阶段，拓展了中国北部边疆，为后来金朝入主中原地区，元朝和清朝统一全国奠定了基础，在中华民族共同体形成过程中起到了重要作用。

辽朝从太祖耶律阿保机称帝开始，到天祚帝耶律延禧被金所俘为止，共传世九代，有九位皇帝登基[2]。结合文献记载和考古调查可知，辽代皇帝陵主要分五个陵区（表一）。

---

[1] ［元］脱脱等撰：《辽史》卷一、卷二《太祖本纪》，中华书局，1974年。

[2] 根据《辽史》载，辽代正式登基的皇帝有九位。即太祖耶律阿保机、太宗耶律德光、世宗耶律阮、穆宗耶律璟、景宗耶律贤、圣宗耶律隆绪、兴宗耶律宗真、道宗耶律洪基、天祚帝耶律延禧。此外，还有三个被追封的皇帝，即辽太祖长子，人皇王耶律倍被追谥为让国皇帝，庙号义宗，葬显陵；辽太祖第三子，天下兵马大元帅耶律李胡被追谥为钦顺皇帝，后改谥为章肃皇帝，葬玉峰山西谷；辽道宗长子，昭怀太子耶律濬被追谥顺圣皇帝，庙号顺宗。原葬龙门山，后以天子礼改葬玉峰山。此外，辽兴宗于重熙二十一年秋曾"追尊太祖之祖为简献皇帝，庙号玄祖，祖妣为宣献皇后；太祖之考为宣简皇帝，庙号德祖，妣为宣简皇后"。天祚帝乾统三年"追尊太祖之高祖曰昭烈皇帝，庙号肃祖，妣曰昭烈皇后；曾祖曰庄敬皇帝，庙号懿祖，妣曰庄敬皇后。"追封的七个皇帝中，除义宗耶律倍葬显陵外，其他六人葬地待考。《辽史》卷三《太宗本纪》载：太宗天显九年"戊寅，葬太皇太后（即宣简皇后）于德陵"。《辽史》卷七十一《后妃传》"德祖宣简皇后萧氏"条载其"天显八年崩，祔德陵"。但德陵地望不详。

表一　　　　　　　　　　　　　　　　　　　　　辽代帝系及陵寝分布表

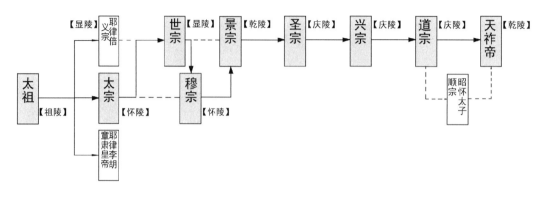

辽祖陵是太祖耶律阿保机和淳钦皇后述律平的陵寝之地，位于内蒙古自治区巴林左旗查干哈达苏木石房子嘎查西北 2 千米的山谷中。怀陵是太宗耶律德光和穆宗耶律璟的陵寝之地，位于内蒙古自治区巴林右旗岗根苏木床金沟山谷中。庆陵是圣宗耶律隆绪、兴宗耶律宗真和道宗耶律洪基的陵寝之地，位于内蒙古自治区巴林右旗索博日嘎苏木北 15 千米的瓦里乌拉山（辽称庆云山）下。显陵为东丹人皇王（义宗）耶律倍和世宗耶律阮的陵寝之地，位于辽宁省北镇市富屯乡龙岗村一带的山谷（二道沟）中。乾陵是景宗耶律贤和睿智皇后萧绰的陵寝之地，天祚帝耶律延禧祔葬于此，位于辽宁省北镇市富屯乡新立村一带的山谷（三道沟）中（图 1-0-1）。

第一节　区位和地理环境

辽祖陵遗址隶属内蒙古自治区赤峰市巴林左旗查干哈达苏木石房子嘎查。位于辽上京城遗址（巴林左旗政府所在地林东镇东南）西侧略偏南约 20 千米处（图版一）。

辽祖陵遗址位于大兴安岭山脉西南部的山区。辽祖陵陵园地处大布拉格山脉围合而成的小盆地内，四面环山。地势总体西北高，东南低。沙里河从辽祖陵遗址南侧由西北向东南流过，经辽上京城南侧，注入西辽河支流乌力吉沐沦河。辽祖陵陵园的地理坐标为东经 119°07′23.3″，北纬 43°52′56.4″。这里地处内蒙古高原向东北平原的过渡地带，也是中国古代北方地区重要的农牧交错地带之一。

巴林左旗地处内蒙古自治区赤峰市东北部。东临阿鲁科尔沁旗，西、南两面和巴林右旗接壤，北面与锡林郭勒盟西乌珠穆沁旗交界。巴林左旗地理坐标为东经 118°43′56″~119°48′30″，北纬 43°36′46″~44°46′46″。全旗总面积 6644 平方千米，总

图 1-0-1 辽代帝陵分布示意图

人口 35.96 万人。旗政治、经济、文化中心——林东镇位于旗境南部。林东镇东南紧邻辽上京城遗址。

巴林左旗属中温带半干旱大陆性季风气候区。全年四季分明。春季多风干旱温差大，夏季多雨气温高，秋季风大霜来早，冬季严寒北风多[1]。

夏季（6至8月）温度较高，降水增多，季平均气温在19℃~21℃。南部比北部偏高2℃左右，7月份最热。季平均降水量，南部林东地区为289.7毫米，占年降水量的77%，北部浩尔吐地区为295.4毫米，占年降水量的78%。一般7月初开始进入汛期，月平均降水量为120~140毫米，占年降水量的43%~46%。

冬季（11至2月）时间长、风大、降水少、寒冷，季平均气温 -10℃~-12℃，最冷的1月份，平均气温 -13.5℃~-15.5℃。南部气温比北部气温偏高1℃~2℃。季平均降水量为5~10毫米，是全年降水最少的季节。北部林区雪量较大，全年积雪日平均为24天，最多积雪日达90天。季平均风速为3米/秒~6米/秒。

---

[1] 巴林左旗志编纂委员会：《巴林左旗志》，内蒙古人民出版社，1996年。

巴林左旗境内流域面积超过 100 平方千米的河流有 22 条。乌力吉沐沦河及其支流，是旗内的主要河流，流域面积 5900 平方千米，地表水径流量为 19478 万立方米，地下水年补给量 15448 万立方米。沙里河是其重要的支流之一。

巴林左旗矿产资源丰富。境内已发现各类矿产地 130 多处，其中工业矿床 5 个、矿点 80 多个、矿化点 50 多个，集中分布在岩浆活动频繁的北部基岩出露区。已发现矿种有 30 多种，主要有铅、锌、铜、锡等有色金属，金、银等贵重金属，铁、锰等黑色金属和叶蜡石、珍珠岩、花岗岩等非金属。

巴林左旗现有耕地约 155 万亩，适宜种植玉米、小麦、大豆、谷子、高粱、烟叶等农作物 110 多种；可种植白菜、芹菜、韭菜等 80 多种蔬菜。大葱、大蒜、杂粮、杂豆、笤帚苗、线麻、土豆在毗邻地区有很高的声誉。十三敖包镇为东北地区最大的笤帚苗集散地。

全旗有林地面积 305 万亩，森林覆被率达 30.7%，主要树种有油松、落叶松、蒙古野果（123 苹果）、山杏及速生丰产用材林等 40 多种。人工栽植的 2 万亩落叶松是自治区最大的人工落叶松林。全旗山杏林面积 132 万亩，年产山杏核 500 万公斤以上，是全国重点山杏核产区之一。

全旗现有草牧场面积 484 万亩，为畜牧业的发展提供了充足的饲草资源。全旗年产优质绵羊毛 230 吨、山羊绒 100 多吨，是东北地区较大的绒毛、皮张集散地。巴林左旗马鹿资源丰富，现存栏达 4600 多只。拥有东北最大的养鹿场——乌兰坝林场鹿场和石棚沟林场鹿场。

总的说来，现在巴林左旗的地理环境，适合农牧混合型经济。

第二节 历史沿革

包括巴林左旗历史沿革和辽祖陵遗址历史沿革两部分。

一 巴林左旗历史沿革

巴林左旗有着悠久的历史文化底蕴。至少在约 8000 年前，这里就有人类活动。境内目前最早可识别的是兴隆洼文化遗址，距今 8200~7400 年左右[1]。其中金龟山

---

[1] 中国社会科学院考古研究所编著：《中国考古学·新石器时代卷》，中国社会科学出版社，2010 年。本文新石器时代考古学文化年代数据均采自此书。

遗址[1]曾进行过考古发掘，位于巴林左旗十三敖包镇丰水山村东南约 300 米处。

富河文化大体与赵宝沟文化年代相仿[2]，时间约在距今 7200~6400 年之内。巴林左旗是富河文化的发祥地和命名地[3]。富河文化因首次发掘于巴林左旗富河镇富河沟门村北向阳陡坡上而命名。富河文化以篦点"之"字纹筒形罐、斜口器、钵等陶器和细石器、大型打制石器共存为主要特色[4]。其主要遗存以乌力吉沐沦河上游一带为中心，是兴隆洼文化在北部的后继者之一，是北方地区新石器时代重要的考古学文化。

红山文化是中国北方地区新石器时代晚期十分重要的考古学文化，年代在距今 6500~5000 年。巴林左旗境内当时属于红山文化的最北部。其中巴林左旗碧流台镇南杨家营子遗址[5]、隆昌镇友好村二道梁遗址[6]等经过考古发掘。

相当于小河沿文化（距今约 5000~4500 年）时期的考古学文化，在巴林左旗境内还没有得到发现和识别。

夏朝和早商时期，这里属于夏家店下层文化。在辽祖陵遗址和漫岐嘎山的西侧沙地中，发现了夏家店下层文化遗址[7]。商代晚期到春秋时期，这里属于夏家店上层文化的范围。

战国至秦时期（公元前 475~ 前 207 年），这里应是东胡之地。西汉时期（公元前 206~ 公元 8 年）属于乌桓。东汉到两晋十六国时期（公元 25~386 年），这里属于鲜卑诸部。巴林左旗碧流台镇南杨家营子村的遗址和墓葬[8]等经过考古发掘。

北魏至隋朝（公元 386~618 年），本地应是契丹族的游牧地。北魏登国四年（公元 389 年），是契丹族在历史文献中最早的记载[9]。契丹族开始逐渐登上中国历史的舞台。此地活动的契丹族一度依附于库莫奚。后期经常受到漠北地区突厥汗国的

---

[1]徐光冀：《乌尔吉木伦河流域的三种史前文化》，《内蒙古文物考古文集》第一辑，中国大百科全书出版社，1994 年。索秀芬、李少兵：《金龟山遗址一期遗存文化性质》，《草原文化》2012 年 1 期。需要说明的是，本文内村落所在地的区划，为现在行政管辖乡镇的名称。

[2]朱延平：《富河文化的若干问题》，《内蒙古文物考古文集》第一辑，中国大百科全书出版社，1994 年。

[3]中国科学院考古研究所内蒙古工作队：《内蒙古巴林左旗富河沟门遗址发掘简报》，《考古》1964 年 1 期。

[4]中国社会科学院考古研究所编著：《中国考古学·新石器时代卷》，中国社会科学出版社，2010 年。

[5]徐光冀：《乌尔吉木伦河流域的三种史前文化》，《内蒙古文物考古文集》第一辑，中国大百科全书出版社，1994 年。

[6]内蒙古文物考古研究所：《巴林左旗友好村二道梁红山文化遗址发掘简报》，《内蒙古文物考古文集》第一辑，中国大百科全书出版社，1994 年。

[7]中国社会科学院考古研究所内蒙古第二工作队调查资料。参阅内蒙古巴林左旗第三次文物普查资料。

[8]刘观民：《内蒙古巴林左旗南杨家营子的遗址和墓葬》，《考古》1964 年 1 期。参阅宿白：《东北、内蒙古地区的鲜卑遗迹——鲜卑遗迹辑录之一》，《文物》1977 年 5 期。

[9]《魏书》卷一百《契丹传》云："契丹国，在库莫奚东，异种同类，俱窜于松漠之间。登国中，国军大破之，遂逃进，与库莫奚分背。经数十年，稍滋蔓，有部落，于和龙之北数百里，多为寇盗。"《魏书》卷一百《库莫奚传》载："库莫奚国之先，东部宇文之别种也。初为慕容元真所破，遗落者窜匿松漠之间。"［北齐］魏收撰：《魏书》，中华书局，1974 年，第 2222、2223 页。

侵扰。

唐朝（公元 618~907 年），逐渐壮大的契丹部族长期控制此地[1]。唐贞观二年（公元 628 年），契丹首领摩会率其部落降唐。本地属契丹大贺氏部落联盟。贞观二十二年（公元 648 年），窟哥等部咸请内属，乃置松漠都督府，赐姓李氏。本地隶属唐松漠都督府。武则天万岁通天年间（公元 696~697 年），松漠都督李尽忠叛唐自立，松漠都督府遂废。契丹部落联盟依附于突厥，故这里一度属于突厥汗国。开元三年（公元 715 年），契丹首领李失活率部归唐，唐复置松漠都督府。本地隶属松漠都督府。开元十八年（公元 730 年），军事首长可突于杀死大贺氏联盟首领邵固，率契丹部落并胁奚众降于突厥。契丹遥辇氏取代大贺氏，遥辇氏首领成为契丹部落联盟的可汗。天宝四年（公元 745 年），突厥为回纥所灭。契丹部落联盟投靠回纥。本地又辖于回纥（唐贞元四年，公元 788 年后称回鹘）汗国近百年。回鹘汗国于公元 840 年被黠戛斯推翻。唐武宗会昌二年（公元 842 年），契丹部落联盟在其首领屈戍（遥辇氏）的率领下重归于唐。唐朝视契丹为属国，承认屈戍的可汗地位，并授以"奉国契丹之印"[2]。

唐天祐四年（公元 907 年），唐朝灭亡。同年，契丹人耶律阿保机成为契丹部落联盟可汗。于公元 916 年正式登基称帝，建国号"契丹"。随后于神册三年（公元 918 年）营建"皇都"；太宗会同元年（公元 938 年）更名为上京，并置临潢府。契丹辽王朝时期（公元 907~1125 年），这里为契丹辽上京临潢府所在地和核心辖区。

金朝早中期（1120~1211 年），此地初为临潢府之治所。金初沿袭辽制，本地仍称上京临潢府。熙宗天眷元年（1138 年），辽上京称谓被取消，改称为北京。金都会宁府建号上京，本地改称北京临潢府，置北京路都转运司于此。海陵王天德二年（1150 年），改北京为临潢府路，以北京路都转运司为临潢府路转运司，寻罢。从此本地免去京号。贞元元年（1153 年），海陵王建中都于燕京。以大定府（即辽之中京）为北京，置陪都；于本地置临潢府路提刑司，掌管一方刑狱事。同时改临潢府总管为府尹，仍兼本路兵马都总管。临潢府隶于北京路。

金朝晚期（1212~1230 年），为"辽王"耶律留哥统治的中心区。金代大安三年（1211 年）即成吉思汗称帝的第六年，成吉思汗决定誓师伐金。次年，蒙古统帅按

---

[1]《旧唐书》卷一百九十九下《北狄列传》"契丹"条载："契丹，居潢水之南，黄龙之北，鲜卑之故地，在京师东北五千三百里。东与高丽邻，西与奚国接，南至营州，北至室韦。冷陉山在其国南，与奚西山相崎，地方二千里。"[后晋] 刘昫等撰：《旧唐书》，中华书局，1975 年，第 5349 页。

[2]《旧唐书》卷一百九十九下《北狄列传》"契丹"条载："贞元四年，与奚众同寇我振武，大掠人畜而去。九年、十年，复遣使来朝，大首领梅落拽何已下，各授官放还。……会昌二年九月，制：'契丹新立王屈戍，可云麾将军，守右武卫将军员外置同正员。'幽州节度使张仲武上言：'屈戍等云，契丹旧用回纥印，今恳请闻奏，乞国家赐印。'许之，以'奉国契丹之印'为文。"[后晋] 刘昫等撰：《旧唐书》，中华书局，1975 年，第 5354 页。

陈那衍率军东征，收降金朝北边行军谋克契丹人耶律留哥。金贞祐三年（1215 年），成吉思汗赐耶律留哥金虎符，为辽王（留哥已于 1213 年，自封为辽王），所辖地中就有临潢府故地[1]。次年，耶律留哥追剿叛军，"还度辽河，招抚懿州、广宁，徙居临潢府"。后来又围剿叛将喊舍，"徙其民于西楼"。金兴定四年（1220 年），耶律留哥死，其妻"姚里氏佩虎符，权领其众"。金哀宗正大三年（1226 年），耶律留哥长子薛阁承袭辽王。正大七年（1230 年）即蒙古国太宗窝阔台执政的第二年，辽王薛阁被令东征，"帝命与撒儿台东征，收其父遗民，移镇广宁府，行广宁路都元帅府事"[2]，被撤藩为将。此后，本地成为蒙古人的游牧之地。

蒙古国后期和元朝时期（1230~1368 年），此地为特薛禅后裔世袭领地，先后隶属应昌府路和全宁路。特薛禅为弘吉剌部人，其女为太祖成吉思汗皇后，其子孙多是蒙古国和元朝的重要功臣，后封鲁王[3]。太祖九年（1214 年），成吉思汗在迭蔑可儿驻夏时，将东起科尔沁右翼中旗、西至锡林浩特、南至宁城、北到扎鲁特和霍林河左近的广大地区，分封给特薛禅之子国舅按陈等。领地内建有应昌府城（克什克腾旗达日罕乌拉苏木多若诺日嘎查）和全宁府城（翁牛特旗乌丹镇）。世祖至元二十二年（1285 年），应昌府升为应昌路，由按陈之孙济宁王管领，本地隶属之。成宗大德七年（1303 年），全宁府升为全宁路，由按陈之曾孙鲁王碉阿不剌管领，本地改隶为鲁王分地。顺帝至正元年（1341 年），罢应昌、全宁两路，至正十四年（1354 年），复置，本地仍隶于全宁路，为鲁王分地。

明洪武二十一年（1388 年），明朝军队占领鲁王故地，在大宁地区设北平行都司（宁城县大明镇），由宁王朱权镇守。本地隶属之。永乐元年（1403 年），明成祖朱棣将大宁卫地区割给蒙古部族的泰宁、福余、朵颜三卫（称兀良哈三卫）[4]。本地实际上为兀良哈三卫所辖。从明成化十六年（1480 年）起，蒙古黄金家族达延汗开始了长达 37 年对蒙古诸部的统治[5]。这期间，蒙古喀尔喀万户内十二鄂托克之一的巴林部开始出现在历史舞台。

明崇祯元年，即后金天聪二年（1628 年），巴林部贝勒塞特哩（色特尔）等率

---

[1]［明］宋濂等撰：《元史》卷一百四十九《耶律留哥列传》，中华书局，1976 年，第 3511~3513 页。本节以下引文均出自《耶律留哥列传》。

[2] 参见《元史》卷一百四十九《耶律留哥列传》，第 3513~3515 页。

[3] 参见《元史》卷一百一十八《特薛禅列传》，第 2915 页。

[4]［清］张廷玉等撰：《明史》卷六《成祖本纪二》，中华书局，1974 年，第 79 页；另见卷三百二十八《外国列传九》，第 8504 页。

[5] 朱风、贾敬颜译：《汉译蒙古黄金史纲》，内蒙古人民出版社，1985 年。薄音湖：《达延汗生卒即位年考》，《中央民族学院学报》1982 年 4 期。根据《黄金史纲》和蒙古文《俺答汗传》考证，达延汗生于成化十年（1474 年），成化十六年（1480 年）即位，成化二十三年（1487 年）亲政，弘治元年（1488 年）称大元大可汗。正德元年（1506 年）统一漠南蒙古。正德十二年（1517 年）薨。参阅《明史》卷三百二十七《外国列传八》第 8475 页。文中称达延汗为"小王子"。

部脱离北元归附后金[1]。天聪八年（1634 年），后金皇太极在硕翁科尔（今通辽市科尔沁左翼后旗境内），为已归附的蒙古诸部划定牧地。右翼、左翼同游牧地，在潢河北岸。东界阿鲁科尔沁，南界翁牛特左翼，西界克什克腾，北界乌珠穆沁。顺治五年（1648 年），清政府诏编所部佐领，以满珠习礼章左翼，爵固山贝子；色布腾掌右翼，爵多罗郡王。各授扎萨克[2]。本地为巴林左翼旗所辖。是为本地建旗之始。乾隆三十九年（1774 年），清政府置乌兰哈达厅，本旗隶属之。乾隆四十三年（1778 年），升热河厅为承德府，改乌兰哈达厅为赤峰县，本地汉民隶属赤峰县。

中华民国初年沿袭清末建置。民国 12 年（1923 年），热河巴林垦务局林东垦务分局设立，本旗开始大量放垦蒙荒。随着巴林二旗汉族人口的逐年增多，遂有建县之举。1925 年，于本旗贝子庙建立林东设治局，代行县政，隶于热河特别区。1932 年 8 月，林东设治局正式升为林东县。县辖巴林左、右二旗全境，隶属热河省。

1933 年 3 月，日本侵占林东，本地沦陷。7 月，建立伪巴林左翼旗公署。1945 年 8 月，日本侵略者败逃，伪旗公署垮台。

1945 年 12 月，和子章组建地方临时行政机构巴林左翼旗政府。1946 年 6 月，中共热北地委于本旗建立第一个人民政权——林东行政委员会，和旗政府同属于热河省昭乌达盟行政委员会。1947 年 11 月，林东行政委员会与巴林左翼旗政府合并，改称巴林左翼旗政府，隶属于热河省昭乌达盟政府。

1949 年 5 月，巴林左翼旗随昭乌达盟划归内蒙古自治区。1954 年 3 月，巴林左翼旗人民政府改称巴林左旗人民委员会。1968 年 2 月，成立巴林左旗革命委员会。1969 年 7 月 1 日，巴林左旗随昭乌达盟划归辽宁省。1979 年 7 月 1 日，巴林左旗随昭乌达盟重新划归内蒙古自治区。1981 年 7 月，撤销巴林左旗革命委员会，恢复巴林左旗人民政府名称。1983 年 10 月，实行市管县行政体制，昭乌达盟改为赤峰市，巴林左旗隶属至今[3]。

二　辽祖陵遗址兴废历程

巴林左旗境内有著名的辽上京遗址。根据《辽史》记载，在辽上京城西四十里处，还建有辽祖州城。这里曾是辽太祖耶律阿保机四代先人世居之地。因此，建城后号"祖州"。辽太祖耶律阿保机驾崩后，葬在祖州城西北约五里的辽祖陵。

辽祖陵是契丹辽帝国开国皇帝太祖耶律阿保机和淳钦皇后述律平的陵寝之地，

[1] 赵尔巽等撰：《清史稿》卷七十七《地理志二十四》内蒙古巴林部条，中华书局，1977 年，第 2405 页。
[2] 赵尔巽等撰：《清史稿》卷五百十九《藩部列传二》巴林条，第 14342 页。
[3] 巴林左旗志编纂委员会：《巴林左旗志》，内蒙古人民出版社，1996 年。清朝以后历史沿革主要以此书为参考依据。

是辽代创建的第一座帝陵。

耶律阿保机出生于唐咸通十三年（公元 872 年）。唐天复元年（公元 901 年），耶律阿保机当上本部夷离堇（军事首长）。他多次率军出征，北上大破室韦等部落；南下掠夺河东、代北汉人地区，逐渐赢得威望。天复三年（公元 903 年）耶律阿保机成为契丹部落联盟的于越，掌握军政实权。唐帝国灭亡的天祐四年（公元 907 年），耶律阿保机领导的迭刺部取代遥辇氏，成为契丹部落联盟中最强的部落。耶律阿保机被拥戴为契丹部落联盟的可汗，被尊为"天皇帝"。这是契丹族发展史上最重要的转折点。耶律阿保机经过历时九年传统与革新的内部争斗，取得绝对性政治胜利，不仅持续继任可汗，还于公元 916 年在龙化州正式登基，被尊称"大圣大明天皇帝"，立国号"契丹"，建元"神册"[1]。

《辽史》记载，辽天赞五年[2]，即天显元年（公元 926 年）七月，耶律阿保机率军征服渤海国后，在班师回朝的途中，猝崩于扶余城[3]。九月丁卯，耶律阿保机"梓宫至皇都[4]，权殡于子城西北。己巳，上谥升天皇帝，庙号太祖"。太宗天显二年（公元 927 年）八月，"葬太祖皇帝于祖陵，置祖州天城军节度使以奉陵寝"。

祖陵创建时间略晚于神册三年（公元 918 年）始建的上京城。其陵园内耶律阿保机玄宫[5]等主要建筑及相关祭祀建筑在天显二年（公元 927 年）基本竣工，随后太祖耶律阿保机入葬。《辽史》卷三《太宗本纪》载天显三年（公元 928 年）"五月丙午，建天膳堂"。在陵园外的辽太祖纪功碑楼等建筑也相继建成，并在祖州城设奉陵邑，置天城军，专门负责祖陵的管理、护卫及祭祀等。

太祖淳钦皇后入葬于应历三年（公元 953 年）。《辽史》卷六《穆宗本纪》载，应历三年"六月丁卯，应天皇太后崩"。"冬十月己酉，命太师唐骨德治大行皇太后园陵。""十一月辛丑，谥皇太后曰贞烈，葬祖陵。"《辽史》卷七十一《后妃列传》"太祖淳钦皇后述律氏"条载，"应历三年崩，年七十五，祔祖陵，谥曰贞烈。

---

[1] ［元］脱脱等撰：《辽史》卷一、卷二《太祖本纪》，中华书局，1974 年。

[2] 《辽史》卷二《太祖本纪》中记载，耶律阿保机驾崩之年为天显元年。在 2007 年考古发掘的辽祖陵龟趺山建筑基址发掘出土的汉字碑文残块中，有天赞五年的记录。这说明耶律阿保机驾崩之时为天赞五年；太宗即位后，改为天显元年，为同一年的前、后两段。可补史料之不足。

[3] 扶余城多认为在吉林省农安县。待考。辽太祖时改为"黄龙府"。［元］脱脱等撰：《金史》卷二十四《地理志》载："隆州，下，利涉军节度使。古扶余之地，辽太祖时，有黄龙现，遂名黄龙府。""贞祐初，升为隆安府。"中华书局，1975 年，第 552 页。

[4] 此处"皇都"，可能是皇都的广义，是指所辖地区。根据考古发现看，祖州城西北角的"石室"建筑，应是耶律阿保机梓宫权殡之处。后来成为祭祀耶律阿保机的重要场所。参见葛华廷：《辽祖州石室考》，《北方文物》1996 年 1 期。

[5] "玄宫"是皇帝的地下葬所，即一般所述的"墓室"。根据《唐会要》等文献可知，唐代皇帝地下葬所称"玄宫"。宋代和清代避讳分别称"皇堂"和"地宫"。《辽史》卷十八《兴宗本纪》载，景福元年六月"乙未，奉大行皇帝梓宫，殡于永安山太平殿"。"戊午，焚弧矢、鞍勒于蕕塗殿。""闰月辛亥，谒蕕塗殿，阅玄宫閟器"。《辽史》中就是将辽代皇帝的地下葬所称为"玄宫"。

重熙二十一年，更今谥"。

太祖第三子耶律李胡等也祔葬祖陵。《辽史》卷七十二《宗室列传》"章肃皇帝"条载，"章肃皇帝，小字李胡，一名洪古，字奚隐，太祖第三子，母淳钦皇后萧氏"。"穆宗时，其子喜隐谋反，辞逮李胡，囚之，死狱中，年五十，葬玉峰山西谷"。

关于辽祖陵及其陵区主要遗存构成，《辽史》有简约记载：

（祖州）……有祖山，山有太祖天皇帝庙，御靴尚存。又有龙门、黎谷、液山、液泉、白马、独石、天梯之山。水则南沙河，西液泉。太祖陵凿山为殿，曰明殿。殿南岭有膳堂，以备时祭。门曰黑龙。东偏有圣踪殿，立碑述太祖游猎之事。殿东有楼，立碑以纪太祖创业之功。皆在州西五里。[1]

中原地区的文献记述更为简单，与《辽史》略有出入。《契丹国志》卷一《太祖大圣皇帝》云："渤海既平，乃制契丹文字三千余言。……是月，太祖于扶余城崩。""九月，葬太祖于木叶山。置州圹侧，名曰祖州。今有庙，其靴尚在，长四五尺许。谥曰大圣皇帝，庙号太祖。"[2]《旧五代史》卷一百三十七《外国列传》"契丹"条云"坤至止三日，阿保机病伤寒。一夕，大星殒于其帐前，俄而卒于扶余城，时天成元年（公元926年）七月二十七日也。其妻述律氏自率众护其丧归西楼，坤亦从行，得报而还。既而述律氏立其次子德光为渠帅，以总国事，寻遣使告哀，明宗为之辍朝。明年正月，葬阿保机于木叶山，伪谥曰'大圣皇帝'"[3]。《新五代史》卷七十二《四夷附录》"契丹"条云"阿保机攻渤海，取其扶余一城，以为东丹国，以其长子人皇王突欲为东丹王。已而阿保机病死，述律护其丧归西楼，立其次子元帅太子耀屈之。坤从至西楼而还"。"耀屈之后更名德光。葬阿保机木叶山，谥曰大圣皇帝，后更其名曰亿。"[4]《契丹国志》等与《辽史》记载略有出入。学术界多从《辽史》记载为是。

祖陵建成后，这里成为辽代皇室祭祀的重要场所。每逢新帝登基或重要军国大事，辽代皇帝通常亲谒祖陵或祖州城致祭。根据《辽史》记载，天祚帝于乾统十年（1110年）祭拜祖陵，是辽朝皇帝最后一次到辽祖陵祭祀[5]。辽与北宋、西夏等国交好后，祖陵成为诸国使臣出访辽上京城后，通常拜谒的重要场所。可见辽祖陵在辽代政治生活中具有特殊的重要地位。

关于辽祖陵的废弃，需要从辽上京城说起。辽天庆十年，即金天辅四年（1120年）

［1］［元］脱脱等撰：《辽史》卷三十七《地理志一》，中华书局，1974年，第442页。

［2］［宋］叶隆礼：《契丹国志》，上海古籍出版社，1985年，第7、8页。有学者考证，此为元代文献，伪托宋人著作。

［3］［宋］薛居正：《旧五代史》，中华书局，1976年，第1832页。

［4］［宋］欧阳修：《新五代史》，中华书局，1974年，第890页。

［5］［元］脱脱等撰：《辽史》卷二十七《天祚皇帝本纪》，中华书局，1974年，第325页。乾统十年"秋七月辛丑，谒庆陵。闰月辛亥，谒怀陵。己未，谒祖陵"。

春，金兵攻到辽上京城。辽朝上京留守挞不野率众投降。《辽史》载，天庆十年（即金天辅四年，1120 年）"五月，金主亲攻上京，克外郛，留守挞不野率众出降"[1]。《金史》也有类似记载[2]。如此可以推定辽天庆十年，相距辽上京城约 20 千米的辽祖陵和祖州城也为金人所占。

《三朝北盟会编》卷二十一引《亡辽录》[3]载，（辽）"天庆九年[4]夏，金人攻陷上京路。祖州则太祖阿保机之天膳堂，怀州则太宗德光之崇元殿，庆州则望圣、神仙、坤仪三殿，乾州则凝神、宜福殿，显州则安元、安圣殿，木叶山之世祖享殿，诸陵并皇妃子弟影堂，焚烧略尽，发掘金银珠玉器物"。与以往朝代更迭相似，辽祖陵和祖州城也为金人所盗掘并破坏。

辽祖陵从辽太宗天显二年（公元 927 年）建成，至天祚帝天庆十年（1120 年）金兵占领此地为止，逾一百九十余年。其间，除入葬太祖耶律阿保机及其皇后以外，还祔葬皇亲等重要的高等级贵族。伴随入葬及祭祀活动，辽祖陵的管理、祭祀建筑也相继增修，逐渐完备。

金人占领此地，辽祖陵陵区开始被破坏，并逐渐荒芜。祖州城在金朝也仅仅沿用 23 年而已。《金史》载：

> 庆州，下，玄宁军刺史。境内有辽祖州，天会八年（1130 年）改为奉州，皇统三年（1143 年）废，辽太祖祖陵在焉。[5]

此后，辽祖州城很快沦为废墟。到金代晚期，蒙古人占领临潢府故地。第二任辽王薛阇被撤藩移镇广宁府（1230 年）以后[6]，辽祖陵连同"辽上京故城"一起逐渐成为蒙古人的牧场，变成不为世人所知的荒山野谷。

通过上述对历史文献的梳理，大体可以了解到辽祖陵营建到废弃的基本情况。从耶律阿保机入葬开始，直到辽代灭亡，辽祖陵都是辽代祭祖的重要圣地。

第三节 发现与研究历程

辽祖陵遗址废弃后，蒙元以来，辽祖陵的具体位置已不详，并被世人所遗忘。

---

[1] [元] 脱脱等撰：《辽史》卷二十八《天祚皇帝本纪》，中华书局，1974 年，第 339 页。
[2] [元] 脱脱等撰：《金史》卷二《太祖本纪》，中华书局，1975 年，第 34 页。
[3] [宋] 徐梦莘撰：《三朝北盟会编》，上海古籍出版社，1987 年，第 151 页。《契丹国志》有相似记载。
[4] 《三朝北盟会编》记载的金兵占领辽上京城等的时间为辽天庆九年（金天辅三年，即 1119 年），与前引《金史》差一年。学界以《金史》辽天庆十年为是。
[5] [元] 脱脱等撰：《金史》卷二十四《地理志》，中华书局，1975 年，第 562 页。
[6] [明] 宋濂等撰：《元史》卷一百四十九《耶律留哥列传》，中华书局，1976 年，第 3514 页。

18世纪上半叶，法国人宋君荣（Antoine Gaubil，1689~1759年）曾较早记述了辽太祖纪功碑的内容[1]。清咸丰九年（1859年）刊布的张穆《蒙古游牧记》直接引述1842年成书的《嘉庆重修一统志》的认识，重新锁定消灭了数百年的辽上京城具体位置后[2]，辽祖陵的位置也随之浮出水面。清代学者李慎儒在《辽史地理志考》中指出祖陵"在今巴林境内。《一统志》曰：案自明以来皆于广宁中安堡望祭，指为辽陵所在，非也"[3]。根据史料记载，学者们大体锁定了辽祖陵和祖州城的位置。

根据清代学者考证提供的线索，一些外国人在20世纪初率先对辽祖陵遗址等进行了考察。法籍神甫比利时人闵宣化（Joseph L.Mullie）依据《辽史》记载，较早对辽祖陵进行了实地调查和考证[4]。"祖州之西门既名液山门，其对西门之山当然为液山，西门外之泉水，当然为液泉，沙河应为注入巴颜河之大河。""祖山在城之西，其形如盆。惟一入山之口，距祖州不远。史云，州西五里，盖指自州城至山中之三建筑物之距离而言也。""此山口为两岩所挟持，岩石甚高，东一峰上矗云霄。山口昔有建筑物，今尚于荆棘中见砖瓦，更有残物堆积，似为昔日山口建门之废迹。此应为昔之龙门，其中山谷应为黎谷也。""入山口后，谷中泰半荆棘，有时发现屋基，正对山口山腹之上，尚有残砖断瓦，将荒原中古代之遗迹，留示于人。""山后山谷草中尚卧有若干翁仲，然辽代之碑已无存矣。但据郭比耳（Gaubil Antoine）神甫所记，此碑康熙时尚存。"

日本侵华期间，日本学者鸟居龙藏[5]和三宅俊成[6]等先后对辽祖陵遗址进行实地调查，采集了部分遗物。1943至1944年，岛田正郎等在辽祖陵奉陵邑——祖州城遗址进行调查和盗掘，清理了内城正门和两座重要的大型建筑基址，出土一些重要文物，并做了城址平面测绘图，获得一批重要的考古资料。他们还计划稍后盗掘辽祖陵陵园内的遗存，但因二战结束而未能实施[7]。

汪宇平是中华人民共和国成立后最早考察辽祖陵的考古工作者。但发表的资料

［1］ Mullie, Jos. "Les anciennes villes de l'empire des grands Leao 大遼 au royaume Mongol de Barin." *T'oung Pao* 通報 21, no. 2/3 (1922): 105–231. Mullie, Jos. "Les sépultures de k'ing des Leao 遼慶陵", *T'oung Pao* 通報 30, no. 1 (1933): 1–25. 闵宣化撰，冯承钧译：《东蒙古辽代旧城探考记》，《西域南海史地考证译丛》第三卷，商务印书馆，1999年。"祖山"条云，"沙畹误以为上京在白塔子地方，又误以俄人波质勒夫所拓之碑文，即郭比耳（Gaubil）神甫所言祖阿保机创业之功之碑，乃研究之结果，颇为失望"。"然辽代之碑已无存矣。但据郭比耳（Gaubil Antoine）神甫所记，此碑康熙时尚存。"文中郭比耳即宋君荣。其1722至1759年在华，葬在北京正福寺法国人墓地。

［2］ 董新林：《辽上京城址的发现和研究述论》，《北方文物》2006年3期。

［3］ 李慎儒说祖陵在巴林是对的，但他认为广宁府没有辽陵却并不正确。

［4］ 闵宣化撰，冯承钧译：《东蒙古辽代旧城探考记》，《西域南海史地考证译丛》第三卷，商务印书馆，1999年。

［5］ ［日］鸟居龙藏：《考古學上より見たる遼之文化圖譜》（第二册），东方文化学院东京研究所，1936年。

［6］ ［日］三宅俊成：《林東遼代遺蹟踏查記》，《東北アジア考古学の研究》，国书刊行会，1975年。［日］三宅俊成著，戴岳曦译：《林东辽代遗迹踏查记》，内蒙古人民出版社，2014年。

［7］ ［日］岛田正郎：《祖州城：東蒙古モンチョックアゴラに存する一遼代古城址の考古学的歷史学的發掘調査報告》，中泽印刷株式会社，1955年。

较为简单[1]。贾洲杰于 20 世纪 60 年代初对辽祖陵遗址进行了较为详细的踏查，获得了一批重要资料[2]。他实地调查了陵园门外的龟趺山基址等遗迹和山谷四周山岭上的部分石墙；描述了北面涧沟中的一个石人，现仅露出上半身，头部及左臂已残失。石人身穿箭袖窄袍，束腰带挽出双结，左手握右腕，背脊拖一条长辫。他对陵园内祖陵玄宫的穴位进行了推测，认为陵园内有两个被盗掘的圆坑，都是墓葬。第二处圆坑的南坡和东端顶坡都有护山石堤。其后部山势突然高耸，在山脊上筑有高大的尖顶高墙。他认为辽太祖陵就葬在这个山坡上。这是 20 世纪关于辽祖陵唯一公开发表的考古调查资料，多为学术界所引用。但是，从发表的示意图和对祖陵的描述看，贾洲杰将一道山岭（即"南岭"）上的建筑基址当成了埋葬辽太祖的玄宫，是将辽祖陵玄宫的位置弄错了。在引述文献上也有错误，提及"《窃愤录》中记陵前有石羊、狻猊、麒麟之类"，实为《窃愤续录》的记载[3]。其内容不是记载辽祖陵的石像生，而可能是乾陵或显陵的情况。

1973 年，辽宁省文物普查队调查辽祖陵和祖州城，建立省级重点文物保护单位档案。此外，项春松在记述辽祖陵遗址时，尚未提及辽祖陵的准确位置，认为是考古探究的难题。他误将《胡峤陷北记》中葬太宗耶律德光于怀陵的记载当成祭祀祖陵的资料[4]。

曹建华等根据实地考察，结合《辽史》记载对辽祖陵陵园相关遗存进行了大胆考证[5]。就其提供的遗迹现象而言，有些资料是以前所没有涉及的，具有一定的学术价值。主要有："山门两峰相距百余米（笔者注：贾文为 60~70 米，实际为 80 余米），当中有土筑横墙连接，似有门址者二处，一处居中，一处偏左，上布残砖断瓦，当为楼橹之迹。龙门外右侧前方高阜上有一建筑址，遗有方形础石一块。"龙门右侧山足有一峦头，与祖州城相对，上有建筑址二，遗存石雕龟趺一具，其侧曾多次出土契丹大字和汉字残碑块（巴林左旗博物馆藏品）。自龙门进入祖山，北行约二、三里位居黎谷中央的开阔地上有一座大殿遗址，琉璃瓦残片较多（笔者注：遗址发掘时没有发现琉璃瓦，都是普通的灰瓦），其间遗存大、小柱础各二方。殿址前右侧的两方为大，其座 1.2 米见方，柱口径 0.53 米，上出圆形柱并雕有牡丹花纹，较为精美。殿址后左

[1]汪宇平：《内蒙古文化局调查辽代祖州城辽太祖墓》，《文物参考资料》1955 年 5 期。
[2]洲杰：《内蒙古昭盟辽太祖陵调查散记》，《考古》1966 年 5 期。
[3][宋]辛弃疾撰：《窃愤录》一卷《续录》一卷，《四库全书存目丛书》，史部，齐鲁书社，1996 年，第 787~803 页。原文为"或日，至一村落，中有民三百余户，乃契丹天皇之陵。昔在道宗，置守陵人于此，由是乃成邑。帝至于彼，望林中草木茂盛，树翳四合，其中屋宇如官舍之状。时近夏令，草木茂荣之时也。前有石羊、狻猊、麒麟之属，皆断折不完。问左右居人，乃云：'其中冢墓，去年差人到此开掘，取去金玉珍珠宝物甚多，天皇王骨殖弃在长江水中'"。
[4]项春松：《辽代历史与考古》，内蒙古人民出版社，1996 年。
[5]曹建华、金永田主编：《临潢史迹》，内蒙古人民出版社，1999 年。

侧的二方为小, 柱托直径0.43米, 无花纹, 凿有装置回栏之槽臼, 是为回廊转角之柱础。黎谷深处有类似陵墓宝顶者二处: 其一位于东北隅, 沟门左侧山足下有一土丘, 前右方有殿址二。其二位于黎谷后部西北隅。在石人沟东侧有一大山, 山前有一巨大土丘, 其土质与谷中地表明显不同, 呈红黄色, 似为从地下掘出。当地人称此丘为"大券坟"。疑此山即祖陵。土丘西侧有一无首断臂石人, 似列于陵前的翁仲。"此殿南岭山坡上有一处建筑址, 当为'以备时祭'之'天膳堂'确信无疑。"此文表述主要根据地面踏查, 虽然缺乏科学测绘资料, 有些明显的讹误, 但对贾洲杰文有所补充, 为我们对辽祖陵遗址进行再考察和研究提供了重要线索。1997 至 1998 年, 中国历史博物馆遥感与航空摄影考古中心及内蒙古文物考古研究所对辽祖陵遗址和祖州城遗址进行飞机航空照相（图版二）, 获得了重要的影像资料[1]。

综上所述, 在 21 世纪初以前, 学术界对辽祖陵遗址的认识, 基本停留在文献梳理和依据实地踏查获得资料的阶段。客观上讲, 虽然对辽祖陵陵园的诸多认识多属推测, 但是学术界基本确认了辽祖陵的地望, 初步认识到祖州城、龟趺山建筑基址、祖陵陵园内部分建筑基址的存在。然而, 有关对辽祖陵范围、规划选址、陵区构成和陵园布局等方面, 都没有进行过有计划的考古调查和发掘工作。可以说, 辽祖陵遗址的考古工作基础十分薄弱, 尚属学术空白。

第四节　工作缘起、学术目标和考古工作综述

根据中国社会科学院考古研究所学科发展布局的需要, 从 1998 年起, 汉唐考古研究室内蒙古工作队（1999 年归属新成立的边疆考古研究室, 2002 年改称边疆民族与宗教考古研究室）董新林队长明确以辽代考古为主要学术目标, 开始对内蒙古自治区赤峰市和通辽市境内的辽代墓葬进行考古调查, 致力于辽金考古的发掘和研究。2003 年初, 中国社会科学院考古研究所内蒙古工作队一分为二。内蒙古第一工作队留在边疆民族与宗教考古研究室; 内蒙古第二工作队则回归到汉唐考古研究室, 继续以历史时期城市和陵墓考古发掘与研究为工作重心。因此, 内蒙古第二工作队队长董新林在有关领导的建议下, 根据实际工作情况适时调整学术规划, 开始计划对辽祖陵遗址进行考古调查和发掘工作。

---

[1] 中国历史博物馆遥感与航空摄影考古中心、内蒙古自治区文物考古研究所:《内蒙古东南部航空摄影考古报告》, 科学出版社, 2002 年。

一 工作缘起

内蒙古第二工作队决定选择辽祖陵遗址作为阶段工作的突破口，主要基于以下几点考虑。

第一，辽代帝陵及陵寝制度研究是辽代考古学中十分重要的学术课题。除日本人对辽庆陵遗址进行过盗掘和研究外，中国学者还没有对辽代帝陵进行过科学的考古发掘，尚属学术空白。辽祖陵是辽代第一座帝陵，其规制具有开创性，无疑对后来辽代诸帝陵会产生深远的影响。学术意义重大。

第二，根据前述历史和考古文献的梳理可知，辽祖陵遗址的考古工作基础薄弱，诸如分布范围、陵区构成和陵园主要布局等基本学术问题尚未解决，亟待科学考古调查和发掘工作，为学术研究提供第一手可靠的考古实物资料，切实提升对辽代陵寝制度乃至辽代考古学的研究水平。

第三，辽祖陵遗址于1988年被列为第三批全国重点文物保护单位，具有重要的历史文化价值和社会价值。我们希望通过考古调查和发掘工作，对当地政府官员和民众进行大遗址保护与文物保护意识的宣传普及，引起全社会的关注和投入，有效地改善辽祖陵大遗址保护的社会环境。"以发掘，促保护"，不仅可以使国家的文物资源减少损失，而且更为有关部门编著辽祖陵大遗址保护规划提供较为可靠的学术支撑[1]。

二 学术目标

基于我们对辽祖陵遗址考古现状的认知，初步确定通过对辽祖陵遗址的考古调查和发掘工作，达到以下几个工作目标：

1. 初步搞清辽祖陵遗址的主要分布范围；
2. 确认辽太祖玄宫的位置；
3. 初步明确各类遗迹的分布情况和形制结构；
4. 初步建立辽代遗物的年代序列；
5. 搞清辽祖陵陵园形制布局和特点；
6. 初步认识辽祖陵陵区的基本构成；

---

[1] 在2007年，赤峰市文化局聘请中国文化遗产研究院等单位，对赤峰地区的辽陵及奉陵邑的保护规划进行了编制。期间，曾对辽祖陵遗址地形进行了测绘。按照文物保护要求，完成1：500、1：2000及1：1万比例的电子版地图测绘；同时对辽祖陵遗址及奉陵邑等遗存进行了多次地面踏查，对已知遗迹现象做了记录。2010年保护规划通过审核。

7. 结合历史文献和相关考古资料，初步探讨辽祖陵陵寝制度；

8. 通过与秦汉至明清诸代帝陵的比较研究，初步确认辽代帝陵在中国古代帝陵发展演变史的地位和价值。

三　考古工作综述

明确了学术目标，中国社会科学院考古研究所汉唐考古研究室内蒙古第二工作队队长董新林征得时任中国社会科学院考古研究所齐肇业书记、刘庆柱所长等所领导和汉唐考古研究室安家瑶主任等的同意和支持，2003 年着手筹划对辽祖陵遗址的考古调查工作。

（一）考古调查和试掘概况

考古调查和试掘情况，是考古发掘项目立项的基础和依据。因此，我们十分重视辽祖陵遗址的考古调查工作。我们对有关辽祖陵遗址的历史文献、考古发现和研究历程等进行了详细梳理，并收集相关影像资料和各种地图。请时任本所刘建国副研究员寻找更多的有关辽祖陵遗址的航片、卫片等资料，并请他将五万分之一的实测地形图电子化。同时也对此次调查工作可能遇到的困难做了较为充分的准备。

2003 年 9 月，内蒙古第二工作队董新林队长在安家瑶主任的帮助下，争取到中国社会科学院考古研究所的考古调查经费。随后开始与时任内蒙古自治区巴林左旗文化体育局桑雨慧局长和巴林左旗博物馆王未想副馆长等再次商议辽祖陵遗址考古调查的可行性，得到了他们十分积极的反馈和邀请。10 月上旬，董新林队长向时任内蒙古自治区文化厅文物处苏俊处长通报想做辽祖陵遗址考古调查的意向和工作计划，得到苏处长的热情欢迎和大力支持。

2003 年 10 月 21 日，董新林坐一宿火车从北京到赤峰；22 日再坐一上午长途汽车从赤峰到达巴林左旗林东镇。在时任巴林左旗文化体育局桑雨慧局长和巴林左旗博物馆唐彩兰馆长、王未想副馆长等的悉心安排下，23 日下午董新林与巴林左旗博物馆王未想、王青煜二人（后来康立君代替王未想参加考古调查）一起，由辽祖陵遗址看护员陈继和引领，前往辽祖陵陵园门外的龟趺山遗址等处考察（图版三），开始了辽祖陵遗址的考古调查之旅。本次考古调查重点考察了辽祖陵陵园外的龟趺山遗址（图版四，1）、陵园内的被盗墓（即一号陪葬墓）（图版四，2）等墓葬、甲组建筑基址（图版五，1）等基址、太祖陵封土丘及其南侧石像生（图版五，2），以及陵园四周山脊上的石墙（图版六）等，历时 16 天。

2003 年的考古调查成果[1]，引起了考古学界和有关领导的重视，因此有必要进一步加深对辽祖陵遗址的认知，为考古发掘创造可能的有利条件。2004 年 10 月 20 日，在时任巴林左旗文化体育局夏连林局长和巴林左旗博物馆王未想副馆长（主持工作）的支持和协助下，董新林与肖淮雁、王存金、巴特尔、张林（以上人员均属中国社会科学院考古研究所）和康立君（巴林左旗博物馆）再次对辽祖陵陵园遗址进行考古调查和试掘工作。重点对辽祖陵陵园内进行了考古钻探，并对甲组建筑基址进行试掘（图版七）。此外还对试掘的甲组建筑基址、一号陪葬墓和石像生等重要遗存尝试用全站仪进行测绘[2]。历时 15 天。

通过 2003 至 2004 年考古调查和试掘工作，结合历史文献记载等，首次从考古学上初步确定了辽太祖陵玄宫的位置；并对辽祖陵陵园四周山脊上封堵豁口的石墙进行了测绘，厘清了辽祖陵陵园的主要格局；初步搞清了辽祖陵遗址的主要分布范围等。这是迄今对辽祖陵遗址最为全面系统的考古踏查工作，取得了一些突破性的学术收获。一些新的发现和认识无疑在一定程度上推进了对辽祖陵遗址的考古学研究，也为下一步考古发掘奠定了良好的基础。

（二）发掘项目立项和考古队组建

辽祖陵遗址考古调查和试掘工作取得了较为重要的收获，提升了对辽祖陵遗址重要价值的认识。因此，为加强对辽代陵寝制度的深入研究，推进祖陵大遗址保护规划的制定，以更好地保护辽祖陵遗址，对辽祖陵遗址进行科学的考古发掘势在必行。

2004 年底，内蒙古第二工作队董新林队长向国家文物局有关领导进行了专题汇报，得到他们的充分肯定。从 2005 年起，董新林便开始积极争取辽祖陵遗址考古发掘的立项工作。历经两年的辛苦努力，在时任中国社会科学院考古研究所王巍所长的具体指导和协调帮助下，董新林于 2006 年与时任内蒙古自治区文物考古研究所塔拉所长、内蒙古自治区文化厅文物处王大方处长、哈达副处长等就中国社会科学院考古研究所和内蒙古自治区文物考古研究所合作发掘辽祖陵遗址的相关协议事项进行了友好协商，最终达成合作共识。在著名考古学家徐苹芳、张忠培、徐光冀等先生的悉心指导和关心帮助下，特别是在时任国家文物局文物保护与考古司顾玉才司长、宋新潮副司长、关强副司长、闫亚林处长等鼎力支持下，"辽祖陵遗址五年考古工作计划"得以在 2007 年获得批准。诚挚感谢对辽祖陵遗址考古发掘立项给予切

[1] 董新林、王青煜、康立君、王未想：《辽代祖陵考古调查推进辽代陵寝制度研究》，《中国文物报》2003 年 12 月 12 日第 1 版。

[2] 董新林、肖淮雁、康立君：《辽代祖陵的陵寝建筑初现端倪》，《中国文物报》2004 年 11 月 26 日第 1 版。

实支持与帮助的领导和师长们！

2007 年 2 月，中国社会科学院考古研究所和内蒙古自治区文物考古研究所签署合作协议，联合组成辽祖陵考古队，计划开始辽祖陵遗址的考古发掘工作。

辽祖陵考古队由中国社会科学院考古研究所王巍所长和内蒙古自治区文物考古研究所塔拉所长同任队长；董新林任考古发掘项目领队。董新林具体负责每年的考古发掘项目计划拟定、申报和组织实施工作。每年的发掘项目申报，都得到内蒙古自治区文化厅文物处苏俊处长（后为王大方处长）、哈达副处长和内蒙古自治区文物考古研究所塔拉所长（后为陈永志所长）的大力支持和帮助。

辽祖陵考古队成员主要由中国社会科学院考古研究所内蒙古第二工作队和辽上京博物馆业务干部构成。2007 年参加考古发掘的业务人员有中国社会科学院考古研究所内蒙古第二工作队董新林和技师于忠昌、巴特尔、张林、智建荣，以及巴林左旗辽上京博物馆康立君等。其中辽上京博物馆王青煜对棺床彩绘做了现场临摹及清绘。2008 年，业务人员新增加一人，即特邀的中国社会科学院考古研究所洛阳汉魏故城队肖淮雁。2009 年和 2010 年业务人员有内蒙古第二工作队董新林、于忠昌、张林、智建荣，河北邺城考古队韩庆林，洛阳汉魏故城队肖淮雁、王治军、郭松波，以及巴林左旗辽上京博物馆康立君等。此外，2010 年度，吉林大学考古学系四年级本科生马小飞参加了部分发掘工作；内蒙古自治区敖汉旗博物馆刘海文收尾阶段曾参与部分遗迹的绘图工作；中国社会科学院考古研究所李存信、齐乌云曾应邀来辽祖陵考古发掘工地进行现场的遗存保护和环境标本采样工作。

（三）考古发掘概述

辽祖陵遗址考古工作计划为五年（2007~2011 年）。但因为主客观原因，工作计划临时调整，董新林研究员于 2011 年开始主持对辽上京遗址进行考古发掘，所以辽祖陵考古队实际上对辽祖陵遗址进行了四个年度的考古发掘工作。现按年度概述如下。

1. 2007 年考古发掘

2007 年是辽祖陵遗址考古发掘项目的开局之年。辽祖陵考古队十分重视本年度的考古发掘工作。在选择发掘地点时董新林既要考虑预定的学术目标，又要考虑遗址保护的紧迫性，经过仔细酝酿，选定同时发掘辽祖陵陵园外的龟趺山建筑基址和陵园内的一号陪葬墓。

2007 年 8 月 5 日，中国社会科学院考古研究所内蒙古第二工作队和内蒙古文物考古研究所联合组成的辽祖陵考古队（后文简称辽祖陵考古队）到达巴林左旗林东镇。经过考古发掘前的一系列协调沟通和准备工作后于 8 月 10 日开工，正式揭开辽祖陵遗址考古发掘的序幕。

（1）龟趺山建筑基址

2003 年，董新林首先调查的就是龟趺山建筑基址。这里是一处南向小山梁的南端。地表存有一座较大的石龟趺碑座，周边地表散落零星的石碑片，有契丹大字和汉字两种，具有很高的学术价值。同时龟趺山建筑基址所在的小山梁上，地表植被稀薄，常年遭受雨水冲刷侵蚀。带字碑片、砖瓦残块等重要文物裸露于地表，盗掘情况时有发生。据说一些游客，特别是略懂历史的人，时常来此地专门挖掘采集带字碑片，造成对遗址和文物的持续破坏。

鉴于基址和碑片都很重要，且面临严重的自然和人为破坏威胁，2007 年，辽祖陵考古队首先选择对此基址进行抢救性发掘。由于遗址需要发掘后做回填保护，因此发掘时必须考虑到堆土问题。基址三面是陡坡，受地形局限，所以我们仅对建筑遗址的中心部分进行了考古清理，基址台明未能全面揭露。董新林安排于忠昌和智建荣在龟趺山建筑基址上布设 5 米见方的探方 4 个（编号为 T1~T4）。实际发掘面积为东西约 15.5 米，南北约 15 米，总计约 232.5 平方米（图版八，1）。董新林负责管理和照相，于忠昌和智建荣负责发掘和记录，巴特尔负责测绘。2007 年 8 月 10 日开始发掘，至 9 月 12 日发掘结束。历时 33 天。

尽管遗址人为扰动较大，但我们还是严格按地层学方法，按土质土色，逐层进行考古发掘清理；对碑片，特别是有字的碑文残块采用坐标法记录并全部采集。为了避免遗漏较小的石碑残片，我们对挖掘出的堆积土都仔细进行筛选。值得一提的是，本次发掘，我们开始用全站仪测量绘图[1]，改变以往用皮尺或小平板测量的手段，极大地提升了绘图的精度。遗迹现象清理完毕后，我们尝试利用氢气球悬挂相机，进行高空照相，得到了遗址俯视全景照片。本次发掘获得了重要考古新发现[2]。

2014 年 9 月至 2015 年 6 月间，为配合龟趺山基址保护展示工程的施工要求，辽祖陵考古队对该基址进行了全面揭露和补充发掘，新发现一些重要考古现象，补充修正了一些对基址建筑形制与营造等方面的认识[3]。此基址现已做了原址复原展示工程，对游客开放。

（2）一号陪葬墓

根据 2003 至 2004 年考古调查资料可知，一号陪葬墓是辽祖陵陵园内重要的陪葬墓。根据现代盗洞采集到的方便面袋生产日期和辽上京博物馆工作人员的记述可

[1] 时任中国社会科学院考古研究所刘建国副研究员，作为测绘专家对我队全站仪的使用，给予了很多支持和鼓励。谨致谢忱。
[2] 中国社会科学院考古研究所内蒙古第二工作队、内蒙古文物考古研究所：《内蒙古巴林左旗辽代祖陵龟趺山建筑基址》，《考古》2011 年 8 期。
[3] 汪盈、董新林：《从考古新发现看辽祖陵龟趺山基址的形制与营造》，《考古》2016 年 10 期。

知，墓葬最近一次被盗掘的时间是在 1998 年。后来盗洞未填，盗掘破坏持续不断。巴林左旗博物馆工作人员曾进入墓内考察，并采集到石供桌残件和瓷片等。我们首先选择对一号陪葬墓进行发掘，主要是出于以下考虑。一是杜绝对墓葬的再破坏，加强对墓葬的有效保护。通过考古发掘，了解墓葬形制结构及随葬品情况，为保护提供科学依据。二是根据考古调查可知，这是一座规模较大的五室墓，墓内很可能有墓志铭。若有墓志铭发现，将会为后面的考古发掘和研究提供重要线索。

8 月 11 日，董新林带领内蒙古第二工作队技师巴特尔、张林和辽上京博物馆康立君一起，开始正式发掘一号陪葬墓。董新林主持全面发掘和负责遗迹照相，张林具体负责发掘记录，巴特尔负责用全站仪绘图（图版八，2），康立君负责管理民工和后勤保障。9 月 30 日发掘结束。

一号陪葬墓因为多次被盗，除墓道外，墓室内被扰动多次。考古队对墓室的扰动土全部进行了筛选，以尽量保障小件文物的不遗漏。墓葬清理完毕，用全站仪进行测绘，并用氢气球悬挂相机对墓葬墓道进行全景拍摄，获取了一批重要考古资料[1]。

2. 2008 年考古发掘

2003 年，董新林对辽祖陵陵园遗址进行考古调查时，发现一处平地遗址，地表有二个大型覆盆式石柱础，一小型石佛像残块，以及残砖碎瓦等。这里是陵园内唯一一处平地起建的大型建筑基址，其他建筑基址都在山岭之上。2004 年我们在此试掘了两条探沟，发现保存较好的铺地砖。通过钻探可知，这是由东、西、北三个单体建筑组成的基址群，编号为甲组建筑基址[2]。

甲组建筑基址是陵园内十分重要的建筑设施。了解甲组建筑基址的形制结构和性质，是研究辽祖陵陵园形制布局的关键之一。同时，由于常年山谷内雨水的冲刷侵蚀，基址倒塌堆积已经很薄，遗址本体面临严重破坏；此遗址在旅游道路边，游客看到地表石柱础，时常有人随意盗挖，破坏遗址现状。对这个遗址进行抢救性发掘，既可以推进学术研究，又可以促进遗址的有效保护。基于此，2008 年，辽祖陵考古队决定对该遗址进行大规模的考古发掘[3]。7 月 30 日，辽祖陵考古队进驻巴林左旗林东镇。于 8 月 2 日开始发掘甲组建筑基址，9 月 16 日结束，历时 46 天。

---

[1] 中国社会科学院考古研究所内蒙古第二工作队、内蒙古文物考古研究所：《内蒙古巴林左旗辽祖陵一号陪葬墓》，《考古》2016 年 10 期。

[2] 辽祖陵陵园内，平地建筑的基址，以甲、乙等编号；山地建筑的基址，以一、二等编号。

[3] 中国社会科学院考古研究所内蒙古第二工作队、内蒙古文物考古研究所：《内蒙古巴林左旗辽代祖陵陵园遗址》，《考古》2009 年 7 期。

辽祖陵考古队于 2008 年计划对甲组建筑基址的西基址（J1 基址）和北基址（J2 基址）进行全面的考古发掘。因为受规定的发掘面积所限，考古队对东基址（J3 基址）进行探沟试掘。8 月 2 日，根据 2003 至 2004 年考古调查和试掘资料提供的线索，发掘领队董新林和肖淮雁（中国社会科学院考古研究所副研究馆员）带领技师通过详细的地面踏查，确定了发掘地点。并按照正方向，用全站仪布设 10 米见方的探方。西基址（J1 基址）布设两排两列探方；北基址（J2 基址）共布一列 4 个探方（参见图 3-2-1）。所布设探方基本覆盖 J1（西侧）基址和 J2（北侧）基址，局部有扩方。本次考古发掘人员组成如下：董新林组织管理工地和负责遗迹照相；肖淮雁协助主持考古发掘和录像；巴特尔用全站仪测量绘图，于忠昌、张林、智建荣负责具体发掘和记录；于忠昌负责 J1，张林和智建荣负责 J2。康立君协助配合发掘，并负责后勤保障等。

发掘之初，为了较好控制地层，我们采用探方法发掘。发掘严格根据土质土色划分地层，由晚及早逐层清理，并及时对遗迹现象和重点遗物进行测量、绘图、照相和录像（图版九，1），按考古单位分别收集遗物。将砖瓦建筑材料全部采集后，按单位分层堆放，为最后的整理统计做准备。在遗迹倒塌堆积完全暴露后，为更全面地整体把握遗迹现象，我们清理掉探方隔梁，以遗迹为单位进行仔细的分块清理。承袭传统"见面即停"的工作方式，找到废弃时的地面和建筑台面，全面揭露出建筑基址。本年度发掘过程中，巴特尔负责用全站仪对基址和出土重要遗物进行测量和定位。发掘结束前，康立君负责组织用氢气球悬挂相机对甲组建筑基址进行高空照相，获得了较好的全景照片资料。发掘之后，我们对遗址进行了精心的保护性回填，即在遗迹表面先铺细沙，然后再覆土回填。

3. 2009 年考古试掘

2009 年工作目标是想搞清辽太祖陵的玄宫及其封土丘的情况，厘清陵园内遗迹分布和神道保存状况及其走向，了解已知建筑基址的形制结构。2009 年 7 月 19 日，辽祖陵考古队从北京到巴林左旗林东镇。7 月 20 日入住辽祖陵文物管理所驻地，开启 2009 年辽祖陵考古发掘之旅。考古试掘工作于 9 月 5 日结束，共 47 天。

要达到预期目标，需要对陵园进行考古钻探和全面踏查。因此除了内蒙古第二工作队技师于忠昌、张林、智建荣，董新林队长还请本所朱岩石队长和钱国祥队长帮忙，邺城队技师韩庆林、洛阳汉魏故城队技师王治军和郭松波参加了该年度考古工作。其中董新林负责组织和遗迹照相；肖淮雁协助指导和负责录像；于忠昌、韩庆林、智建荣、王治军负责发掘；韩庆林和王治军同时负责钻探；张林负责全站仪测绘；郭松波负责发掘和米格纸绘图；康立君负责后勤保障。

　　本年度工作重点是对辽太祖陵的封土丘进行测绘和试掘。我们采取考古钻探和探沟试掘相结合的方法，试图寻找陵园内的神道。但是因为千年的雨水冲蚀，现地表多裸露基岩，没有找到神道的路面。于是董新林便安排技师对陵园一号门址进行试掘，初步确认了此门址为一门三道的格局。同时还对二号建筑基址、三号建筑基址、四号建筑基址继续试掘（图版九，2）。此外还清理了一座被破坏的小墓。2009 年的勘探和试掘，增进了对辽祖陵陵园的整体认识。

　　4. 2010 年考古发掘

　　因为已知 2011 年要转战辽上京遗址，本年度辽祖陵考古队选择同时发掘一号门址和四号建筑基址[1]。为什么最后一年选择发掘这两处遗址？是因为考古调查发现并确认辽祖陵陵园只有一个陵门遗址（编号为一号门址），2009 年的试掘证实其保存甚好。而了解陵门的形制结构是认识陵园布局的重要内容之一。迄今辽代帝陵的陵门还没有发掘过，无疑这是研究辽代门址营建制度的重要资料。而且由于地方政府对门址的重要性缺乏认识，在 21 世纪初修筑通往陵园内的道路时，严重破坏了城门西墩台；加上常年水土流失，一号门址面临人为和自然的双重破坏。所以，为获取一号门址的科学资料，确认其重要历史价值和科学价值，更好地为保护辽祖陵唯一的陵门址提供学术依据，提高地方政府的保护意识，2010 年，辽祖陵考古队经过认真的思考和准备，决定对其进行全面科学的考古发掘。另外，通过调查和研究推测，四号建筑基址很可能是一号陪葬墓的享殿，是一处重要的建筑基址；同时此基址位于山岭顶部，自然水土流失严重，基址正在遭到破坏。要了解辽代大墓和享殿组合情况，更好地了解辽祖陵祔葬制度，需要发掘此遗址。

　　2010 年 7 月 14 日，辽祖陵考古队从北京到达巴林左旗查干哈达苏木石房子林场驻地。本年度考古发掘从 7 月 16 日开始，持续到 10 月 10 日结束，历时 86 天。

　　（1）一号门址

　　为了搞清门址的保存状况，以及陵门内外神道的情况，2009 年辽祖陵考古队在一号门址共布设 15 条探沟（参见图 3-1-1），其中 G1、G2、G3、G13 是为了了解门道保存情况；G5、G6、G8、G12 是为了了解东墩台保存情况；G10 是为了了解东隔墙保存情况；G7、G9 是为了了解现代冲沟内底城门遗存的保存情况；G4 是为了

［1］董新林、塔拉、肖淮雁、康立君：《辽祖陵"黑龙门"遗址等获重要考古发现》，《中国文物报》2010 年 12 月 31 日第 4 版。中国社会科学院考古研究所内蒙古第二工作队、内蒙古文物考古研究所：《内蒙古巴林左旗辽代祖陵陵园黑龙门址和四号建筑基址》，《考古》2011 年 1 期。《辽祖陵黑龙门遗址考古发掘报告》，《考古学报》2018 年 3 期。董新林著，［日］佐川正敏译：《中国内モンゴル遼代祖陵陵園遺跡における考古学的新發見—遼初代皇帝「耶律阿保機」陵を探る》，《アジア文化史研究》（11），2011 年。

了解西墩台包石的情况；G11、G14 和 G15 是为了了解门址内外的神道保存情况（图版一〇）。试掘资料表明，陵门内外的道路已被破坏殆尽，没有找到路土。

本次对一号门址的考古发掘于 7 月 16 日开始，至 10 月 10 日结束。通过发掘清理，较为全面地掌握了门址的地层堆积和主要遗迹情况。

首先，按照正北方向布设数十个边长为 10 米的探方。根据遗迹的分布情况和实际发掘条件，对其中 20 个完整或局部探方以及 6 条探沟进行考古发掘（参见图 3-1-2）。在发掘和整理过程中，我们意识到，正北方向的探方隔梁与遗迹方向有夹角，会对发掘绘图和记录有影响。为了保障遗址发掘质量和记录的科学性，在董新林、肖淮雁的指导下，每个技师负责二个探方，进行发掘（图版一一）。

其次，严格按土质土色，逐层清理完表土和晚期堆积层、全面揭露出陵门址遗迹现象后，开始打掉大部分隔梁，以确认的遗迹为单位进行分段发掘。

第三，打掉隔梁后，通过分析判断，确认门址构成不同的遗迹。开始以单体遗迹（如墩台、隔墙、门道等）为单位进行分段发掘，注重遗迹倒塌堆积和底面的仔细清理。通过清理，较为全面地掌握了门址的地层堆积和主要遗迹分布情况。

第四，为保障记录的准确性，在关键部位，比如在东门道内和中门道内，都暂留隔梁，作为地层堆积和相关遗迹现象判断的参考。事实证明，清理重要遗迹时，留关键隔梁是十分必要的。这样可以保证我们对遗迹判断和遗物提取等的准确度。也为我们整体判断门道内倒塌堆积的形成过程，以及认识门道顶部的结构等都提供了重要线索。

第五，较完整地清理出陵门东墩台、东门道、东隔墙、中门道、西隔墙等，搞清其整体格局。同时对陵门内外始建地面进行确认。

第六，着手解决被现代冲沟破坏的西门道和水下涵洞的问题。这是本次发掘的难点，效果并不理想。

第七，因为西墩台略宽于东墩台，又位于现在的道路上，所以只能采用探沟试掘方法了解其形制结构。

第八，在东侧通过探沟试掘，寻找和确认内侧登临墩台的马道形制。

最后，完成了黑龙门遗址的气球高空摄影和细部照相，获取了丰富的照片资料；完成了门址的测绘制图和发掘文字记录。本次发掘过程中，辽祖陵考古队不仅用全站仪测量遗迹现象，并绘制在米格纸上，而且用最新的测绘仪器 RTK 补充测量，提供了测绘的精度和细度。遗憾的是，出于保护遗址考虑，并局限于当时发掘技术的认知水平，我们在发掘中"见面即停"，虽注意到门址早期遗迹的线索和改建迹象，但没有做关键性解剖发掘，对城门的始建和改建情况没有究明。

发掘结束后，辽祖陵考古队对一号门址进行了精心的保护性回填。对高起的隔墙和墩台都用装土袋叠护的方式，平面先垫细沙再覆土。保护效果较为理想。

（2）四号建筑基址

2003 年考古调查时，我们根据地表较多的砖瓦残块，判断这里应是一处大型建筑基址，编号为四号建筑基址。2009 年曾布设十字探沟（参见图 3-5-1），即 G24（图版一二，1）和 G25（图版一二，2）进行试掘，初步掌握到此基址保存较好。

本年度考古发掘工作于 2010 年 8 月 14 日开始。首先清理基址范围内树木及杂草，并布 10 米见方的探方四个。9 月 27 日工作结束，开始回填。考古发掘证实四号建筑基址与一号陪葬墓大体同时营建，为一组重要的建筑群。

本年度发掘中，董新林负责组织和遗迹照相；肖淮雁协助指导和负责录像；于忠昌和智建荣负责四号建筑基址发掘；韩庆林、王治军负责一号门址发掘；张林负责全站仪测绘；郭松波负责发掘和米格纸绘图（图版一三，1）；康立君负责后勤保障。此外，吉林大学本科生马小飞利用最新的测量仪器 RTK 开始测绘全站仪无法完成的测量地点（图版一三，2）。这使得辽祖陵考古队在本所领导和科技考古研究中心刘建国研究员的热心帮助下，成为最早在中国社会科学院考古研究所的考古发掘工地使用 RTK 进行测量的考古队之一，并取得了很好的效果。RTK 仪器非常适合这类山区的考古发掘测绘工作。

考古发掘中，要求队员严格按照土质土色逐层清理地层和遗迹堆积；发现现象及时用全站仪测绘、米格纸制图和照相，尽可能详细地收集考古发掘信息，详细记录发掘情况；最后用氢气球悬挂相机照全景像（图版一四）。本年度的考古发掘成果荣获了"2009~2010 年度国家文物局田野考古奖一等奖"，这是中国社会科学院考古研究所第一次获得一等奖的荣誉。

上述考古发掘工作都获得了十分重要的发现，为国内外学术界所关注。

需要说明的是，以往发表的辽祖陵遗址调查、发掘简讯和考古简报等资料，若有与本报告相悖之处，均以本报告为准。

第五节　考古报告的基本框架和编写概况

在编写辽祖陵遗址考古发掘报告时，我们对考古报告的架构进行了长时间的思考。一方面，强调考古报告必须要客观翔实地报道考古调查、试掘和发掘的所有资料；另一方面，也要考虑如何让读者尽可能读懂辽祖陵遗址，甚至让非考古专业的学者能较为容易地认识到辽祖陵遗址的基本概况和重要价值，这不是一件容易的事情。

一 考古报告的基本框架

辽祖陵陵区构成和陵园布局，一直是考古调查、发掘关注的核心问题。根据考古调查、试掘和发掘资料与初步研究，我们认识到，辽祖陵的营建是一个复杂的系统工程。展现给后人看到的辽祖陵遗址范围很大，由不同功能的分区建筑遗存等构成，但是其范围在现在的地表没有明显界标。综合参考中国历代帝陵的考古学研究成果，并结合最新的研究成果[1]，我们把考古可见的辽祖陵遗址研究视域范围称为"辽祖陵陵区"（图1-5-1）。辽祖陵陵区主要由辽祖陵陵区入口、奉陵邑祖州城、陵园外建筑遗址、陪葬墓群、辽祖陵陵园和附属建筑等一系列遗存共同构成。

"辽祖陵陵区"范围较大，包括大布拉格山谷、小布拉格山谷、小布拉格西山谷和漫岐嘎山等范围（图版一五）。目前还没有找到明确的边界。在编制辽祖陵遗址申请世界文化遗产预备名录文本中，我们建议的保护范围，实际上与本文所说的"辽祖陵陵区"大体相当（图版一）。

本报告按这一思路，按辽祖陵陵园内重要陵墓、陵园内重要建筑、陵园外祭祀遗迹和陪葬墓区等重要遗存，以及辽祖陵奉陵邑——祖州城等陵区构成内容依次分章节详细介绍。因为陵园外祭祀遗迹和陪葬墓区的内容较少，故合并为一章介绍。最后对辽祖陵遗址具有代表性的遗物等进行初步研究，并探讨了辽祖陵陵寝制度等。多学科合作研究的成果，其结论和认识直接纳入正文中。但为保持原科研报告的完整性，又另做附录专题报告。

二 考古报告编写概况

辽祖陵考古队项目设计时着眼宏观，侧重于辽祖陵遗址整体格局的探讨，致力于辽祖陵陵寝制度的研究。在发掘过程中注重微观，强调田野发掘工作的规范科学，强调采用先进测绘手段和多学科合作，强调尽可能多地收集发掘资料和信息。在整理资料时，强调对考古发掘工作的再检讨，总结获取考古资料方法和手段的得与失，注重对辽祖陵遗址考古发掘资料的整合和再认识。

我们根据以往经验，在每个年度的辽祖陵遗址考古调查和发掘工作结束之后，都会在工地驻地对发掘资料进行短期的资料整理。除了检查、核对记录和线图外，还对器物进行全面清洗，写好编号。拼对陶瓷器，做好器物卡片等。并每年都力争

---

[1] 董新林：《辽祖陵陵寝制度初步研究》，《考古学报》2020年3期。

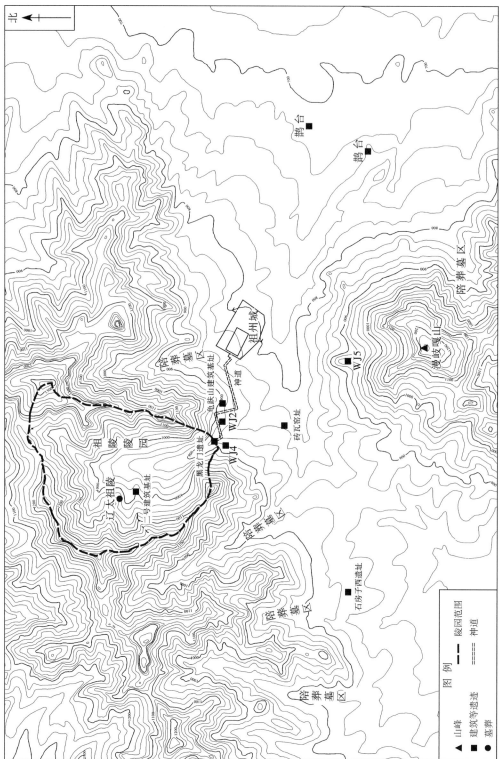

图 1-5-1 辽祖陵陵区构成示意图

在《中国文物报》上发表年度的辽祖陵遗址考古发掘成果简讯[1]。

2007 至 2010 年间，辽祖陵考古队在巴林左旗林东镇没有固定的办公地点和相应的工作条件，每年发掘的文物资料都暂时堆放在巴林左旗辽上京博物馆临时库房内，一直没有空间进行系统整理。直到 2011 年 11 月，在时任中共巴林左旗旗委王玉树书记的直接关照下，中国社会科学院考古研究所内蒙古第二工作队在巴林左旗林东镇有了较为固定的临时工作站（2016 年初搬迁到林东镇西城区文化旅游体育局新楼内，作为相对固定的考古工作站），为整理辽祖陵考古发掘资料提供了足够的空间。

2011 年，董新林开始以"辽祖陵遗址考古发掘报告"为项目立项申请整理经费。在中国社会科学院考古研究所王巍所长等领导的关心和支持下，《辽祖陵遗址考古发掘报告》于 2011 年顺利被纳入国家社会科学研究基金项目和中国社会科学院 B 类重点课题。这为我们整理辽祖陵资料提供了部分经费保障。2016 年至 2020 年，在王巍所长和陈星灿所长的支持下，每年得到考古研究所资助的部分整理经费，从而保障了整理工作的顺利完成。

2012 年，董新林和汪盈开始组织启动辽祖陵遗址考古发掘报告的整理工作。参加整理人员主要是中国社会科学院考古研究所内蒙古第二工作队队员（下文未单独标注者，均为本队人员）。整理工作主要有：首先，董新林、汪盈和于忠昌、张林等对辽祖陵遗址考古发掘资料的文字记录、线图和照片进行核对并整理归类。其次，于忠昌、张林、张晓强等对出土器物进行拼对和复原，以获得更多相对完整的科学资料。第三，于忠昌、张林等对出土遗物按单位进行核对，重新确定小件登记表；并着手做器物卡片。第四，汪盈组织王岩、张晓强等开始清绘发掘遗迹线图，绘制出土遗物的器物图等。第五，陈小云等开始对一些带文字的石碑刻等，以及瓦当、有刻划符号的砖、瓦等建筑材料进行拓片。第六，张晓强、夏连林等摄影人员对出土器物标本进行照相。第七，多次邀请中国社会科学院考古研究所刘建国到辽祖陵对辽祖陵陵园和奉陵邑祖州城利用飞行器进行高空摄影，形成等高线实测图。最后，在考古资料基本齐备的情况下，董新林和汪盈着手撰写考古发掘报告。

辽祖陵遗址考古发掘工地的现场遗迹图，均用索佳牌全站仪进行测绘，并落实到米格纸上手工绘制完成（在全站仪使用不够熟练的阶段，领队董新林要求考古队员采用全站仪电子图和手工米格图互校的办法，以保证绘图的准确性）。辽祖陵遗

---

[1] 董新林、塔拉、康立君：《辽代祖陵考古发掘取得重要收获》，《中国文物报》2007 年 11 月 28 日第 2 版。董新林、塔拉、肖淮雁、康立君：《辽代祖陵陵园考古发掘取得新进展》，《中国文物报》2008 年 11 月 21 日第 5 版；《辽代祖陵陵园考古发掘取得新进展》，《中国考古学年鉴·2009》，文物出版社，2010 年；《辽祖陵"黑龙门"遗址等获重要考古发现》，《中国文物报》2010 年 12 月 31 日第 4 版。

址 2007 年和 2008 年的考古发掘中，现场遗迹图均为巴特尔绘制；2009 年遗迹和探沟图等均为郭松波（中国社会科学院考古研究所洛阳汉魏城队）绘制；2010 年遗迹和探沟图由郭松波、张林绘制，刘海文（敖汉旗博物馆）现场提供帮助。器物修复工作主要由于忠昌、张林、智建荣（发掘期间参加修复）、张晓强、陈小云、王岩完成。2007 年和 2009 年遗迹图由王岩清绘，2008 年和 2010 年遗迹图由张晓强清绘。发表的遗物线图主要由王岩绘制，王亚琪和任红（原中国社会科学院考古研究所绘图室）参加了部分工作。遗迹和遗物图最后均由中国社会科学院考古研究所李淼进行审校，刘方（考古研究所绘图室）前期对器物绘图也提出过修改意见。辽祖陵遗址总平面图、陵园四周山脊石墙等，由马小飞（时任中国社会科学院考古研究所研究生，现为河北省考古研究院馆员）于 2010 年用 RTK 现场实测（2003 年董新林曾用手持 GPS 测绘和手工测量）。陵园内部分遗迹现象由张林用 RTK 实测。2014 年春，马小飞和左利军对辽祖陵陵园外的部分遗存用 RTK 和手持 GPS 进行了补充测绘。后期在刘建国研究员指导下，马小飞根据测量数据绘制出辽祖陵遗址总平面图，汪盈和王岩最后修订。遗物拓片由陈小云等完成。辽祖陵陵园、祖州城正射影像图、高程图和等高线平面示意图（图版一五~一七）由刘建国绘制。

2007 至 2010 年发掘工地遗迹照相由董新林负责，肖淮雁和于忠昌也参与一些照相工作。器物照片由张晓强拍摄，夏连林（巴林左旗宣传部）参加了部分工作；张鹿野、张亚斌（中国社会科学院考古研究所科技考古中心）补充拍摄部分照片。龟趺山建筑基址、甲组建筑基址、一号陪葬墓、四号建筑基址和黑龙门遗址等大型气球摄影照片，都是由康立君（辽上京博物馆）等负责完成。康立君自行研制气球遥控设备，为考古队气球照相提供了可能。

2014 年 11 月，我们用两年多的时间完成了《辽祖陵——2003~2010 年考古调查发掘报告》初稿，作为国家社科基金项目结项文件提交，并顺利结项。从 2015 年起，董新林和汪盈开始对考古发掘报告做进一步的修订工作。2016 年着手申请国家文物局的出版专项经费。几经周折，2019 年，经时任内蒙古文物局陈永志局长批准上报国家文物局，获得了国家文物局考古发掘报告专项出版经费资助。2020 年在时任内蒙古文物考古研究所曹建恩所长的支持下，内蒙古文物考古研究所王建伟等付出辛苦，顺利完成了政府采购的各项程序。2021 年 2 月中国社会科学院考古研究所和内蒙古文物考古研究所一起与文物出版社重新签署考古报告出版协议。2021 年 7 月，完成《辽祖陵——2003~2010 年考古调查发掘报告》修改工作。

本报告由董新林主编，董新林、汪盈编著。其中第六章第一、二节分别由中国社会科学院大学研究生岳天懿和陈泽宇主笔。第六章第三节由中国社会科学院古代史研究所康鹏主笔。岳天懿、陈泽宇在考古报告核校方面做了大量辛苦的工作。汪盈等年轻学人参与考古报告的整理和编写，提升了辽祖陵诸遗迹、遗物绘图的表现力和对建筑基址、遗物等描述的科学性。

本报告的人骨鉴定由中国社会科学院考古研究所张君完成；木材样品树轮鉴定由中国社会科学院考古研究所王树芝完成。出土瓷器由北京大学秦大树、故宫博物院王光尧、南开大学刘毅、复旦大学沈岳明、陕西省考古研究院王小蒙、河南省文物考古研究院孙新民、浙江省博物馆沈琼华等进行鉴定和窑口谱系分析。北京大学崔剑锋团队对出土瓷器、铜器、玻璃器进行了成分分析和研究。北京科技大学李延祥团队分别对出土铜器、铁器进行了鉴定和分析。中国地质调查局其和日格对部分石质文物质地进行了鉴定。

第二章 辽祖陵陵园内重要陵墓

辽祖陵陵园四面环山，其范围实际上是大布拉格山脉围合的一个口袋形山谷（图版一八）。陵园内除了文献记载的太祖耶律阿保机和淳钦皇后述律平的陵寝外，还有一些重要的祔葬墓。在考古调查中，除辽太祖陵外，还发现了三座大型墓葬和一座小型墓葬。出于大遗址文物保护安全考虑，除一号陪葬墓外，另外两座墓葬未标注在辽祖陵陵园总平面图上（图 2-0-1）。这里即对已做考古调查、试掘和发掘的辽太祖陵和一号陪葬墓，以及二号墓做详细的介绍。

第一节 辽太祖陵

辽太祖陵是辽代开国皇帝太祖耶律阿保机的陵寝之地。研究辽祖陵陵园的形制布局，最为重要的工作就是从考古学上确认辽太祖玄宫[1]的位置所在。因此，从课题设计之初，我们就计划重点对辽太祖玄宫进行探寻和科学确认。

根据国家文物局有关规定，现阶段不能主动发掘皇帝陵。因此，对辽太祖陵（编号 2003ZL1）主要进行了地表调查和封土试掘的考古工作。

一 地表考古调查

2003 年 10 月，中国社会科学院考古研究所内蒙古第二工作队会同巴林左旗博物

---

[1] "玄宫"是皇帝的地下葬所，即一般所述的"墓室"。根据《唐会要》等文献可知，唐代皇帝地下葬所称"玄宫"。宋代和清代避讳分别称"皇堂"和"地宫"。《辽史》卷十八《本纪·兴宗一》载，景福元年六月"乙未，奉大行皇帝梓宫，殡于永安山太平殿"。"九月戊申，躬视庆陵。""戊午，焚弧矢、鞍勒于菆塗殿。""闰月辛亥，谒菆塗殿，阅玄宫閟器。"本文将辽太祖地下葬所也称为"玄宫"。

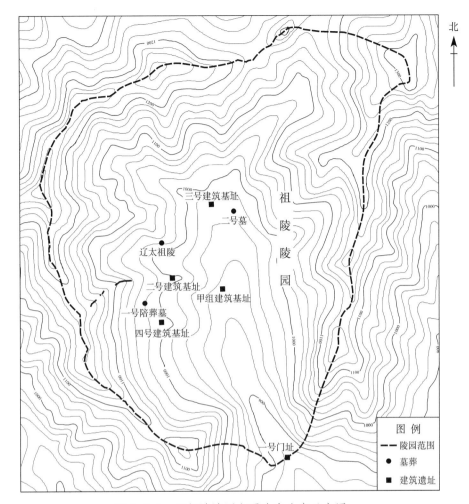

图 2-0-1　辽祖陵陵园主要遗存分布示意图

馆对辽祖陵遗址进行了考古调查。本次考古调查的重点，就是从考古学上寻找并确认辽太祖陵玄宫的位置及其相关实物资料。

辽祖陵陵园四面环山，仅在东南方向有一个狭窄的出入口。陵园东侧南北向山峰陡直，形如墙壁；西侧山峰外侧陡直，陵园内侧有三条大体平行的山岭伸向东部（图版一九）。由南至北依次编号为第一道山岭（L1）、第二道山岭（L2）和第三道山岭（L3）。山岭下陵园中部平地上的建筑基址，编号为甲组建筑基址。

围绕辽太祖陵的调查内容有：一是对第三道山岭（L3）的地面调查；二是对第二道山岭（L2）的地面调查；三是对甲组建筑基址等进行考古调查。

（一）第三道山岭地面调查

第三道山岭（L3）位于辽祖陵陵园的西北部。综合考察 L1、L2、L3 三道山岭，其中 L3 居北,从陵园西侧山脊的最高峰向东延伸,其最东端略向南折探伸到了陵园中央的位置,犹如卧龙之龙头。

经实地踏查发现,第三道山岭(L3)整体都是自然的岩石山体,仅最东端为人工修筑痕迹明显的大黄土丘(图版二〇、二一)。从夏季地表植被看,自然基岩部分地表次生林等植被为绿色,而人工土丘部分的地表树木多干枯,有较为明显的分界。

从整体看,这个人工堆砌的大黄土丘,形如一个截面为梯形的大扇面,覆盖在第三道山岭(L3)的最东端。黄土丘后部(即西北部)与岩石山体相接,交界处石头垒砌痕迹明显(图版二二,1)。从"黄土丘"局部被破坏的堆积断面观察可知,这个大"黄土丘",是用较厚的黄土层和薄砾石块层交替叠压分层夯筑而成(图版二二,2)。在"黄土丘"两侧发现了石块垒砌的自上而下的界墙(图版二三)。"黄土丘"上口与山体接缝处粗测径宽约 50 米,斜高约 57 米。这个黄土丘是辽祖陵陵园内土方工程量最大的一处建筑设施,规模宏大。我们根据前人的认识,参考历史文献记载,推测这个黄土丘很可能是辽太祖玄宫外的封土丘。可以说,这是 2003 年考古调查中最重要的发现和认识。

太祖陵"黄土丘"东侧有一个平甸,较为平整。面积 100 平方米左右。地表较为坚硬,不见砖瓦遗物。钻探表明,硬土面下不见文化层。可能是停放轿舆的地方。

(二)第二道山岭地面调查

第二道山岭(L2)位于陵园的中部,从西向东延伸,西高东低。即《辽史》载"南岭"。从陵园西侧高耸的山脊向东,在第二道山岭上,发现有西侧人工垒砌的石墙遗迹(图版二四,1)和东侧一组建筑基址等。石墙遗迹放到陵园石墙一节介绍。这里仅介绍 2003 年考古调查第二道山岭东半部分诸建筑基址(编号为二号建筑基址)的情况。

二号建筑基址由西高台建筑基址(编号为 L2J1)、东高台建筑基址(编号为 L2J2)、东平台基址(编号为 L2J3)和登山路一号基址(编号为 L2J4)组成。在 L2J1 采集到多块汉文楷书经幢残片,以及经幢构件等;L2J2 地表残存较多的砖瓦等建筑材料残块。L2J3 是位于山顶最东端的石砌平台基址,其中间为垫土,四周有石砌包边,不见砖瓦等建筑材料,地面较平整。这表明 L2J3 上面没有建筑,可能是空闲用地。

在第二道山岭南侧谷底发现一件石质三级踏步构件(图版二四,2、3),疑为从西高台建筑基址滚落下来的遗物。石构件为一块整石雕成三级台阶状,每级高 0.2、长 0.6 米。第一阶前两角杀圆,后一阶两角内各有一凹槽,应为镶嵌石栏一类构件。

　　第二道山岭（L2）上的建筑基址，应是重要的祭祀建筑。作为辽代皇陵重要的祭祀场所，这里应该修筑有很好的登山路，以方便皇亲显贵祭祀太祖陵时行走。顺着这个思路，我们对第二道山岭南、北两侧进行了详细的考古踏查。在山岭北侧（靠近石人遗存）没有发现道路迹象；而在山岭南侧找到一条石砌的登山路，并搞清了这条登山路的走向（图版二五）。

　　这条登山路起于 L2 东南山脚下平地的登山路一号基址（L2J4），终于 L2 顶面的东平台基址（L2J3）。这条登山路保存较好，呈曲尺折角状，分成上、下两段。下段道路从下（东）到上（西）折角处长约 210 米，上段路从折角（西）到顶（东）约 76.3 米。路面平整，宽约 3~5 米，现存多处石块垒砌的护坡。登山路是在斜坡面上修筑。岩体高的一侧凿平，岩体低的一侧用石块垒砌，形成石铺路面和山体路面相混合。大部分路面保存较好。

　　L2J4 位于第二道山岭东南山脚下的平地上，东北侧与甲组建筑基址相邻。L2J4 为高台建筑，地表有砖瓦残块，应与登山路入口处的标志性建筑有关（其坐标为 43°53′13″N，119°06′32″E。海拔 946 米）。此建筑基址的范围南北长约 10.4 米，东西宽约 6.6 米。从盗坑剖面堆积看，可分三层（图版二六，1）。第一层：灰褐土，厚 1.05 米，为堆积土。第二层：建筑倒塌堆积，有较多砖瓦，厚 0.13 米。第三层：建筑台基，为黄夯土，厚 0.13 米。以下为黑色生土。

（三）石像生的新发现

　　在第三道山岭最东端"黄土丘"的南侧边缘，地表现存一件石翁仲（一号石翁仲，编号 2003ZL1 外：1），仅露出上半身，头部及左臂已残失，下半身埋于淤积土下。此外，第二道山岭（L2）北侧有一条自然冲沟，西北高东南低。在接近一号石翁仲位置不远的冲沟内，还发现另一件残断的石翁仲（二号石翁仲，编号 2003ZL1 外：2），其仅存腿部，为长袍所罩（图版二六，2）。闵宣化（Joseph L.Mullie）踏查辽祖陵时曾记述"山后山谷草中尚卧有若干翁仲，然辽代之碑已无存矣"。说的就是这里。或许闵宣化当时所见不止二个石翁仲。

　　一号石翁仲（2003ZL1 外：1），上半身暴露在现地表（图版二七，1）。为确认石翁仲保存状况，并了解当时原始地面和地层堆积等情况，我们于 2004 年对半埋在现地表中的一号石翁仲进行了清理，试掘一个宽 1.5、长 2.5 米的探沟。在深 1.2 米左右的位置，清理出一号石翁仲的长方形底座，确知一号石翁仲下部保存完好。

　　一号石翁仲头部及左臂已残失（图版二七，2）。身穿箭袖长袍，束腰带挽出蝴蝶双结，左手握右腕，交手于腹部，背脊拖一条长辫，足蹬靴。双足下为石长方形底座（图版二七，3）。石翁仲像残存通高 1.62 米（含底座）；底座长 0.65、宽 0.49、高 0.17 米（图 2-1-1）。

　　贴石翁仲底座西侧的原地面上，新发现一个石雕卧犬像，编号 2003ZL1 外：3（图版二八，1）。石犬为白砂岩石质，通体磨光，带有长方形底座。犬圆头长嘴，嘴部略有残损。双目圆睁，耳部不清，前腿略并拢前伸，头部贴俯两腿间。后腿微曲，左后腿在下，右后腿在上，后身侧卧在长方形石座上。长尾夹在腿间，尾尖后卷。颈部和背部隐约可见黑、白两色。石雕卧犬通高 0.33 米（含底座）；底座通长 0.93、宽 0.7、高 0.09 米（图 2-1-2）。

　　从清理情况看，石翁仲立像和石卧犬是有意安置的（图版二八，2）。是太祖陵安置石像生的实物。

（四）"天梯山"

　　在第三道山岭北侧，辽祖陵陵园西侧山脊上，有一处两壁陡直的豁口。与陵园山脊上的其他豁口不同，此豁口较深，有较明显的人工开凿迹象（图版二九，1）。

0　　　　30 厘米

图 2-1-1　一号石翁仲（2003ZL1 外：1）

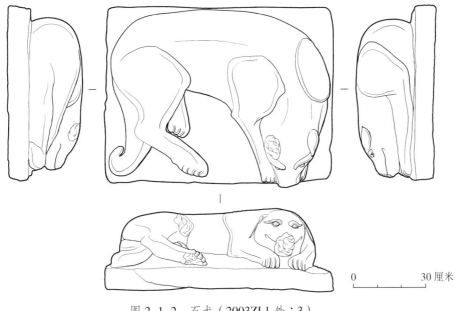

0　　　　　　30厘米

图 2-1-2　石犬（2003ZL1 外：3）

豁口宽约 4 米，内用石块垒砌成石墙，残存高 9 米多。此山口位于第三道山岭东段"黄土丘"的西北，与陵园东南的黑龙门大体呈三点一线，位置特殊且重要。结合文献记载推测，此处可能与《辽史》所载"天梯山"有关。

二　考古试掘情况

通过 2003 至 2004 年的考古踏查，了解到第三道山岭东段的黄土丘很可能是辽太祖陵的封土丘。2009 年对封土丘进行有计划的地貌测绘和试掘。出于保护大遗址的考虑，我们以最小范围试掘、尽可能多地解决学术问题为目标，所以部分探沟没有发掘到生土，在确认了堆积情况后即停止发掘。在封土丘顶部开探沟 6 条；在封土丘下方边缘开探沟 2 条（图 2-1-3，比例约 1∶1070）。下面结合遗迹现象进行叙述。

（一）封土丘堆积和范围

在封土丘上进行探沟试掘，目的是了解封土丘的范围、堆积和营建情况。

1. 封土丘范围

在考古调查中，我们发现在太祖陵封土丘的东侧和西侧，地表都隐约暴露出石块堆遗迹（分别称为东石块堆遗迹和西石块堆遗迹），沿自然山体坡度由上而下呈长条状分布。这两条石块堆遗迹是否是封土丘的两侧边界？石块堆遗迹是否是人为

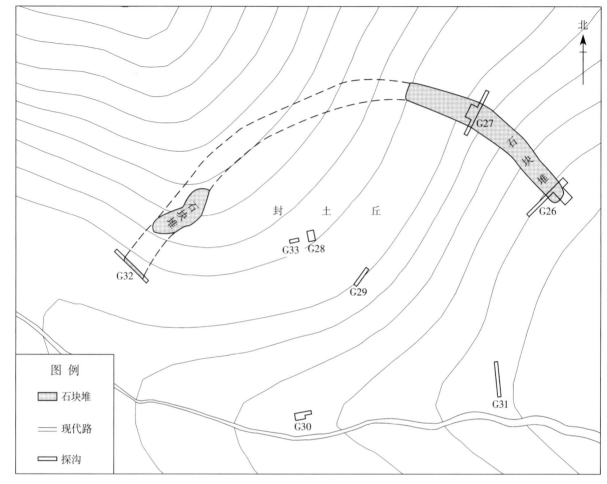

图 2-1-3　辽太祖陵封土丘探沟分布图

的？其保存状况如何？为解决上述疑问，我们开设 3 条探沟。2009G26 和 2009G27
位于东石块堆遗迹上。2009G26 位于封土丘东南侧，即东石块堆遗迹下部；2009G27
位于封土丘东北侧，即东石块堆遗迹上部。2009G32 位于封土丘西缘，即西石块堆
遗迹中部（西南侧）。下面分别介绍探沟的试掘情况。

（1）探沟 2009G26

2009G26，位于太祖陵封土丘东石块堆遗迹下部（图 2-1-4）。地势为北高南低
的斜坡状。方向 46°。根据实地情况最初布设东西宽 3 米，南北长 5 米的探沟；后来
根据遗迹现象在北侧向东、西扩方，形成"T"形，发掘面积约 29 平方米。探沟地
表东端高差约 2 米，西端高差约 0.25 米。

1）地层堆积

以 G26 北壁为例，根据土质、土色，探沟地层可以分为四层。

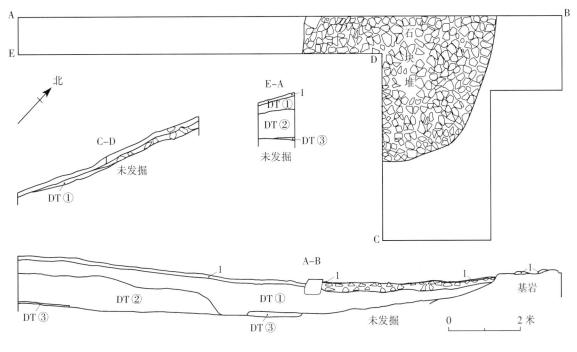

图 2-1-4 2009G26 平、剖面图

第①层：地表腐殖土。厚 0~0.15 米。土呈黑灰色，质松散，脏，内含较多乱石块。该层东段直接压在山岩石之上。

DT①层：黑灰土。厚 0~0.85 米。此层在探沟西端下压 DT②层，中东段下压 DT③层及山岩石。质松散，脏，内含较多乱石块及一块沟纹砖残块、一块绿色琉璃瓦片等遗物。

DT②层：灰黄土。见于探沟西端，厚 0~0.92 米，下压④层及碎山岩石层。质较松散，较脏，内含碎小石块及一件沟纹砖残块、一件瓷片、一件素面布纹瓦片等遗物。

DT③层：黄褐土。见于探沟中西段。厚 0.05~0.12 米。此层分别被 DT①、DT②层所压，其下压碎山岩石。土含沙性，质较坚硬，纯净。未见遗物。

2）遗迹概况和形制

从现地表能清楚见到一道石块堆遗迹。遗迹参差不齐，呈西北—东南向，顺着封土丘坡面地势由上而下分布。在探沟内清理出一道南北向的石块堆遗迹（编号 G26DS1）。DS1 西侧叠压垫土与石块混在一起的堆积，而东边直接叠压自然基岩。

根据试掘资料可知，石块堆遗迹东西宽约 5.2 米，南北残长 5 米（南、北两边超出探沟范围），残高约 0.2~0.3 米，大部分为乱石，摆放无规律可寻。但是这一石块堆积属于人工有意堆砌，而非自然形成。遗迹位于封土丘垫土范围的东界，东侧叠压自然基岩。推测此道石块堆遗迹为太祖陵封土丘东边的界标。

（2）探沟 2009G27

2009G27 位于太祖陵封土丘东北侧的山腰处，即封土丘东石块堆遗迹的下部。地势为北高南低的斜坡状（图 2-1-5）。地表有草及树和石块。探沟方向为 28°。探沟开始布设范围为南北宽 3、东西长 4 米。清理掉表土，石块堆遗迹全部暴露出来。照相后未向下发掘。确定遗迹走向后，沿探沟南边向东、西两侧扩方，重新布设东西长 14、南北宽 1 米的探沟进行发掘。目的是为区分石块堆遗迹东西两侧堆积的差别。即太祖陵封土丘东侧下部的界限。

1）地层堆积

以探沟北壁为例，地层堆积分为二层。

第①层：表土层，为腐殖土。探沟中部夹杂较多石块，质松。厚 0~0.11 米。东南高西北低，落差为 0.86 米。

DT ①层：黑灰土，质松。厚 0.15~0.48 米。与探沟西壁相距 5.18 米处发现有数块大石。大石东侧 DT ①层下为山体基岩。在此层底部与基岩相接处发现一块陶片。西侧 DT ①层下疑为夯土。

G27 夯土呈灰黑色。由上而下清理了 4 层。夯①层：厚 0.17~0.34 米。夯②层：厚 0.12~0.22 米。夯③层：厚 0.11~0.22 米。夯④层：厚 0~0.15 米。以下夯土未发掘。

2）遗迹概况和形制

本探沟内石块堆遗迹（G27DS2）局部见于地表（图版二九，2）。石块堆遗迹下面叠压一层垫土，其下东、西两侧堆积情况不同。东北侧直接叠压于基岩之上；西南部叠压灰黑夯土，土质较硬较纯净。基岩逐渐由东至西向下倾斜。在距探沟东壁 7 米处发现数块大石，大石底为基岩。在距探沟东壁 9 米处，基岩向下坡度较大。此

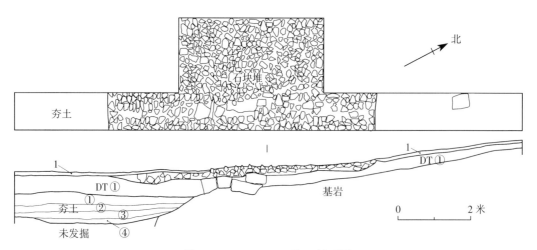

图 2-1-5　2009G27 平、剖面图

处往西南土层堆积较厚。在距地表 0.84 米处出土一块陶片。西南侧的灰黑土土质较硬，局部发现其呈立茬状，推测可能为夯土倒塌或移位形成的现象。根据试掘探沟可知，石块堆遗迹宽度约 7.3 米。西距探沟西壁约 5 米。总之，石块堆遗迹东侧为自然基岩，西侧叠压人工封土丘的东侧边界，故可推定东石块堆遗迹属于封土丘的东界。

根据调查和试掘情况，简要概述东石块堆遗迹形制如下。

东石块堆遗迹（DS）呈西北—东南向，长条状。总长 59.79 米，上部宽 7.3、下部宽 5.2、残高 0.2~0.3 米。为人工堆砌，局部有砌筑痕迹，大部分参差不齐。遗迹西侧为封土丘，东侧为自然基岩，是太祖陵封土丘东缘的界标。

（3）探沟 2009G32

2009G32 位于太祖陵封土丘的西缘中部，即西石块堆遗迹的中部（西南侧）。地势为东高西低的斜坡状，高差约 0.56 米。探沟方向为 132°。G32 范围为南北宽 1、东西长 13 米，共 13 平方米（图 2-1-6）。

1）地层堆积

以探沟北壁为例，地层堆积分为三层。

第①层：表土层，为腐殖土。黑灰色，质松散，脏。厚 0.05~0.12 米。

第②层：黑灰土，质松，内含小石子。厚 0.12~0.62 米。探沟东端厚约 0.5、中部厚约 0.2 米。

第③层：灰黄土，质较松散，较纯净，内含少量碎小石块（片）等遗物。见于探沟中部和东部。厚 0~0.5 米。

以下西北部为基岩，东南部为夯土。

2）遗迹概况和形制

在探沟内清理出一道石块堆遗迹和太祖陵封土丘夯土。

石块堆遗迹位于探沟 2009G32 中段，距探沟东壁 1.8、西壁约 3.5 米。距地表 0.12~0.74 米。根据试掘可知，此石块堆遗迹略呈东北—西南向，东西宽约 8.1 米，南北长度不详（图版三〇，1）。此处残存一层石块，厚约 0.3 米。此石块堆遗迹的走向，

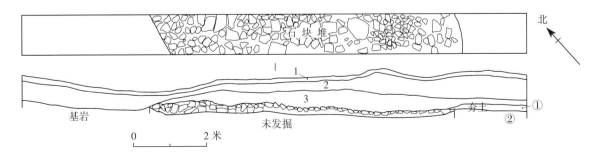

图 2-1-6 2009G32 平、剖面图

与其东北上方暴露于地表的石块堆遗迹大体一致，应是同一遗迹。参考 2009G26 内清理的乱石堆遗迹可知，此石块堆遗迹是太祖陵封土丘西边的界标。

东北—西南向的石块堆遗迹，其东、西两侧堆积情况不同。其西北直接叠压山体基岩，东南叠压封土丘夯土。

夯土开口于第③层下。中段被乱石块堆遗迹叠压。夯土厚 0.26~0.5 米，未见底。夯土上部呈黑灰色，下部略呈灰黄色，质坚硬，较脏。层厚约 0.14~0.18 米，夯窝不清楚，内含少量碎小石块（片）等遗物。

根据调查和试掘情况可知，西石块堆遗迹（XS）呈东北—西南向，长条状。石块堆遗迹上部裸露于地表，下部表面覆有地表土。现存总长约 33.69、宽约 8.1 米，残高至少 0.3 米。石块堆遗迹为人工堆砌，大部分参差不齐。石块堆遗迹东侧叠压封土丘，西侧叠压自然基岩。其是太祖陵封土丘西缘的界标。

根据试掘资料可知，封土丘呈圆弧形，东侧石块堆遗迹距离西侧石块堆遗迹直线距离为 125 米左右。土丘斜高约 57 米。

2. "气孔"处和封土堆中部试掘

根据辽上京博物馆王未想和康立君介绍，太祖陵"土丘"的顶部有一处所谓"气孔"，冬天会有热气冒出。因此曾被盗掘，幸好被巴林左旗博物馆和公安部门及时发现并制止。从地表采集到被盗掘出的石片看，石片明显经过加工，较为规整。其中一些方石板经过专门加工，中央凿有圆孔，圆孔直径 30 厘米。这种带孔石板被垒砌成什么设施，尚不清楚。这里是太祖陵的什么位置，目前也不得而知。但是这一遗迹现象无疑是很重要的。

太祖陵封土丘顶部的所谓"气孔"位置，大体位于封土丘上部中央，可能是太祖陵玄宫前重要的建筑设施之一。为进一步掌握石砌"气孔"的形制和相关情况，我们决定对盗坑进行清理，并做适当解剖，故开设 2009G28 和 2009G33 两条探沟。并在东南部封土丘斜坡的中部开设 2009G29 探沟，目的是了解封土丘的堆积情况。

（1）探沟 2009G28

2009G28 位于太祖陵玄宫封土丘的东南方近顶部，现地貌为一个小平台（图版三〇，2）。北侧接近自然基岩与封土交接处。小平台地上北侧略高于南侧。现地表有一个已经回填的盗坑[1]。地表虽杂草丛生，但是仍可找到被盗掘出的磨光石板。为了解盗坑内所谓石砌"气孔"的具体形制和被破坏的情况，并对所盗掘的磨制带

---

[1] 辽上京博物馆王未想和康立君二位先生告诉笔者，在冬季，盗坑所在位置有热气冒出。引起盗墓者的盗掘。因为被及时发现，下面的遗迹没有被过多破坏。

孔石板的功用进行初步考察，我们对盗洞进行了再清理（图版三一，1）。在盗洞上方布探沟 G28。其范围南北长 3、东西宽 2 米。

1）地层堆积

根据 G28 东壁，清理深度内的地层可分二层。

第①层：地表土，黑褐土，质松。未发现包含物。厚约 0.14 米。盗坑直接挖破表土，口呈不规则方形。

第②层：浅灰褐土，质松散，呈颗粒状，含少量石块。厚约 0.2~0.54 米。

以下未发掘。

2）遗迹概况

探沟 G28 内有一个现代盗坑，位于探沟东南部，开口直接打破第①层表土。盗坑呈不规则方形，深约 6.3 米。盗坑内回填土中夹有大石块[1]和方便面袋。方便面袋上所印出厂日期为 1995 年和 1996 年，从而提供了此盗坑被盗掘的大体时间。

为了有效保护太祖陵封土丘的原貌，我们在探沟内仅清理了盗坑内的回填土，没有扩大发掘，也没有发掘到底。

清理到盗坑的底部，发现了现地表采集到的磨光石板原来所在的位置。这些带孔石板，是一个人工垒砌、带有圆孔的石板遗迹。我们暂时称其为太祖陵石孔遗迹（编号为 2009ZL1K1）。

根据清理的情况可知，此石孔遗迹，是若干层石板层叠垒砌而成的。每层用两块凿出半圆形孔的长方形石板对拼，中部形成圆孔状。石板大小不一，但拼对的圆孔尺寸相对一致，直径为 0.34 米（图版三一，2）。上部石板被破坏，个别残存少半圆状。从盗坑壁剖面看，并对西侧的 G33 东壁剖面进行观察，发现此圆孔石板遗迹上口应在第④层下，上口距现地表约 1.2 米。石孔遗迹剖面呈弧线状，由圆孔口自上向下逐渐向封土丘西北侧倾斜。石板或石块之间有白灰泥勾缝垒砌。圆孔内壁抹有平滑的白灰面，可看到手抹痕迹。从南剖面上看，圆孔石上有三大块石板垒砌，石板长分别为 1.18、1.5 和 1.7 米，厚分别为 0.26、0.28、0.24 米，宽度不详。石板呈内收叠涩状。大石板上为夯土，夯土内夹有薄石板，不规则方形。夯土厚约 0.9~1.2 米（图版三一，3）。

"圆孔"遗迹四周是封土丘堆积。从大石板至现清理的"层面"，圆孔南侧堆积为碎青石块。圆孔东侧和北侧的堆积为分层叠筑的夯土，即一层夯土，上垫一层小石块；再夯筑一层夯土，再垫一层小石块，层叠交错。夯土厚约 0.6 米；夯土下为

---

[1] 辽上京博物馆王未想和康立君二位先生告诉笔者，盗坑中的大石块，并非是原来封土中的。是博物馆回填时，为了防止再次被盗，从陵园外拉来的大石块。

一层乱石，厚约 1 米（纯石块，无土）。由此可体现封土丘的堆筑方式。圆孔西壁剖面堆积近似于东壁和北壁。现发掘面上残存有较完好的石砌圆孔，孔内现存松软的填土。

经过简单清理可知，此石砌圆孔向西北往下延伸。考虑到玄宫的安全保护，我们没有向下继续清理，故石砌圆孔的实际深度不详。从剖面看，现清理出的圆孔石块层达 23 层。从清理情况看，石砌圆孔透过了前述三块大石板。是否当时会露出地表？现已找不到考古证据。

（2）探沟 2009G33

2009G33 位于太祖陵玄宫封土丘的东南方近顶部，现地貌为一个小平台。东面紧邻探沟 2009G28。地貌略呈北高南低的小斜坡状。探沟为南北 1 米，东西 2.7 米（图 2-1-7）。

1）地层堆积

以 G33 北壁为例，本探沟共分四层。

第①层：地表土，植物腐殖土。黑褐色，土质疏松。厚约 0.06~0.08 米。

第②层：浅灰褐土。土质疏松，呈颗粒状，含少量石块。厚 0.33~0.48 米。

第③层：浅黄灰褐土。土质干硬，夹黄粗沙。出土一小块青瓷片。厚 0.3~0.62 米。

第④层：浅红褐土，土质干硬，无层次，含沙性。厚 0.16~0.46 米。

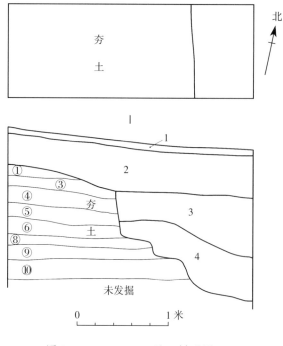

图 2-1-7　2009G33 平、剖面图

以下未发掘。

2）遗迹概况

G33第①层下，即暴露出封土丘的夯土。西壁和南壁、北壁西半部都是在第②层下即发现夯土堆积。东壁是在第④层下发现夯土。从南、北两壁看，夯土呈台阶状，黄褐色，夯层厚0.07~0.23米，清理了9~10层夯层（仅清理到1.2米左右深度，以下未清理）。在夯层平面发现有夯窝，夯窝直径约0.065米。原来布设G33，是想寻找玄宫墓道的走向。但该问题没有解决。

（3）探沟2009G29

2009G29位于太祖陵封土丘东南方中部坡面上，在2009G28东南方的坡下。此处地势较陡，地表为杂草及榆树。探沟方向为36°。探沟东西长6、南北宽1米（图2-1-8）。布设此探沟的目的是为了了解封土丘的营建结构和堆积情况。

1）地层堆积

以G29北壁为例，地层堆积分为二层。

第①层：表土层。黑土，质疏松。厚0.05~0.12米。呈东高西低状分布，东西间落差0.48米，南北间高低落差0.44米。

第②层：黑灰土，质略松。厚0.1~0.46米。此层下为灰黑色夯土。

以下未发掘。

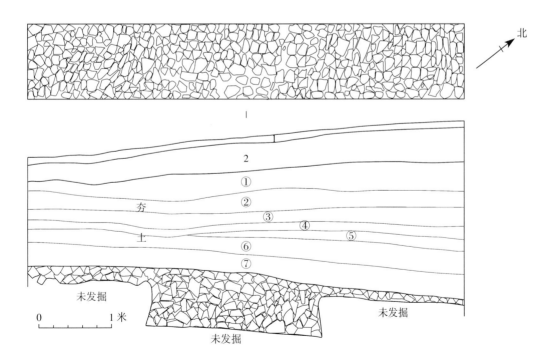

图2-1-8　2009G29平、剖面图

2）遗迹概况

封土丘堆积情况较为清楚。由上而下，第一层夯土呈灰黑色，掺杂少许黄土，质硬。厚1.13~1.84米。在距地表1.5米处见有碎瓦片。此夯土可分为七小层。以北壁为例，夯①层厚0.12~0.39米；夯②层厚0.16~0.3米；夯③层厚0.15~0.27米；夯④层厚0.1~0.18米；夯⑤层厚0~0.16米；夯⑥层厚0.15~0.31米；夯⑦层厚0.24~0.34米。夯土层内出有瓦片。第二层为石块堆积层。石块大小不等。堆积呈西高东低状。距地表1.45~2.4米，厚0.78米。第三层为黄灰色夯土层。以下未发掘，而是采用钻探方法，继续了解下面的堆积情况。根据钻探得知，第三层黄灰色夯土层厚约0.9~1米。其下第四层又是石块堆积层。再往下探铲打不通。结合封土丘水土流失的冲沟看，基本可以确定太祖陵玄宫前封土丘的营建结构和堆积的大概情况。即封土丘是一层夯土，一层石块堆积，层叠交错堆筑而成。这种现象很像祖州城城墙的夯筑方式。

（二）封土丘所在原始地面

2004年我们曾清理一号石翁仲的下半部分。2009年试图在此处扩大试掘面积，想了解周边是否还有石像生，重点是了解当时封土丘前面的原始地面情况，故在此处布设2009G30。此外，在2009G29的东南方向、大体属于封土丘近底部布设2009G31，也是想了解当时封土丘前面的原始地面情况。

（1）探沟2009G30

探沟2009G30位于太祖陵封土丘南侧，此处原立有一号石翁仲像和石犬。南邻一条现代的东西向小路。G30北高南低，呈斜坡状。地貌为杂草和小树。本次布设南北宽2米，东西长5米的探沟（图2-1-9）。

1）地层堆积

以G30北壁为例，探沟内地层共分四层。

第①层：地表腐殖土。呈黑褐色。质松散。厚0.09~0.15米。

第②层：浅灰褐土，质松散，呈颗粒状，含少量石块。厚0.35~1米。

第③层：花斑土，为乱夯土，质硬，无层次感。可能为封土丘冲刷形成的底层。西半部含少量小石子，东半部含较多的青石块。厚约0.07~0.72米。

第④层：浅黄褐土，质紧细。未发现包含物。东半部未发现第④层。厚约0.48米。

第④层下有灰褐色土硬面。

硬面下即为黄生土。

2）遗迹概况

灰褐色硬土面上原立有一号石翁仲和石卧犬，其均有方形座。现这两件文物被

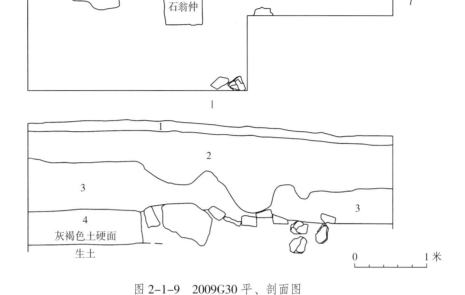

图 2-1-9　2009G30 平、剖面图

搬移到辽上京博物馆。在提取这两件文物时，就地挖了大坑，对当时地面造成破坏，也影响了我们的判断。根据发掘情况获知，太祖陵始建时的地面是黄土。对地面略作处理后形成灰褐色硬土面，厚约 0.05 米。一号石翁仲立像和石卧犬都放在硬面上。初步推定这两件石像生应是辽太祖陵封土丘一侧附属的遗物，当时应有一组石像生。

（2）探沟 2009G31

2009G31 位于太祖陵封土丘下地面的东南侧，南距东西向现代小路约 3 米。地势北高南低、西高东低，坡度较小。G31 南北高度相差 1.3 米，东西相差约 0.2~0.37 米。探沟 G31 东西 1 米，南北 10 米（图 2-1-10）。

1）地层堆积

以 G31 东壁为例，探沟内地层共分二层。

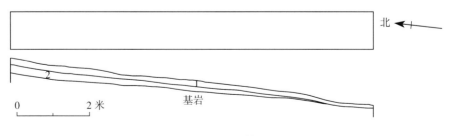

图 2-1-10　2009G31 平、剖面图

第①层：灰土，土质疏松。包含物有少量石块及草根、植物根茎等。①层分布于整个探沟。厚 0.06~0.18 米。

第②层：灰黄土，土质疏松。包含有石块。厚 0~0.22 米。南部局部不见第②层。此层下为基岩。

2）遗迹概况

G31 探沟内没有发现任何遗迹现象。第二层下即见基岩。或许表明此处原来属于封土丘范围。

三　对太祖陵的初步认识

确认辽太祖玄宫，是辽祖陵遗址考古的核心工作之一。以往对此问题的认识主要是依据历史文献记载和地面踏查情况，缺乏第一手的考古调查和试掘资料。现依据考古新资料，对辽太祖玄宫做进一步考察。

据《辽史》记载："太祖陵凿山为殿，曰明殿。殿南岭有膳堂，以备时祭。门曰黑龙。"辽太宗天显二年（公元 927 年）八月，"葬太祖皇帝于祖陵，置祖州天城军节度使以奉陵寝"。天显三年（公元 928 年）"五月丙午，建天膳堂"。

《辽史》关于"太祖陵"的记载虽然十分简约，但提供了三条重要线索。第一，太祖陵凿山为藏，天显二年入葬；第二，太祖陵玄宫南侧有一道山岭；第三，南侧山岭（即南岭）上有祭祀基址，即天膳堂，天显三年建成。

综合考察辽祖陵陵园内的三道山岭 L1、L2、L3，其中第三道山岭（L3）居北，其最东端形制特殊，有明显的人工堆砌迹象，且探伸到了陵园中央，犹如卧龙之龙头。前述有学者已经意识到，这里可能与太祖陵有关。但没有提出考古学例证。

我们于 2003 年对第三道山岭（L3），特别是山岭东端，进行了仔细勘查，确认了一系列遗迹现象。从地表现象看，此山岭（L3）东端后部是自然的岩石山体，而前半部分是一座人工修筑痕迹清楚的大"土丘"（图版一九）。"土丘"后部（即西北部）与岩石山体相接，交界处石头垒砌痕迹明显（图版二二，1）。从暴露的局部堆积断面观察，"土丘"是用黄土层和砾石块层交替分层夯筑而成（图版二二，2）。在"土丘"两侧发现了石块垒砌的自上而下的界墙（图版二三）。从整体看，"土丘"形如一个截面为梯形的大扇面，覆盖在第三道山岭（L3）的最东端。"土丘"上口与山体接缝处径宽约 50 米，底部东西弧径约 125 米，斜高约 57 米。这是辽祖陵陵园内唯一一处土方量规模宏大的人力工程遗迹，推测只有开国皇帝耶律阿保机的太祖陵才可能有这样规模巨大的人工土丘。"土丘"是太祖陵的封土，玄宫建在封土后面的岩石山体内。这与《辽史》记载的"太祖陵凿山为殿，曰明殿"基本相符。

因为没有发掘，玄宫形制结构不详。

在封土丘顶部平台上的夯土中发现的"石孔"（直径 34 厘米）遗迹，因为没有全面发掘，性质尚不清楚。或许暗示了墓道的方向。

在巨大的人工封土丘南侧，有第二道山岭（L2）横在前方。在第二道山岭（L2）上，西侧有从西山峰延伸下来的四段石墙（图版二四，1）。东端则有二号建筑基址群。二号建筑基址南侧有可登临而上的曲尺形慢道（图版二五）。结合《辽史》记载推测，第二道山岭可能就是《辽史》之"南岭"，而二号建筑基址，很可能就是《辽史》之"天膳堂"。

在太祖陵玄宫封土丘南侧，发现二件石翁仲和一件石犬。这与闵宣化记述"山后山谷草中尚卧有若干翁仲"一致。其中一号石翁仲身穿箭袖长袍，束腰，足蹬靴。较为特殊的是其背脊上束一条长辫（图 2-1-1），与契丹人髡发形象不同。

综上所述，通过实地考古踏查和试掘发现的考古现象，与《辽史·地理志》记载"太祖陵凿山为殿，曰明殿。殿南岭有膳堂，以备时祭"的情况基本吻合。这样便从考古学上基本锁定了辽太祖陵的具体位置，也为以后的考古发掘和研究奠定了良好基础。

第二节　一号陪葬墓

一号陪葬墓（2007PM1）位于辽太祖陵园内西侧第一道山岭（L1）和第二道山岭（L2，即《辽史》所载"南岭"）之间的谷地（图版三二）。PM1 所在之处为一处簸箕形小山坳内的鼻梁骨高地，三面山岭环抱，地势西北高东南低，墓道前不远处有一个向下的陡坡。墓葬后面的西北部山峰峭立，形如"山"字（图版三三，2）。对面正对太祖陵园东山内壁，峭壁竖立，形如屏风（图版三三，1）。东侧山峰外即祖州城。

一号陪葬墓与东北部的辽太祖陵（2003ZL1）隔第二道山岭（L2）相望，是陵园内重要的葬地之一（图 1-5-1）。在其南侧第一道山岭（L1）上发现一处大型建筑基址，即四号建筑基址，应是一号陪葬墓的祭祀性建筑。

一　发掘工作概况

2003 年，我们在实地考古调查时，根据主室墓顶的盗洞，了解到这是一座东南向的大型多室墓（编号为一号陪葬墓）。2007 年 8 至 9 月，辽祖陵考古队对一号陪葬墓进行了抢救性考古发掘。

首先，对一号陪葬墓地表遗迹进行勘察。在清理了地表的树木和灌木后，并没有发现墓上有明显的封土痕迹。

其次，着手确认墓道的准确位置。我们选择在盗洞东南约34米处，开东南—西北向探沟一条，长6米，宽1米。在清理过程中，对墓道填土、墓道外地面、排水设施等营造问题给予了格外关注。根据土质土色，很快就在探沟内的表土层下，发现墓道内填土和墓道外原始地面土的差异，从而确定了墓道的开口宽度及走向。

一号陪葬墓凿山而建，与一般辽代墓葬不同。墓道上口随自然山势呈斜坡状，而墓道底面基本水平。通过对东南部墓道地面的局部清理，了解到墓道地面是利用自然山体的砂石土层找平而建。自然山体为深黄色砂石土。其上还有一层厚0.01米的灰褐土硬面，内含白色细沙粒且起层，应是修建墓葬时形成的踩踏面。在墓道底部北侧，发现一排东西向分布的平铺青砖。其东端延伸到墓道口之外，再向东南直到陡坡处。平铺砖下有砖砌孔槽。应为一号陪葬墓排水系统的出口。

第三，对墓道进行全面清理。在墓道发掘过程中，注意利用剖面来观察墓道填土的堆积情况。填土大体分三层。在墓道西端填土中出现部分深黄土，其他地方则不见，厚约1米。在墓道东端填土中，出土了4件残缺兽面瓦当。墓道中上部有一层由大石块、残砖块和板瓦残片等构成的填土层，厚1.3米，里面含有白灰面残块。墓道西北部上口用石块垒砌加固。墓道两侧立壁存有包石，墓道内后半部两侧有仿木结构雕砖建筑。在清理墓道填土时，对出土的建筑材料进行了全面采集。

第四，注意对一号陪葬墓前室、中室和两个耳室的有序清理。一号陪葬墓多次被盗，墓室内扰乱堆土很多。但前室和中室以及左、右耳室仍保存较完整，仅后室顶部破坏严重。因此，发掘时采用了不同的清理方法。对前室和中室及左、右耳室采取从墓道进入，依次逐个清理的方式，尽快寻找出未被破坏的遗迹现象。

第五，对后室的发掘。我们清理到后甬道后，考虑如何清理后室。因为后室堆土很多，顶部有盗洞。从内部观察，有很多壁砖和顶砖呈半朽状态。从后甬道进入后室进行长时间的考古清理，存在很大的安全隐患。经过多次考察和评估，最后考古队长决定，对后室采取从墓顶发掘，尽可能全面揭露墓室顶部，以确保墓室内从事考古作业工作人员的人身安全。尽管因此增加了很大工作量，但是考古队圆满完成了后室的考古发掘工作。并在后室顶部布设十字探沟，确定了墓葬始建时墓圹的四至。

最后，对墓葬形制结构进行了详细记录。除文字记录外，还用全站仪对墓葬进行科学测绘（图版八，2），绘制墓葬平、剖面图；并用佳能相机对墓葬进行全方位照相，尽量保证资料的科学性和详细度。在发掘过程中，我们将墓道、墓室内的填土扰土一并运至墓外空地，统一筛选，以尽量保证墓中小件随葬品不被遗失。

二 墓葬形制

一号陪葬墓是一座大型砖筑类屋式墓。墓室地表原来可能有封土，现已不存。墓葬曾遭多次盗掘，在前室顶部前侧发现一个早期盗洞、后室顶部正中和侧面各发现一个现代盗洞（图版三三，3）。

一号陪葬墓凿山而建。营建时首先在山坡的基岩斜面中凿出墓圹，墓圹底部基本为平面，即墓道与墓室底部基本相平；然后在圹内砌筑砖墓室、甬道等；最后安葬并填土掩埋。发掘时对前室未做解剖，底部结构不甚清楚；中室、后室、耳室和甬道的底部都是在基岩上垫厚0.12米的青灰砖渣层，然后平砌4层方砖。墓葬所用青砖有沟纹长方形砖和沟纹方形砖两种。长方形砖有两种规格：一种为长0.38、宽0.19、厚0.06米；另一种为长0.35、宽0.18、厚0.06米。方砖也有两种规格：一种为边长0.37、厚0.06米；另一种为边长0.35、厚0.06米。所用石料基本为青石。

一号陪葬墓由墓道、墓门、前室、前甬道、中室、南耳室、北耳室、后甬道和后室组成，全长50米。墓道朝东南向，方向为118°（图2-2-1）。后室底部距地表11.92米。墓室内地面均铺有方砖。墓室内和墓道地面下均有一道砖砌的排水设施[1]。

（一）墓道

现存总长17.35米。墓道底面较为平坦。墓道上口沿西高东低的自然山势呈斜坡状。墓道口大底小，上口长17.8、宽3.77~3.95米，底面长17.35、宽2.27~3.78米，西端最深处为5.25米。墓道上口自迎风墙向东延至约12.6米。墓道口顺砌长方形砖之上沿斜坡面砌有数层石块，与迎风墙上部砌石相连（图版三四）。

墓道为黄土地面，两壁均用青砖包砌，并刷抹白灰面。可分为东、西两段。在墓道后（西）段内，南、北两侧紧贴墓道壁各砌出一道砖筑侧墙，墙壁刷抹白灰墙皮，东西长7.95、厚0.71米，顶部作单披檐瓦顶（图版三五，1）。其中北侧墙瓦顶保存较好，可见正脊以筒瓦扣合而成，正脊端头饰以兽面瓦当（图版三五，2）。以瓦作单披檐，以砖构件作仿木构连檐和圆形檐椽。檐椽涂有红彩或绿彩，椽头断面涂有白灰。砖墙白灰皮上隐约可见墨线勾勒的人物形象，惜已模糊不清（图版三六，1）。两道侧墙之间的通道与墓门相连，东西进深7.95、南北宽2.36米。在

---

[1] 出于遗址保护和展示的需要，墓室内的排水设施未做解剖发掘，故在平面图中无法标注。

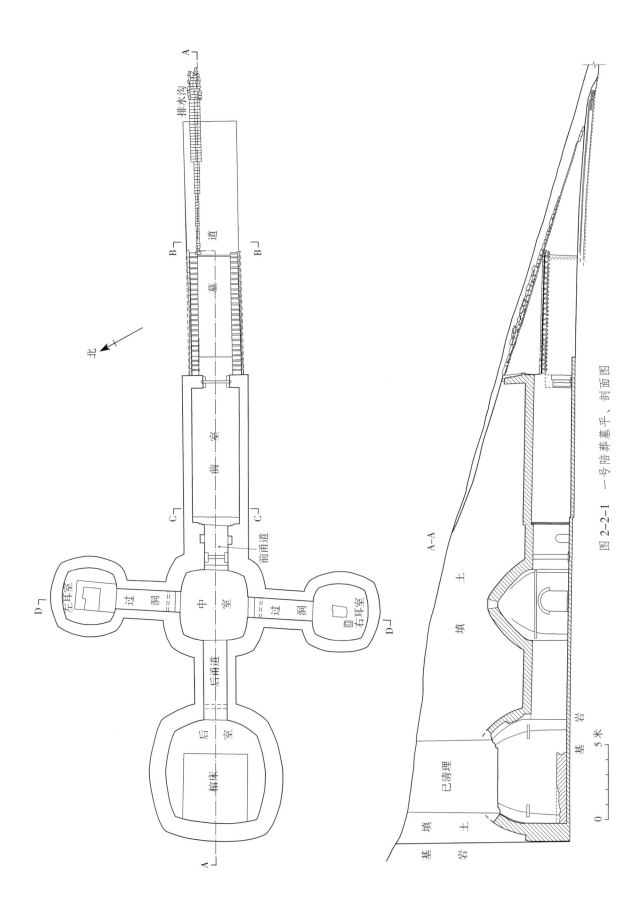

排水沟

墓 道

B

前 室

C 前甬道

左耳室 过 洞 中室 过 洞 右耳室

D D

后甬道

后 室 椁床

A A

北

图 2-2-1 一号陪葬墓平、剖面图

A-A

填 土

基 岩

已清理

填 土

基 岩

0 5米

通道最东端，即入口处的墓道填土中发现 2 个带有松木残块的铁构件（可能与固定木门有关），出土位置大体对称（图版三六，2）；在接近南、北两侧墙体上砖檐椽位置下方的南、北两侧墙体均残存部分砖土墙遗迹，推测这里原来设有一道木门。在墓道最西端近墓门处铺三层方砖，形成门前平台，东西进深 1.1~1.5、南北宽 2.36 米（图版三七，1）。

在墓道前（东）段北墙东端地面下，发现一条砖砌排水沟直通墓室内（图版三七，2）。排水沟西端被压在墓室和墓道底部铺砖之下，东端一直延伸到墓道外的山体陡坡前。目前可见长度为 18.5 米。

墓道内填土大体分三层。第①层：深灰土，厚 1.7 米。土质很硬，含炭粒。内含少量砖块、筒瓦、板瓦和滴水等残块。第②层：土石混合层，厚 2.85 米。夹杂很多大石块、板瓦残片、滴水残片等。偶见有白灰皮块。填土中还出土一个石构件。第③层：深灰土，厚 0.7 米。非常硬。内含少量大石块，偶见有滴水、砖雕檐椽等残块。靠近墓底有很多炭粒。在墓道西端填土中出现部分深黄土，厚约 1 米，其他地方未见。

（二）墓门

为砖筑券顶结构，其上用石块砌筑迎风墙（图版三六，1）。墓门用三层侧立砖砌筑弧拱券顶，其上用平砖错缝砌筑。最上三层平砖起棱，凸出于下部砖面。其上为石块平砌而成的迎风墙，高 1.4 米（图 2-2-2）。

砖券顶墓门内两侧各砌有一个砖垛，东西进深 0.84、南北宽 0.65~0.7 米。南侧砖垛残高 0.6 米（图版三八，1），北侧砖垛残高 1.45 米（图版三八，2）。砖垛侧立面中间有一道凹槽，应是镶嵌木构立颊之处，凹槽宽约 0.2 米。北砖垛底部木门砧东西长 0.68、宽 0.12、厚 0.07 米。两砖垛门砧之间地面铺砖上镶

B-B

图 2-2-2　一号陪葬墓墓门正视图

C-C

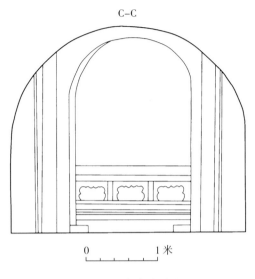

0　　　1 米

图 2-2-3　一号陪葬墓前室后视图

有一道松木地栿（墓门下槛）。地栿长 1.9、宽 0.15、高 0.12 米。此处原有木版门设施。

（三）前室

平面呈长方形，券顶。用青砖砌筑，东西进深 8.85~9.05、南北宽 3.22~3.3、内高 2.72~2.84 米（图 2-2-3）。前室四壁和顶部均抹有白灰面，多已脱落（图版三九，1）。在前室东端入口向西 1 米处的顶部，发现一个直径 0.6 米的早期盗洞（图版三九，2）。前室地面铺有方砖，大部分较为平坦；在近后（西）壁门洞前约 0.5 米处，地面抬高 0.03 米，与前甬道地面平齐。在前室后部，较紧凑地摆放 10 列封门砖，有长方形沟纹砖和方形沟纹砖，均由两端向中间斜放，以增加稳固性（图版四〇，1）。东侧（前侧）二列为方砖垒筑，西侧（后侧）八列为长方形砖垒砌。砖墙上部均已破坏，南侧破坏严重，仅残留 1 至 2 层，残高 0.61 米；北侧最高处残存 5 层，残高 1.85 米（图版四〇，2）。从墓顶白灰面保存情况看，可能没有与墓顶相接。前室后壁中间的门洞为前甬道入口，其两侧墙面呈叠涩状逐渐向中部内收，形成三个折角，门楣白灰面上绘有墨线勾勒的花卉图案，有一定的装饰效果（图版四一）。

（四）前甬道

位于前室和中室之间，砖砌券顶结构。甬道东西进深 2.97、南北宽 1.67、高 2.6 米（图版四二，1）。方砖铺地，自底部向上 1.75 米处起券顶。壁面和顶部抹有白灰面。从前室进入甬道约 0.65 米处，南、北壁下部各砌有一个壁龛，券顶。龛宽 0.56、进深 0.27~0.3、高 0.97 米。龛内抹白灰面（图版四二，2）。从壁龛西壁起，现存高出地面的三层顺砖，计 2 排；之后接一层横砖，共 3 排（图版四三，1）。从前室进入甬道约 2.4~2.45 米处的两壁下部，即铺地横砖两侧，各有一块木质门砧，均长 0.69、宽 0.26、高 0.05 米，南侧保存较好（图版四三，2）。门槛和其他遗物不存。在木门砧正中（即门槛的位置）对应的甬道壁和顶部，有一道宽约 0.18 米的印痕（图版四四，1），推测这里原来应有一道木版门设施。

（五）中室

前甬道之后进入中室（图版四五、四六）。两侧有过洞，南面和北面分别接右耳室和左耳室（图 2-2-4），西连后甬道。中室平面呈圆角弧方形。南北径 4.65、东西径 4.7、内高 4.9 米。从墓底向上至 2.25 米处，墓壁突出二层平砌砖，厚 0.12 米，突出墙面约 0.05 米，形成砖檐。砖檐以上砌筑叠涩穹隆顶，顶部中央用一块厚 0.7 米的石块封盖（图版四四，2）。砖檐以下四壁抹有白灰面，砖檐以上顶部似乎仅抹有一层青灰面。根据脱落的白灰面可知，中室四周砖墙直壁部分用二顺一丁砌法。

（六）右耳室

位于中室南侧。由过洞和耳室组成，均用方砖铺地。过洞平面为长方形，券顶，长 4.45、宽 1.3~1.35、高 2.1 米。过洞进口处残存二层长砖拦截洞口，形成砖坎，残高 0.19 米（图版四七，1）。距砖坎 0.4 米处，过洞的东、西两侧墙壁及券顶留有一道构件遗痕，两壁痕迹宽 0.15、高 1.75 米，相连的顶部痕迹宽 0.75 米（图版四七，2）。推测是安置木门的遗痕。耳室平面呈圆角弧方形，穹隆顶。耳室内东西径和南北径均为 3.75、高 3.55 米（图版四八）。穹隆顶中央镶嵌一块上大下小、厚 0.7 米的石块封顶（图版四九，1）。自墓底向上至 1.85~1.95 米处，墓壁突出二层平砌砖，厚 0.12 米，突出约 0.05 米，形成砖檐。以上叠涩起券构筑穹隆顶。砖檐以下四壁抹有白灰面，砖檐以上似乎仅抹一层青灰面。整个耳室地面平整，中部被破坏（图版四九，2）。原来似有一个方形坑。

（七）左耳室

位于中室北侧。由过洞和耳室组成。过洞平面呈长方形，券顶，长 4.5、宽 1.3、高 2.02 米。和右耳室相同，在左耳室过洞进口处，发现长砖砌筑砖坎的遗痕（图版四九，3）。从中室进入过洞约 0.82 米处，在两侧墙壁及券顶上均留有构件遗痕，两壁痕迹宽 0.15、高 1.7 米，相连的顶部痕迹宽 0.1 米（图版五○，1）。左耳室铺地砖有两种。从中室进入过洞约 1.75 米用方砖铺设，进入耳室用长方形砖铺设。可能与排水有关。左耳室平面为圆角弧方形，穹隆顶（图版五一）。东西径 3.75、南北径 3.7、高 3.55 米。穹隆顶中央也用一块上大下小、厚 0.7 米的石头封顶（图版五○，2）。耳室的东、西、北三面均砌有一个高 0.35 米的台面（图版五二）。中部地面和四周台面都有破坏。

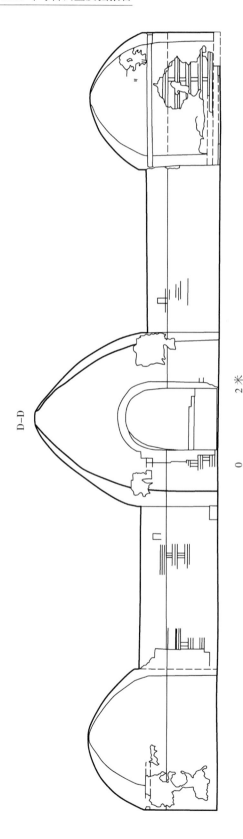

图 2-2-4　一号陪葬墓中室和左、右耳室剖面图

D-D

0　　　2 米

（八）后甬道

位于中室和后室之间，砖砌券顶结构。甬道进深 5.35、南北宽 1.64~1.66、高 2.55 米（图版五三）。自墓底向上 1.75 米处起券，壁面和券顶均抹有白灰面，方砖铺地。从中室进入后甬道约 1.75 米处，堆砌六列封门砖，均为沟纹方砖（图版五四，1）。封门砖残高 0.25~0.75 米。其中东侧（前）三列为一层，之后二列为两层，最后一列平铺五层方砖。前五列摆放时由两端向中间斜放。甬道顶部残存一块方砖宽的砌砖墙痕迹（图版五四，2）。

（九）后室

后甬道向西通后室，即主室。后室平面呈圆角弧方形，南北径 6.85、东西径 6.75、残高约 5.5 米（图版五五，1）。墓顶部塌陷。从残留的痕迹推测，后室墓顶也应为穹隆顶，壁厚约 0.76 米（图版五五，2）。地面铺方砖。墓壁用二横一竖的丁字形砌法。自墓室底向上砌 16 层砖。从下向上数第九层，平砌一层。在后室的四个折角处，自墓底向上至 2.74 米，各镶嵌一块石板，突出墙面。石板打磨平整，长和宽不详，厚 0.15~0.17 米不等。四块石板以下为竖直壁面，以上为四角叠涩穹隆顶（图版五六，1）。在后室西壁下，棺床的西北角有一个高 0.6、宽 0.5、深 2.2 米的盗洞，此盗洞穿透主室西墓壁，直到山体。根据盗洞断面可知，后室主墙壁厚 1.14 米，即三块长方形沟纹砖顺放相接的长度（图版五六，2）。

后室中后部建有棺床。棺床西面接墓室后壁，其余三面砖砌须弥座，束腰处砖雕壸门、蜀柱（图版五五，1）。棺床南北宽 4.4、东西长 4.4~4.52、高 0.67 米，西部破坏严重。棺床台面用方砖铺砌（图 2-2-5）。台面中部有小木作火烧后的黑灰遗痕，其东部和北部保存较好，黑灰遗痕边缘规整。东边残长 3.8 米，北边残长 2.32 米，南边和西边界限不详。北边遗痕东端略突出于东边缘，宽约 0.08 米。在黑灰遗痕的东侧和北侧台面上，绘有保存较好的彩绘四瓣莲花图案（图版五七，1）；南边和西边的界限不清楚。须弥座棺床的东侧正立面和南、北两侧立面的建筑技法相同。以正立面为例，束腰用七根高 0.26 米的彩绘砖雕、蜀柱分隔为六间，每间内雕 1 个壸门图案（图版五七，2）。壸门宽 0.34、高 0.2、进深 0.06 米。每个壸门作彩绘，内雕有不同样式的彩绘牡丹（图版五八，1）。束腰下用四层砖砌出枭混曲线，其中第一层砖磨成圆弧状，第三层砖磨成梯形，上、下两层砖则未经磨砖为方形。棺床底座的红彩上，用墨线勾勒花卉图案（图版五八，2）。紧靠棺床东侧有一直径 1.3、深 0.5 米的盗坑，破坏至棺床内 2.1 米。

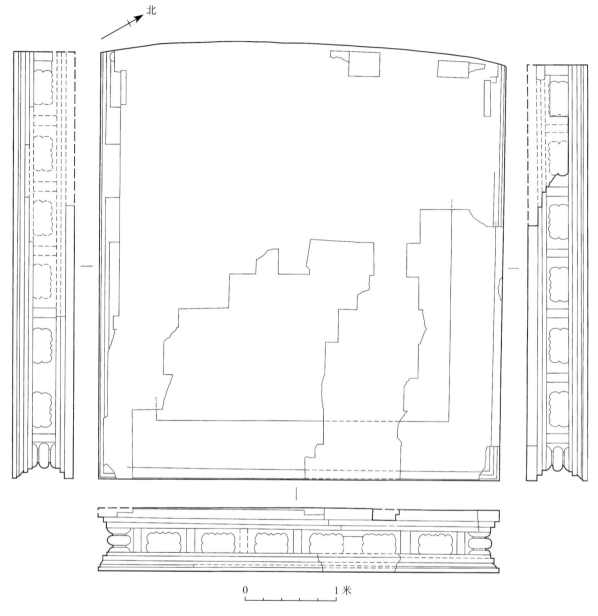

图 2-2-5　一号陪葬墓主室棺床平、立面图

（一〇）排水设施

　　排水沟系用砖砌筑，从墓室内经墓道一直修至山体东南的陡坡（图版三四；三七，2）。对墓道后段内北侧砖墙以东的一段排水沟进行清理，清理部分沟长 12.2 米。此段排水沟的砌砖方式分为四段，靠近墓道北侧砖墙（西段）的一段长 4.05 米，用断砖砌成；中段长 2.1 米，用长方形砖砌成；东段长 4.12 米，用双排长方形砖砌成；

排水沟出口处清理部分长约 2 米，用长方形砖铺底，断砖砌壁，中间填满石块，清理部分最东端超出墓道范围约 3.6 米（未到边）。沟底可见深度为 0.2~0.3 米。

三　葬具和人骨

一号陪葬墓后室坍塌，并被严重盗扰。综合后室内出土的贴金木雕龙头、木梁等构件，以及砖棺床台面黑灰遗痕等情况判定，棺床上原来应有小木作（即房形木椁）葬具。葬具形制和规格不详。

一号陪葬墓曾被多次盗掘，所葬人骨严重残缺，且主要发现在扰土中。共采集到 7 片人骨片（包括一块下颌骨），分别编号①~⑦。主要有人头盖骨、颌骨、颞骨等残块（图版五九，1）。具体描述如下[1]：

①1 块额骨，带有右侧眼眶上半部分和鼻骨。主要特征是：眼眶上缘薄锐，眉弓和眉间突度很弱，鼻根凹陷平，鼻骨细窄，这些都表现出女性特征及蒙古人种特征。

②1 块顶骨残片。主要特征是：骨片厚度（最厚处）0.6 毫米，边缘有明显的啮齿动物咬痕。保留了一部分矢状缝，内外缝均愈合。

③1 块右侧上颌残块（图版五九，2）。保留 3 枚牙齿，分别是第二前臼齿（P2）、第一臼齿（M1）和第二臼齿（M2）。主要特征是：牙齿尺寸较小，轻度磨耗，仅 M1 出现一个磨耗的齿质点，齿根暴露较多，表现出牙周病迹象。牙齿磨耗表现的年龄约为 20 至 25 岁。

④1 块右侧颞磷骨残块，保留少部分颧弓。

⑤1 块右侧颞骨残块，与④能拼对上。

⑥1 块下颌残块（牙齿没有存留下来）。主要特征是颜色发黑，下颌骨较小，方形颏，颏隆突和两侧的颏结节都比较明显，这两个特征倾向于男性，不过下颌体的尺寸相对男性又显得有些小。从保留的齿槽孔形态看，似乎与上颌骨的不匹配。

⑦1 块左侧颞骨残片。其骨殖颜色与下颌一致。

从以上的遗骨判断，可能这些遗骨为两个个体，①至⑤为同一个个体，倾向于女性，20 至 25 岁。该女性的形态表现出蒙古人种的特征，而且患牙周病。⑥至⑦可能为一个个体，倾向于男性，成年。

因骨骼保存状况不好，仅从这些骨骼残块的形态做出的性别和年龄判断也可能出现偏差，希望有 DNA 的分析来补充和校正。

---

[1] 人骨鉴定和描述内容，为中国社会科学院考古研究所张君研究员撰写。

根据对残存人骨的鉴定结果，推测此墓可能为夫妇合葬墓。男性为成年，女性是年龄为 20 至 25 岁的青年。

四　出土遗物

一号陪葬墓多次被盗，出土遗物较少。主要可分为三大类，一是鎏金银器、银器、鎏金铜器、铜器、错金铁器、鎏金铁器、铁器、瓷器、陶器、漆木器、骨器、蚌器、琥珀、玉器、石制品、玻璃器、铜钱等日常生活用器；二是板瓦、筒瓦、瓦当、滴水、砖等建筑材料；三是石墓志残块等。下面分类介绍。

（一）日常生活遗物

共计 868 件（组）。此类遗物主要出自墓室扰土，个别遗物出自墓道填土内。文中未注明者，均出自墓室扰土中。根据质地和工艺的不同，分类叙述如下。

1. 鎏金银器

共 36 件。均银质鎏金。正面鎏金，呈金黄色，背面呈银灰色，局部有锈斑。

人物饰件　1 件。

07PM1：233，五官明朗，胡髭清晰。身着圆领右衽衫，周绕联珠祥云。左手下垂，置于身侧。右手前伸，上托宝珠。腰封严谨，飘带垂肩，衣袖口衿处饰凹点联珠。推测为冠饰。高 3.3、宽 3.8 厘米（图 2-2-6，1；图版六〇，1）。

双凤饰件　1 件。

07PM1：239，双凤长尾、展翅，中设火焰宝珠。左凤回首，右凤前望，周绕联珠祥云。推测为冠饰。长 7.1、高 3.4 厘米（图 2-2-6，2；图版六〇，2）。

仙鹤饰件　2 件。

07PM1：87，残破成四块。细嘴无冠，双翅展开。双腿修长，足分四趾。周饰凹点联珠云纹。推测为冠饰。总长 4.4、高 3 厘米（图 2-2-6，3；图版六〇，3）。

07PM1：198，形制与 07PM1：87 一致，整体断成两截。推测为冠饰。长 4.1、宽 3 厘米（图 2-2-6，4；图版六一，1）。

鸳鸯饰件　1 件。

07PM1：247，正中饰莲苞，左右各饰鸳鸯。鸳鸯昂首挺胸，姿态优美。左侧鸳鸯残。推测为冠饰。高 3.2、残宽 3 厘米（图 2-2-6，5；图版六一，2）。

头饰附坠　1 组 3 件。07PM1：213-1~07PM1：213-3，镂空，沿纹样饰联珠。

07PM1：213-1，上部为菱花形，左、下、右各接弹簧穿链。左、右穿链接柳叶形

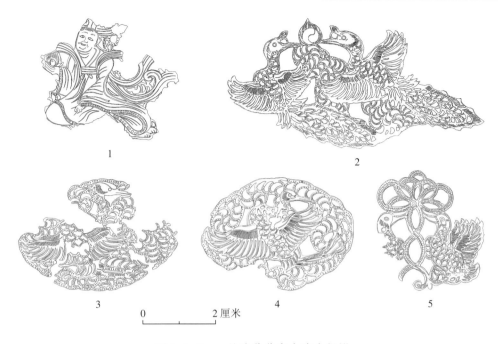

图 2-2-6 一号陪葬墓出土鎏金银器

1. 人物饰件（07PM1∶233） 2. 双凤饰件（07PM1∶239） 3. 仙鹤饰件（07PM1∶87） 4. 仙鹤饰件（07PM1∶198）
5. 鸳鸯饰件（07PM1∶247）

饰；下方穿链接花形饰。花形饰左、中、右各接弹簧链，链尾接柳叶形饰。总长 8.6
厘米（图 2-2-7，1；图版六一，3）。

07PM1∶213-2，主体正中为花形饰，上、左、右各设穿孔。下部穿孔缺失。上
部穿孔接弹簧链，左、右穿孔用弹簧链穿接柳叶形饰。整体长 4.9 厘米（图 2-2-7，2；
图版六一，4）。

07PM1∶213-3，形制同 07PM1∶213-2，整体长 4.3、宽 2.4 厘米（图 2-2-7，3；
图版六二，1）。

弹簧链 1 组 8 件。07PM1∶235-1~07PM1∶235-8，一端呈钩状，一端弯作直角。

标本 07PM1∶235-1，长 1.8、直径 0.3 厘米（图 2-2-8，1；图版六三，1）。

标本 07PM1∶235-2，长 1.9、直径 0.3 厘米（图 2-2-8，2；图版六三，1）。

标本 07PM1∶235-5，长 2、直径 0.3 厘米（图 2-2-8，3；图版六三，1）。

链形饰 1 组 2 件。07PM1∶192-1~07PM1∶192-2，局部见绿锈。

07PM1∶192-1，中部有一个较粗大的环，两侧连接细链。残长 7.4、环径 1.1 厘米（图
2-2-8，4；图版六三，2）。

07PM1∶192-2，柳叶形，上有一孔。长 1.7、宽 0.6 厘米（图 2-2-8，5；图版六
三，3）。

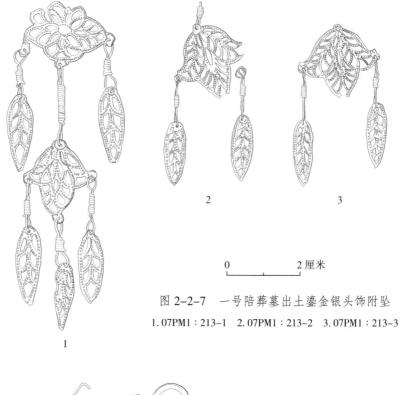

图 2-2-7　一号陪葬墓出土鎏金银头饰附坠

1.07PM1：213-1　2.07PM1：213-2　3.07PM1：213-3

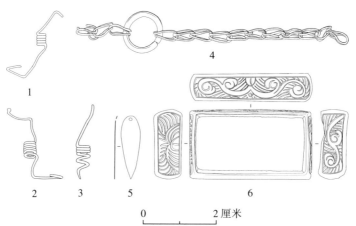

图 2-2-8　一号陪葬墓出土鎏金银器

1. 弹簧链（07PM1：235-1）　2. 弹簧链（07PM1：235-2）　3. 弹簧链（07PM1：235-5）　4. 链形饰（07PM1：192-1）
5. 链形饰（07PM1：192-2）　6. 框形饰（07PM1：168）

框形饰　1 件。

07PM1：168，外框主体为金黄色，局部呈银灰色。内框银灰色。长方形框，边截面呈半圆形。外框三面阴刻卷云纹，另一面素面。长 3.4、宽 1.9、厚 0.2 厘米（图 2-2-8，6；图版六二，2~4）。

镶 玉 饰 件　1 组 13 件。07PM1：194-1、07PM1：194-2、07PM1：195-1~07PM1：195-3、07PM1：232-1~07PM1：232-8，均在鎏金银构件上镶嵌而成。

07PM1：194-1，近月牙形，共两排格子。内排镶嵌物缺失，从残迹判断，应为松香片。外侧镶乳白色玉片。长 4.3、宽 2、厚 0.2 厘米（图 2-2-9，1；图版六三，4）。

07PM1：194-2，豆荚形，一排格子，格子内镶有乳白色玉石片。长 4.5、宽 2.1、厚 0.2 厘米（图 2-2-9，2；图版六三，4）。

07PM1：195-1，形制与 07PM1：194-1 相近。长 6.4、宽 1.4、厚 0.2 厘米（图 2-2-9，3；图版六三，5）。

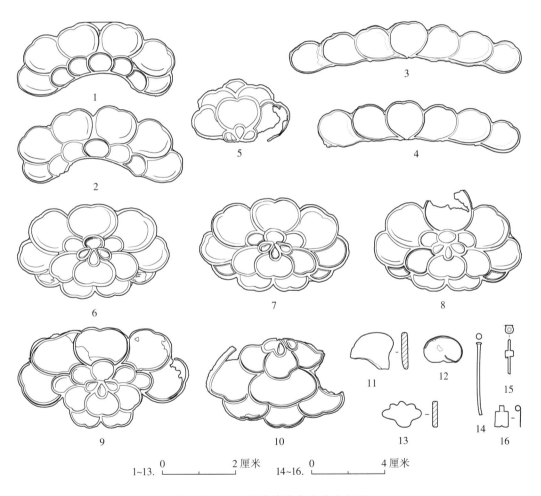

图 2-2-9　一号陪葬墓出土鎏金银器

1. 镶玉饰件（07PM1：194-1）　2. 镶玉饰件（07PM1：194-2）　3. 镶玉饰件（07PM1：195-1）　4. 镶玉饰件（07PM1：195-2）　5. 镶玉饰件（07PM1：195-3）　6. 镶玉饰件（07PM1：232-1）　7. 镶玉饰件（07PM1：232-2）　8. 镶玉饰件（07PM1：232-3）　9. 镶玉饰件（07PM1：232-4）　10. 镶玉饰件（07PM1：232-5）　11. 镶玉饰件（07PM1：232-6）　12. 镶玉饰件（07PM1：232-7）　13. 镶玉饰件（07PM1：232-8）　14. 构件（07PM1：142-1）　15. 构件（07PM1：142-2）　16. 构件（07PM1：142-3）

07PM1∶195-2，形制与07PM1∶194-2接近。长5.6、宽1.4、厚0.2厘米（图2-2-9，4；图版六三，5）。

07PM1∶195-3，整体呈花形，格子内分别镶有绿松石片、松香片。长2.7、宽1.7、厚0.2厘米（图2-2-9，5；图版六三，5）。

07PM1∶232-1~07PM1∶232-5，均呈花形，格子内镶嵌玉石片、绿松石片、松香片等。

07PM1∶232-1，长4.1~4.2、宽2.5、厚0.2厘米（图2-2-9，6；图版六二，5；图版六四，1）。

07PM1∶232-2，长4.1~4.2、宽2.5、厚0.2厘米（图2-2-9，7；图版六四，1）。

07PM1∶232-3，长4、宽2.7、厚0.2厘米（图2-2-9，8；图版六四，1）。

07PM1∶232-4，长4.7、宽2.7、厚0.2厘米（图2-2-9，9；图版六四，1）。

07PM1∶232-5，长3.7、宽2.4、厚0.2厘米（图2-2-9，10；图版六四，1）。

07PM1∶232-6~07PM1∶232-8，均为镶玉饰品残件。

07PM1∶232-6，小玉片，乳白色，磨制。长1.2、厚0.2厘米（图2-2-9，11；图版六四，1）。

07PM1∶232-7，银质。灰白色，有黑锈。近椭圆形，应为饰件的格子部分。残长1.1厘米（图2-2-9，12；图版六四，1）。

07PM1∶232-8，小玉片，乳白色泛黄，平面近花形。长1.1、厚0.2厘米（图2-2-9，13；图版六四，1）。

其他构件　1组4件。07PM1∶142-1~07PM1∶142-4，似门折页。

07PM1∶142-1，圆帽圆棍，下端略弯。长3.9、直径0.2厘米（图2-2-9，14；图版六四，2）。

07PM1∶142-2，圆棍，中部套凹形银鎏金片，长1.7厘米（图2-2-9，15；图版六四，2）。

07PM1∶142-3，凸形银鎏金片，一端卷曲呈环状。长1.2、宽0.8厘米（图2-2-9，16；图版六四，2）。

07PM1∶142-4，圆帽圆棍，形制同07PM1∶142-1，下端弯曲更甚。长3.7厘米（图版六四，2）。

2. 银器

共5件。均银灰色，局部有黑锈。

链　1件。

07PM1∶246，用三根细银丝编成。残长3、宽0.5厘米（图2-2-10，1；图版

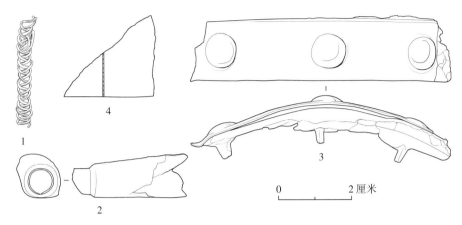

图 2-2-10　一号陪葬墓出土银器

1.链（07PM1：246）　2.筒状饰件（07PM1：91）　3.带钉构件（07PM1：228）　4.片（07PM1：196-1）

六四，3）。

筒状饰件　1件。

07PM1：91，一端呈喇叭口，另一端内收形成圆筒，已残缺。长3.2、圆筒直径0.7、喇叭处径1~1.2厘米（图2-2-10，2；图版六四，4）。

带钉构件　1件。

07PM1：228，正视呈长方形，侧视呈弧形。系用长方形银片弯成弧形，再用三个银钉钉在木头上。钉间存桦树皮。长7.2、宽1.7、厚0.6厘米，钉帽径0.9、长1.4厘米（图2-2-10，3；图版六四，5）。

片　1组2件。07PM1：196-1、07PM1：196-2，主体呈银灰色，局部有黑锈。

标本07PM1：196-1，三角形，长2.5、高2.2厘米（图2-2-10，4；图版六四，6）。

3. 鎏金铜器

共361件。金黄色，局部粘绿锈。器表外部鎏金多有脱落。

铃铛　1组5件。07PM1：106-1~07PM1：106-3、07PM1：164、07PM1：180，形制相同，残缺程度不同。球形，顶部有外接穿孔，下部有长方形口。上、下分体铸造，内部放置响珠。

07PM1：106-1，直径1.6、残高1.8厘米（图2-2-11，1；图版六五，1）。

07PM1：106-2，直径1.6、残高1.7厘米（图2-2-11，2；图版六五，2）。

07PM1：106-3，残成多片。其中较大的一片残长1.6、宽1.1厘米（图2-2-11，3；图版六五，3）。

07PM1：164，直径1.6、残高1.8厘米（图2-2-11，4；图版六五，4）。

07PM1：180，直径1.6、残高1.8厘米（图2-2-11，5；图版六五，5）。

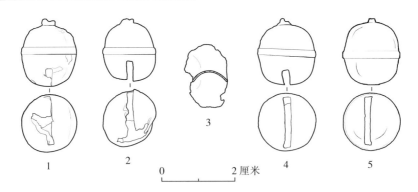

图 2-2-11　一号陪葬墓出土鎏金铜铃铛

1.07PM1：106-1　2.07PM1：106-2　3.07PM1：106-3　4.07PM1：164　5.07PM1：180

錾刻片饰　3 件。

07PM1：165，铜片单面鎏金。残甚，纹饰模糊难辨。残长 4.4、残宽 3.7 厘米（图 2-2-12，1；图版六五，6）。

07PM1：251，一组 2 件。07PM1：251-1，铜片单面鎏金，上有钉孔。残甚，纹饰不详。残长 3.9 厘米（图 2-2-12，2；图版六五，7）。07PM1：251-2，铜片单面鎏金，存一帽钉，纹饰不详。残长 2.3、钉残长 1.1 厘米（图版六五，7）。

附花饰件　1 件。

07PM1：172，长条形，珍珠地，主体纹饰外凸。端头饰六瓣花形银饰，有铆孔。长 6.3、宽 1.7、厚 0.3 厘米（图 2-2-12，3；图版六六，1）。

螺纹饰件　1 件。

07PM1：208，圆柱形，一端残缺，一端圆头。圆头一端饰三宽四窄式凹弦纹。残长 10.9、直径 0.8 厘米（图 2-2-12，4；图版六六，2）。

弓形构件　1 件。

07PM1：230，整体呈弓形，系铜片弯成。两端各有铆钉，钉身残存漆料。长 3.6、宽 0.9~1.1、厚 0.3 厘米（图 2-2-12，5；图版六六，3）。

圆柱形构件　1 件。

07PM1：207，圆柱形銮套，一端略细。粗端内部存木渣，细端有十字形凹槽，分四瓣。总长 7、铜套长 5.9、直径 2 厘米（图 2-2-12，6；图版六六，4~6）。

铜饰木构件　31 件。

标本 07PM1：32-1，鎏金铜片，饰卷草纹。钉嵌入外涂黑漆的木料。残长 24.3、宽 3 厘米（图 2-2-13，1；图版六七，1）。

标本 07PM1：32-2，鎏金铜片，饰卷草纹。钉嵌入外涂黑漆的木料。残长 8.8、宽 3 厘米（图 2-2-13，2；图版六七，1）。

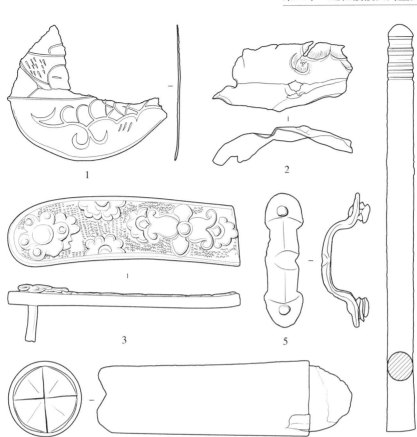

图 2-2-12　一号陪葬墓出土鎏金铜器

1.錾刻片饰（07PM1：165）　2.錾刻片饰（07PM1：251-1）　3.附花饰件（07PM1：172）　4.螺纹饰件（07PM1：208）　5.弓形构件（07PM1：230）　6.圆柱形构件（07PM1：207）

　　标本 07PM1：73-1，涂有黑漆的木料上残存两枚鎏金小帽钉及铜片。残长 14.3、宽 1.9、厚 2.7 厘米（图 2-2-13，3；图版六七，2）。

　　标本 07PM1：73-2，木料上残存三枚鎏金铜帽钉及铜片。木料一端削成斜面，一端为断茬。残长 10.8、宽 1.9 厘米（图 2-2-13，4；图版六七，2）。

　　标本 07PM1：154-1，木料正面涂黑漆，背面有凹槽。残存两枚鎏金铜钉。残长 20.4、宽 2.4、钉帽径 2.2 厘米（图 2-2-13，5；图版六七，3）。

　　标本 07PM1：154-2，木料正面涂黑漆，背面设榫口。一端残存一枚鎏金铜钉；一端削成斜面，饰鎏金铜片。残长 19.8、宽 2.4 厘米（图 2-2-13，6；图版六七，3）。

　　标本 07PM1：159-1，木料正面涂黑漆，背面设榫口。铜片素面，残存鎏金铜钉。

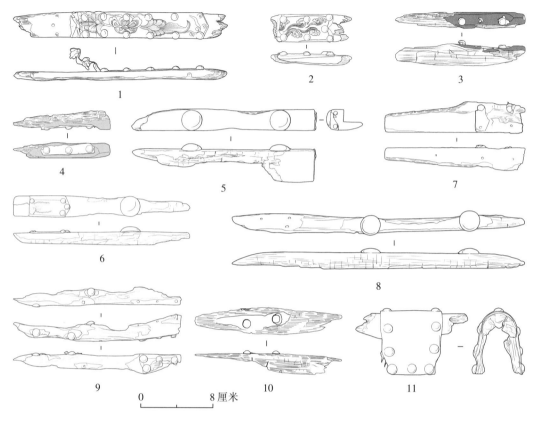

图 2-2-13   一号陪葬墓出土鎏金铜饰木构件

1. 07PM1：32-1 2. 07PM1：32-2 3. 07PM1：73-1 4. 07PM1：73-2 5. 07PM1：154-1 6. 07PM1：154-2
7. 07PM1：159-1 8. 07PM1：159-2 9. 07PM1：159-3 10. 07PM1：159-6 11. 07PM1：159-9

残长 15.4、宽 3.4、厚 2.4 厘米（图 2-2-13，7；图版六七，4）。

标本 07PM1：159-2，铜片素面，残存两枚鎏金铜钉。木料正面涂黑漆，两端削成斜面，一端可见四个钉孔。残长 32 厘米（图 2-2-13，8；图版六七，5）。

标本 07PM1：159-3，木料正面涂黑漆，两端残留鎏金铜片。铜片饰卷草纹。残长 18.6 厘米（图 2-2-13，9；图版六七，4）。

标本 07PM1：159-6，木料涂黑漆，残留两枚鎏金小铜钉。残长 16.1、残宽 2.9、厚 2.6 厘米（图 2-2-13，10；图版六七，5）。

标本 07PM1：159-9，木料正面涂黑漆，一端圆角，饰小铜钉及铜片。残长 12.1、铜片宽 7 厘米（图 2-2-13，11；图版六七，6）。

标本 07PM1：159-13，木料一端包一圈铜片，用四根铜钉。铜片内侧与铜棍相连。残长 4.2、铜片宽 2.8 厘米（图 2-2-14，1；图版六八，1）。

标本 07PM1：159-14，铜片两侧边缘各饰凹弦纹。两排钉孔，凹弦纹之间饰卷草纹。

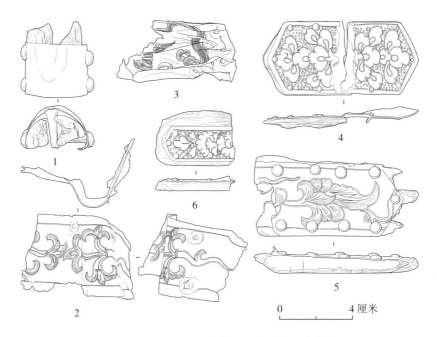

图 2-2-14 一号陪葬墓出土鎏金铜饰木构件

1. 07PM1：159-13　2. 07PM1：159-14　3. 07PM1：159-17　4. 07PM1：159-19　5. 07PM1：159-20

6. 07PM1：159-21

残长 6.2、宽 3.8~4.4 厘米（图 2-2-14，2；图版六八，2）。

标本 07PM1：159-17，严重挤压变形。铜片边缘用凹弦纹起框。框内饰花、鸟。边缘有钉孔，残存两枚铜钉。残长 6.6、宽 3.3 厘米（图 2-2-14，3；图版六八，3）。

标本 07PM1：159-19，六角形。铜片珍珠地，上饰花草。残存铜钉及钉孔。长 8.6、宽 4、厚 0.7 厘米（图 2-2-14，4；图版六八，4）。

标本 07PM1：159-20，铜片用铜钉固定在木料上。铜片饰花草。长 9.1、宽 4.4、厚 1 厘米（图 2-2-14，5；图版六八，5）。

标本 07PM1：159-21，铜片珍珠地，上饰花草。残存五枚铜钉。长 4.4、宽 3、厚 0.6 厘米（图 2-2-14，6；图版六八，6）。

标本 07PM1：187-1，长方形木料，正面涂褐漆，一端削成斜面，另一端残缺。铜片用铜钉固定，其上錾刻花草。残长 18.2、宽 2.4 厘米（图 2-2-15，1；图版六九，1）。

标本 07PM1：187-2，木料正面涂褐漆，饰鎏金铜钉。残长 10.4、钉帽径 2.2、钉长 2.5 厘米（图 2-2-15，2；图版六九，1）。

标本 07PM1：187-3，长方形木料，正面涂褐漆。一端削成斜面，另一端残缺。

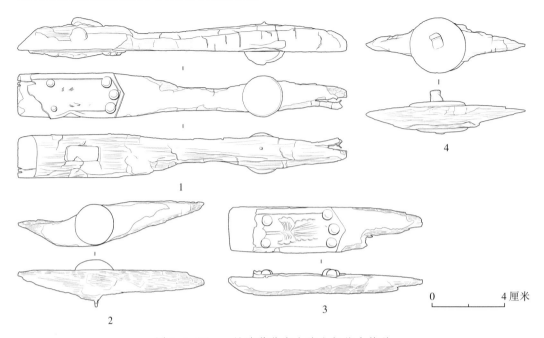

图 2-2-15 一号陪葬墓出土鎏金铜饰木构件

1.07PM1：187-1 2.07PM1：187-2 3.07PM1：187-3 4.07PM1：187-4

用铜钉固定鎏金铜片，铜片錾刻花草，边缘有五枚铜钉。残长 10.7、宽 2.5、厚 1.3
厘米（图 2-2-15，3；图版六九，2）。

标本 07PM1：187-4，用工形钉装饰和加固木料。残长 8.8、厚 2.3、垫片直径 3
厘米（图 2-2-15，4；图版六九，2）。

鎏金铜钉 共 318 件。依据形制差异，可分为帽钉、穿钉两种。

07PM1：49-1~07PM1：49-7，1 组 7 枚。钉帽圆形隆起，空心，顶部有砸痕。
钉身渐细，钉帽下偶见漆皮。

标本 07PM1：49-1，长 2.4、帽径 1.5 厘米（图 2-2-16，1；图版六九，3）。

标本 07PM1：49-3，长 2.4、帽宽 1.5 厘米（图 2-2-16，2；图版六九，3）。

07PM1：90-1~07PM1：90-3，1 组 3 枚。钉帽圆形隆起，空心，钉身渐细，钉尖残缺。
帽顶鎏金脱落，露出黑色或绿色铜锈。

标本 07PM1：90-1，残长 1.3、帽径 0.8 厘米（图 2-2-16，3；图版六九，4）。

标本 07PM1：90-2，总长 1.4、帽宽 0.7 厘米（图 2-2-16，4；图版六九，4）。

07PM1：103-1~07PM1：103-287，共 287 枚。分三型，均在钉帽处鎏金。

Ⅰ型

标本 07PM1：103-1，钉帽圆形隆起，空心。钉身渐细，较短。长 1.5、帽径 0.8
厘米（图 2-2-16，5；图版六九，5）。

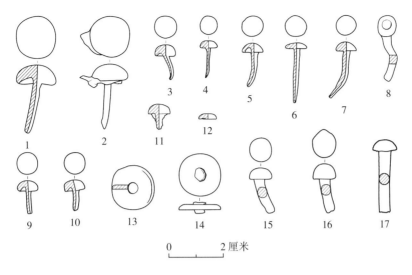

图 2-2-16 一号陪葬墓出土鎏金铜钉

1. 07PM1：49-1 2. 07PM1：49-3 3. 07PM1：90-1 4. 07PM1：90-2 5. 07PM1：103-1 6. 07PM1：103-2 7. 07PM1：103-4 8. 07PM1：103-3 9. 07PM1：107-1 10. 07PM1：107-2 11. 07PM1：107-3 12. 07PM1：107-4 13. 07PM1：163-1 14. 07PM1：163-2 15. 07PM1：174-1 16. 07PM1：174-2 17. 07PM1：250

Ⅱ型

标本 07PM1：103-2、07PM1：103-4，钉帽圆形隆起，空心。钉身渐细，较长。长 2~2.1、帽径 0.8 厘米（图 2-2-16，6、7；图版六九，6）。

Ⅲ型

标本 07PM1：103-3，鼻钉。钉身渐细，钉尖残缺。残长 2.4、帽径 0.8 厘米（图 2-2-16，8；图版六九，7）。

07PM1：107-1~07PM1：107-4，1 组 4 枚。分两型，钉帽鎏金，圆形隆起。钉尖残缺。

Ⅰ型

07PM1：107-1~07PM1：107-3，钉帽径较大。长 0.9~1.2、帽径 0.8 厘米（图 2-2-16，9~11；图版六九，8）。

Ⅱ型

07PM1：107-4，钉帽径较小。帽径 0.6、厚 0.2 厘米（图 2-2-16，12；图版六九，8）。

07PM1：163-1、07PM1：163-2，1 组 2 枚。圆片中部设孔，为穿钉构件。

07PM1：163-1，直径 1.6、厚 0.2 厘米（图 2-2-16，13；图版七〇，1）。

07PM1：163-2，插有铜棍。直径 1.6、厚 0.4 厘米（图 2-2-16，14；图版七〇，1）。

07PM1：174-1~07PM1：174-14，1 组 14 枚。其中两件尚存钉尖，其余仅存钉帽。

标本 07PM1：174-1，钉尖长 1.7、帽径 0.9 厘米（图 2-2-16，15；图版七

○，2）。

标本07PM1：174-2，钉尖长1.8、帽径0.9厘米（图2-2-16，16；图版七○，2）。

07PM1：250，钉帽鎏金，圆形隆起，实心。钉身多棱，有打磨痕。钉尖残缺。残长2.5、帽径0.9厘米（图2-2-16，17；图版七○，3）。

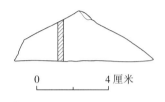

图2-2-17　一号陪葬墓出土铜镜（07PM1：191）

4. 铜器

共13件。

镜　1件。

07PM1：191，残，近三角形。正面银灰色，反面粘大量绿锈。残长7.8、宽2.7、厚0.3厘米（图2-2-17；图版七○，4）。

构件　4件。

07PM1：37，通体绿锈，用截面呈椭圆形的铜棍穿在圆铜片上。铜棍一端用钝器砸扁。铜棍长5.8、宽1.2厘米，铜片直径2.6厘米（图2-2-18，1；图版七○，5）。

07PM1：209，通体绿锈，用截面呈椭圆形的铜棍穿在圆铜片上。铜棍一端用钝器砸扁。铜棍长4.4、宽0.7、铜片直径1.7、厚0.2厘米（图2-2-18，2；图版七○，6）。

07PM1：220，长条形，一端膨大、设孔。有打磨痕。长2.2、孔外径0.7、孔内径0.3厘米（图2-2-18，3；图版七一，1）。

07PM1：69-2，近圆形，由三枚圆帽小铜钉固定铜片。铜钉钉尖缺失。直径1.9厘米（图2-2-18，4；图版七一，2）。

钉　7件。表面多绿锈。择要公布如下。

标本07PM1：69-1，钉帽圆形，钉身缺失。帽径2.2厘米（图2-2-18，5；图版七一，3）。

标本07PM1：219-1，钉帽缺失。钉身圆柱形，弯曲，有竖向合范痕。穿在木料上。钉残长8.3、木片残长3.5厘米（图2-2-18，6；图版七一，4）。

标本07PM1：219-2，钉帽圆形隆起，实心。钉身略弯，钉尖缺失。残长5.7、帽径1.1厘米（图2-2-18，7；图版七一，5）。

标本07PM1：219-3，钉帽、钉尖缺失，仅存钉身。钉身较粗。残长5.1、钉身径0.7厘米（图2-2-18，8；图版七一，6）。

标本07PM1：244，钉帽缺失，钉身截面方形。残长4、宽0.4厘米（图2-2-18，9；图版七一，7）。

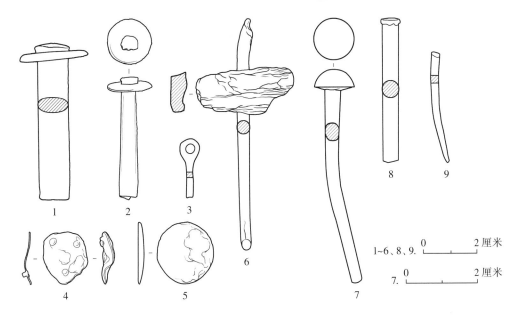

图 2-2-18　一号陪葬墓出土铜器

1. 构件（07PM1：37）　2. 构件（07PM1：209）　3. 构件（07PM1：220）　4. 构件（07PM1：69-2）　5. 钉（07PM1：69-1）　6. 钉（07PM1：219-1）　7. 钉（07PM1：219-2）　8. 钉（07PM1：219-3）　9. 钉（07PM1：244）

铜棍木构件　1件。

07PM1：101，铜棍嵌在松木上。共两排，一排三根，一排四根。松木一端有切割痕。残长 28.7、残宽 11.7 厘米（图 2-2-19；图版七一，8）。

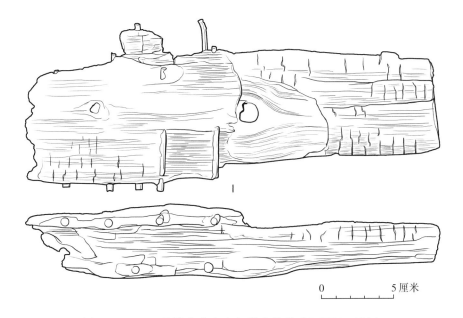

图 2-2-19　一号陪葬墓出土铜棍木构件（07PM1：101）

5. 错金铁器

共 1 件。

错金铁器　1 件。

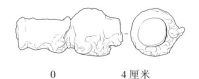

图 2-2-20　一号陪葬墓出土
错金铁器（07PM1：4）

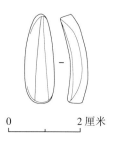

图 2-2-21　一号陪葬墓出土
鎏金铁剑柄（07PM1：176）

07PM1：4，错金，已锈蚀。上部球形，下部圆柱形。残长 6、上部直径 2.6、下部直径 1.6 厘米（图 2-2-20；图版七二，1）。

6. 鎏金铁器

共 33 件。

剑柄　1 件。

07PM1：176，边缘鎏金，断茬锈蚀。一头圆一头尖，呈月牙形弯曲。长 2.4、宽 0.8、厚 0.5 厘米（图 2-2-21；图版七二，2）。

盔　1 组 3 件。07PM1：236-1~07PM1：236-3，局部鎏金，碎成若干块。

07PM1：236-1，顶部残片。八瓣圆铁片错缝接制，残存盔杆。残高 9.6、宽 12.4、杆高 2.3 厘米（图 2-2-22，1；图版七二，3）。

07PM1：236-2，铁盔残件。侧视弧形，中间有一条竖向凸脊，外部有纺织品压痕。残长 8.2、宽 8.2 厘米（图 2-2-22，2；图版七二，4）。

07PM1：236-3，铁盔残件。侧视弧形，内外均有纺织品压痕。残长 11、宽 9 厘米（图 2-2-22，3；图版七二，5）。

帽钉　29 件。钉帽鎏金，依据规格，分三型。择要介绍。

Ⅰ 型，钉帽圆形隆起，帽径大于 5 厘米。

标本 07PM1：34-3，残长 3、帽径 5.1 厘米（图 2-2-23，1；图版七二，6）。

标本 07PM1：64-2，钉帽空心、较大。钉身较短，截面呈四棱锥状。残长 2.9、帽径 5.2 厘米（图 2-2-23，2；图版七三，1、2）。

Ⅱ 型，钉帽直径大于 2，小于 5 厘米。

07PM1：35-1~07PM1：35-4，1 组 4 件。钉身渐细，截面呈方形。

07PM1：35-1，长 5.3、帽径 2.3 厘米（图 2-2-23，3；图版七三，3）。

07PM1：35-2，长 5.3、帽径 2.1 厘米（图 2-2-23，4；图版七三，4）。

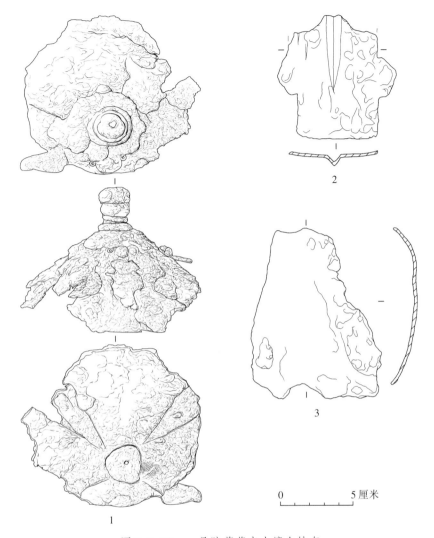

图 2-2-22　一号陪葬墓出土鎏金铁盔
1. 07PM1：236-1　2. 07PM1：236-2　3. 07PM1：236-3

07PM1：35-3，长 4、帽径 2.3 厘米（图 2-2-23，5；图版七三，5）。

07PM1：35-4，长 3.6、帽径 2.1 厘米（图 2-2-23，6；图版七三，6）。

Ⅲ型，钉帽直径小于 2 厘米。

标本 07PM1：98-1，钉帽空心，圆形隆起。钉身截面近方形，顶尖缺失。残长 3.2、帽径 1.7 厘米（图 2-2-23，7；图版七三，7）。

7. 铁器

共 240 件。

剪刀　4 件。锻制，均锈蚀。

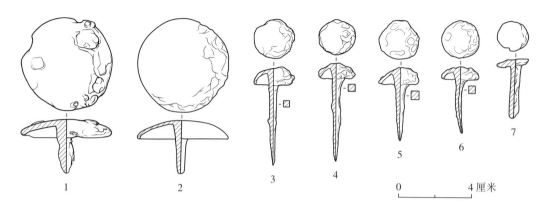

图2-2-23　一号陪葬墓出土鎏金铁帽钉

1. 07PM1：34-3　2. 07PM1：64-2　3. 07PM1：35-1　4. 07PM1：35-2　5. 07PM1：35-3　6. 07PM1：35-4
7. 07PM1：98-1

07PM1：173，仅存单刃。刃部薄，背部厚，柄部残损严重。残长6.5、刃宽0.9、总宽1.2厘米（图2-2-24，1；图版七四，1）。

07PM1：216，仅存单刃。刃薄背厚，柄部弯弧，粘有木痕。残长17、刀头长6.7、总宽2.5、刃宽1.8厘米（图2-2-24，2；图版七四，2）。

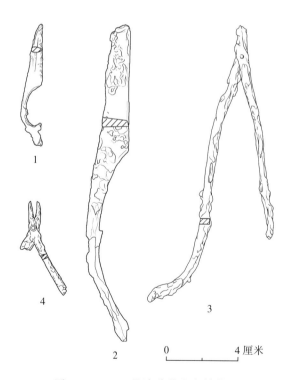

图2-2-24　一号陪葬墓出土铁剪刀

1. 07PM1：173　2. 07PM1：216　3. 07PM1：221-1
4. 07PM1：221-2

07PM1：221-1，柄部由扁铁棍做成。残长14.7、总宽7厘米（图2-2-24，3；图版七四，3）。

07PM1：221-2，仅存头部，由铁钉铆在一起。残长5.1、总宽2.6厘米（图2-2-24，4；图版七四，4）。

长刀　4件。均为残块。

07PM1：19-1，表面粘有木痕及焦结物。残长5.5、厚1.5、残宽4.4厘米（图2-2-25，1；图版七四，5）。

07PM1：19-2，刃薄背宽，截面呈三角形。残长6、宽2.4、厚0.8~0.9厘米（图2-2-25，2；图版七四，6）。

07PM1：19-3，背部略厚，截面呈梯形。表面粘有木痕。残长3.1、残宽1.4、厚0.4厘米（图2-2-25，3；

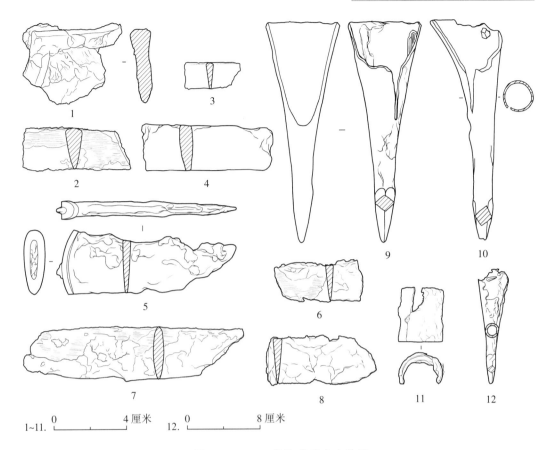

图 2-2-25　一号陪葬墓出土铁器

1. 长刀（07PM1：19-1）　2. 长刀（07PM1：19-2）　3. 长刀（07PM1：19-3）　4. 长刀（07PM1：19-4）
5. 匕首（07PM1：242）　6. 匕首（07PM1：245）　7. 剑（07PM1：218-1）　8. 剑（07PM1：218-2）　9. 矛
（07PM1：36-1）　10. 矛（07PM1：36-2）　11. 矛（07PM1：59）　12. 矛（07PM1：60）

图版七四，7）。

　　07PM1：19-4，刃薄背宽，略有弧度，截面呈三角形。器表粘有木痕。残长 7.3、宽 2.6、厚 0.9 厘米（图 2-2-25，4；图版七四，8）。

　　匕首　2 件。均为残块。

　　07PM1：242，残存刃部。斜直锋，尾部嵌于铜环。残长 10、宽 1~3.5、刃厚 0.2~0.6厘米（图 2-2-25，5；图版七五，1）。

　　07PM1：245，近长方形，横截面近三角形。残长 4.9、宽 2.3、厚 0.1~0.6 厘米（图 2-2-25，6；图版七五，2）。

　　剑　2 件。均为残块。平面呈长方形，截面中间宽边缘窄。

　　07PM1：218-1，残长 12.2、宽 3、厚 0.6 厘米（图 2-2-25，7；图版七五，3）。

　　07PM1：218-2，长 6.1、宽 2.6 厘米（图 2-2-25，8；图版七五，4）。

矛 4件。

07PM1：36-1，顶端为四棱形，下端呈喇叭状。锥形骹，骹内壁粘附木屑，一侧有长5.2厘米的豁口。整体长11.9、宽4.1厘米（图2-2-25，9；图版七五，5）。

07PM1：36-2，形制与07PM1：36-1相同。整体长11.7、残宽4厘米（图2-2-25，10；图版七五，6）。

07PM1：59，整体呈中空圆筒状，内壁残留木屑。长3、残宽2.6厘米（图2-2-25，11；图版七五，7）。

07PM1：60，顶端为四棱形，下端呈喇叭状。锥形骹，骹内壁粘附木屑，一侧有长约7.7厘米的豁口。骹孔尾部钉有长约1.7厘米的铁钉。整体长12.4、宽3.5厘米（图2-2-25，12；图版七五，8）。

甲片 1组9件。共五型。

Ⅰ型

标本07PM1：231-1、07PM1：231-7，平面近长方形，短边一边直，另一边略弧。边缘有一圈穿孔。长9、宽3厘米（图2-2-26，1、2；图版七六，1）。

Ⅱ型

标本07PM1：231-2~07PM1：231-4，平面近长方形，侧视略弧。长边一边为直边，另一边略薄并做成花边。边缘有一圈穿孔。长7.9~8.3、宽2.6~2.7厘米（图2-2-26，

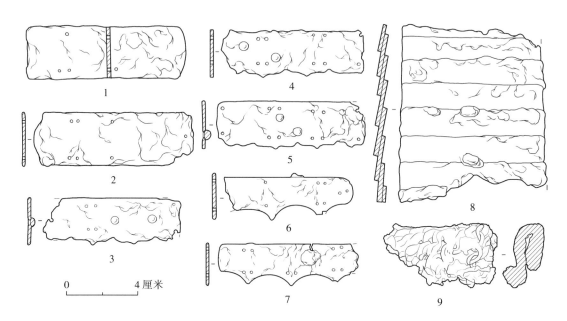

图2-2-26 一号陪葬墓出土铁甲片

1. 07PM1：231-1　2. 07PM1：231-7　3. 07PM1：231-2　4. 07PM1：231-3　5. 07PM1：231-4　6. 07PM1：231-5
7. 07PM1：231-6　8. 07PM1：231-8　9. 07PM1：231-9

3~5；图版七六，2）。

Ⅲ型

标本 07PM1：231-5、07PM1：231-6，长条形铁片，短边弧形，长边一边直，另一边做成波浪形。边缘有一圈穿孔。长 7.2~7.4、宽 2.4~2.6 厘米（图 2-2-26，6、7；图版七六，3）。

Ⅳ型

标本 07PM1：231-8，系 7 片铁甲片相叠并锈蚀在一起而成，局部残有编织物痕迹。残长 9.6、宽 8.3 厘米（图 2-2-26，8；图版七六，4）。

Ⅴ型

标本 07PM1：231-9，为锁子甲残片，系用小铁环相连而成。锈蚀严重，已卷曲。局部残存有编织物痕迹。残长 6.4、残宽 3.5 厘米（图 2-2-26，9；图版七六，5）。

鸣镝　16 件。哨体均为骨质。

标本 07PM1：178-4，头部略窄，呈 "Y" 形。身铤分界明显。残长 10.5、宽 4.3 厘米（图 2-2-27，1；图版七七，1）。

标本 07PM1：178-5，头部略宽，作 "Y" 形。镞与铤相接处有骨迹。残长 9.5、宽 4.1 厘米（图 2-2-27，2；图版七七，1）。

标本 07PM1：225-3，镞身呈 "Y" 字形，镞尖残缺。扁体，较宽，铤与镞身结合处有骨迹。残长 10.5、宽 3.9、铤残长 4.6 厘米（图 2-2-27，3；图版七七，2）。

标本 07PM1：217-1，三孔瓜形骨哨，空心，中穿铁稿。镞尖缺失。残长 3.8、直径 2.8 厘米（图 2-2-27，4；图版七七，3）。

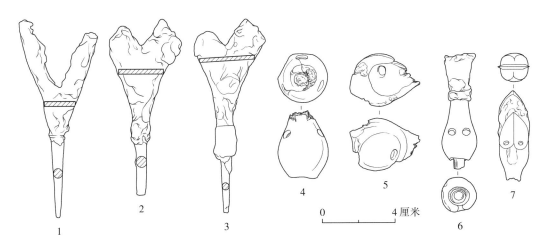

图 2-2-27　一号陪葬墓出土铁鸣镝

1.07PM1：178-4　2.07PM1：178-5　3.07PM1：225-3　4.07PM1：217-1　5.07PM1：217-2　6.07PM1：225-1　7.07PM1：225-2

标本07PM1∶217-2，骨哨瓜形，中空，外部有孔。镞尖缺失。长3.9、宽2.9厘米（图2-2-27，5；图版七七，4）。

标本07PM1∶225-1，镞身"Y"形，镞尖、镞尾残缺。扁体，直刃，镞身与铤之间有骨质葫芦状哨。鸣哨前、后各有两个对称圆孔。整体残长6.2、鸣哨残长3.2、直径2厘米（图2-2-27，6；图版七七，5）。

标本07PM1∶225-2，梭形骨哨，鸣哨两面各设两孔。总长4.9、直径约1.8厘米（图2-2-27，7；图版七七，5）。

扇形镞　36件。头部扇形，扁体。

标本07PM1∶65-1，尾部残留木杆，木杆上有被线缠绕过的痕迹。刃宽5、残长10.3厘米（图2-2-28，1；图版七七，6）。

标本07PM1∶65-2，刃宽3.3、残长10厘米（图2-2-28，2；图版七七，6）。

标本07PM1∶178-1，长12.9、宽4.9、镞身长8.5厘米（图2-2-28，3；图版七八，1）。

标本07PM1∶178-2，整体长12、宽3.4、镞身长6.9厘米（图2-2-28，4；图版七八，1）。

标本07PM1∶178-3，整体长13.9、宽3.1、镞身长9厘米（图2-2-28，5；图版七八，1）。

标本07PM1∶178-6，整体长11.2厘米（图2-2-28，6；图版七八，1）。

亚腰镞　1件。

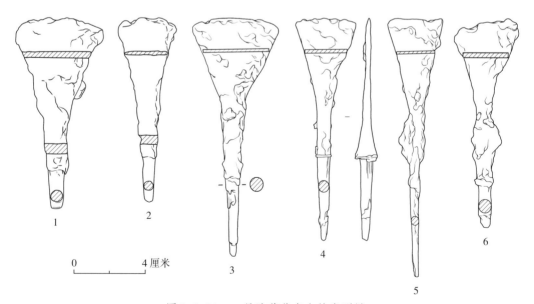

0　　　　4厘米

图2-2-28　一号陪葬墓出土铁扇形镞

1.07PM1∶65-1　2.07PM1∶65-2　3.07PM1∶178-1　4.07PM1∶178-2　5.07PM1∶178-3　6.07PM1∶178-6

07PM1：215-4，头部残缺，身部亚腰形，尾部斜收。正、反两面左侧均低于右侧。铤残，有木痕。残长 8.6、宽 1.6、镞身残长 5.4、铤残长 3.1 厘米（图 2-2-29，1；图版七八，2）。

双翼镞 5 件。扁体略宽，起脊。

标本 07PM1：188-1，头部呈菱形，铤部保存较好。整体长 7.5、宽 1.8、镞身长 5 厘米（图 2-2-29，2；图版七八，3）。

标本 07PM1：188-2，形制同上。长 7.7、宽 1.9 厘米（图 2-2-29，3；图版七八，3）。

三翼镞 5 件。镞身呈三棱形。

07PM1：243-1，四枚三棱形镞粘连而成，均残。外部有编织物压痕。残长 10.3、总宽 4.7 厘米（图 2-2-29，4；图版七八，4）。

07PM1：243-2，尖部尚存，铤部缺失。残长 5.9、宽 3.3 厘米（图 2-2-29，5；图版七八，4）。

07PM1：243-3，尖部尚存，铤部缺失。残长 4.2、宽 3 厘米（图 2-2-29，6；图版七八，4）。

07PM1：243-4，尖部尚存，铤部缺失。残长 5.8、宽 4.2 厘米（图 2-2-29，7；

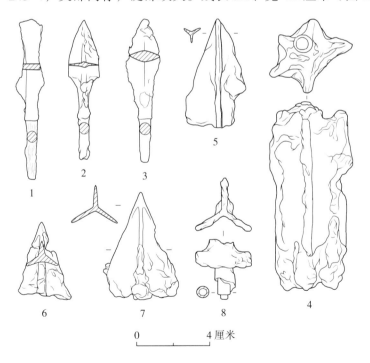

0   4 厘米

图 2-2-29 一号陪葬墓出土铁镞

1. 亚腰镞（07PM1：215-4） 2. 双翼镞（07PM1：188-1） 3. 双翼镞（07PM1：188-2） 4. 三翼镞（07PM1：243-1）
5. 三翼镞（07PM1：243-2） 6. 三翼镞（07PM1：243-3） 7. 三翼镞（07PM1：243-4） 8. 三翼镞（07PM1：243-5）

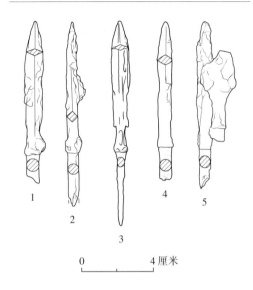

图 2-2-30　一号陪葬墓出土铁四棱镞

1.07PM1：66-1　2.07PM1：66-2　3.07PM1：215-1
4.07PM1：215-2　5.07PM1：215-3

图版七八，4）。

07PM1：243-5，镞尖缺失，铤部残缺。残长 3.3、宽 3.1 厘米（图 2-2-29，8；图版七八，4）。

四棱镞　28 件。镞身呈四棱形。

标本 07PM1：66-1，锋斜直。整体残长 8.6 厘米，镞身长 6.9、宽 1.2 厘米，残存木稿长 1.7、直径 0.8 厘米（图 2-2-30，1；图版七八，5）。

标本 07PM1：66-2，镞身略扁，身铤分界明显。整体残长 9.9 厘米，镞身长 6.8、宽约 1.1 厘米（图 2-2-30，2；图版七八，5）。

标本 07PM1：215-1，细柳叶形。起脊，两侧有翼，翼下端为四棱形，铤部残存木稿，已残。整体长 11 厘米，镞身长 7、铤长 4、宽 1.2 厘米（图 2-2-30，3；图版七八，6）。

标本 07PM1：215-2，近矛形。锋截面呈菱形，中部为四棱形，铤部已残，尚存木稿。整体长 8.5 厘米，镞身长 6.7、宽 0.9 厘米（图 2-2-30，4；图版七八，6）。

标本 07PM1：215-3，头残，呈菱形。短关，铤部残，镞身粘附一长 9 厘米的铁镞。残长 4.9 厘米（图 2-2-30，5；图版七八，6）。

圆帽钉　37 件。依据钉帽规格，分三型。

Ⅰ 型，钉帽直径大于 5 厘米。钉帽圆形隆起，边缘打磨平整。

标本 07PM1：34-1，残长 3.2、帽径 5.9 厘米（图 2-2-31，1；图版七九，1）。

标本 07PM1：34-2，残长 2.2、帽径 5.6 厘米（图 2-2-31，2；图版七九，1）。

标本 07PM1：110，残长 4.1、帽径 5.7 厘米（图 2-2-31，3；图版七九，2）。

Ⅱ 型，钉帽直径大于 2、小于 5 厘米。钉帽空心，圆形隆起。钉身渐细，局部粘有木痕。

标本 07PM1：50-2、07PM1：50-5，长 4.6~5.1、帽径 2.2 厘米（图 2-2-31，4、5；图版七九，3）。

标本 07PM1：51-1，长 4.7、帽径 2.1 厘米（图 2-2-31，6；图版七九，4）。

标本 07PM1：51-2，长 3.4、帽径 2.2 厘米（图 2-2-31，7；图版七九，4）。

Ⅲ 型，钉帽直径小于 2 厘米。钉帽圆形稍隆起。

标本 07PM1：72-1，钉身残有木痕。残长 3.4、帽径 1.5~1.6 厘米（图 2-2-31，8；

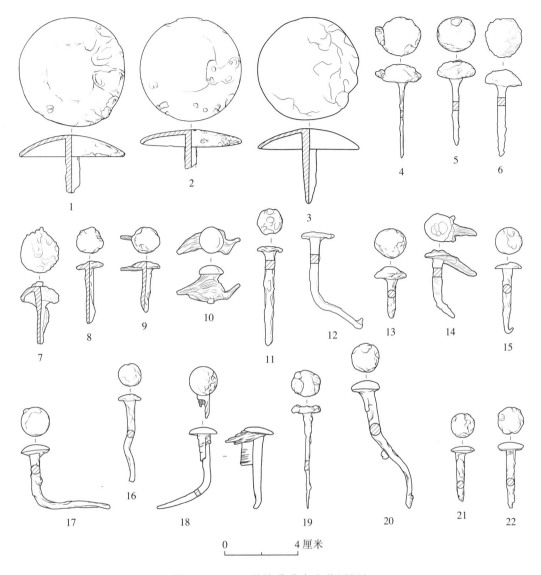

图 2-2-31　一号陪葬墓出土铁圆帽钉

1. 07PM1：34-1　2. 07PM1：34-2　3. 07PM1：110　4. 07PM1：50-2　5. 07PM1：50-5　6. 07PM1：51-1
7. 07PM1：51-2　8. 07PM1：72-1　9. 07PM1：72-2　10. 07PM1：72-3　11. 07PM1：81-1　12. 07PM1：167-2
13. 07PM1：111-2　14. 07PM1：137　15. 07PM1：190-3　16. 07PM1：190-4　17. 07PM1：190-5
18. 07PM1：190-6　19. 07PM1：190-7　20. 07PM1：190-8　21. 07PM1：190-10　22. 07PM1：190-11

图版七九，5）。

标本 07PM1：72-2，钉帽下残有小木片。残长 2.8、帽径 1.5 厘米（图 2-2-31，9；图版七九，5）。

标本 07PM1：72-3，钉身砸入木料，钉尖残缺。残长 2.2、总宽 3.6、帽径 1.5 厘米（图 2-2-31，10；图版七九，5）。

标本 07PM1：81–1，长 5.3、帽径 1.4 厘米（图 2-2-31，11；图版七九，6）。

标本 07PM1：167–2，长 4.9、帽径 1.6 厘米（图 2-2-31，12；图版八〇，1）。

标本 07PM1：111–2，钉帽实心，钉身四棱渐细。残长 2.8、帽径 1.5 厘米（图 2-2-31，13；图版八〇，2）。

标本 07PM1：137，钉身四棱渐细，钉尖弯曲。长 3.7、帽径 1.5 厘米（图 2-2-31，14；图版八〇，3）。

标本 07PM1：190–3~07PM1：190–8、07PM1：190–10、07PM1：190–11，1 组 8 件。各器残长 3~6.8、帽径 1.3~1.7 厘米（图 2-2-31，15~22；图版八〇，4、5）。

扁帽钉　10 件。钉帽由钉身打扁而成，钉身四棱锥状。

07PM1：18，钉身渐细，钉尖弯成近直角形。总长 17.5、宽 0.6~1 厘米（图 2-2-32，

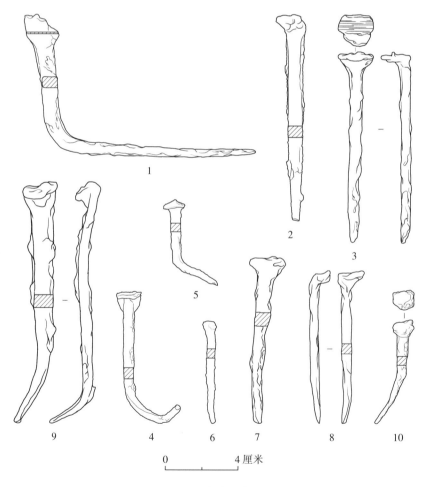

图 2-2-32　一号陪葬墓出土铁扁帽钉

1. 07PM1：18　2. 07PM1：97–1　3. 07PM1：97–2　4. 07PM1：97–3　5. 07PM1：97–4　6. 07PM1：97–5
7. 07PM1：133–2　8. 07PM1：167–1　9. 07PM1：114–5　10. 07PM1：167–3

1；图版八〇，6）。

07PM1：97–1，残长 11、帽宽 1.5 厘米（图 2–2–32，2；图版八〇，7）。

07PM1：97–2，钉身残存木痕。残长 10.3、帽宽 2 厘米（图 2–2–32，3；图版八〇，7）。

07PM1：97–3，长 7.1 厘米（图 2–2–32，4；图版八〇，7）。

07PM1：97–4，钉帽残缺。残长 4.6、帽径 1.2 厘米（图 2–2–32，5；图版八一，1）。

07PM1：97–5，残长 5.5、宽 0.8 厘米（图 2–2–32，6；图版八〇，7）。

07PM1：114–5，钉尖折弯。长 13、帽宽 1.6 厘米（图 2–2–32，9；图版八一，2）。

07PM1：133–2，钉尖缺失。残长 9、帽宽 2、身宽 0.6~0.9 厘米（图 2–2–32，7；图版八一，3）。

07PM1：167–1，钉身呈"L"形。长约 8.2、帽宽 1.5 厘米（图 2–2–32，8；图版八一，4）。

07PM1：167–3，钉身下部略弯。长 5.6、帽宽 1.1 厘米（图 2–2–32，10；图版八一，4）。

工形钉　8 件。整体系一根圆帽无尖长钉，另一端用铁片锁住，类似工字形。

07PM1：114–1，一端圆帽，一端方形，钉身残存木痕。长 12.4、帽径 1.6 厘米（图 2–2–33，1；图版八一，5）。

07PM1：114–2，钉尖套一圆形铁片。长 13.2、总宽 2.9、钉帽径 1.5、圆铁片径 2.1 厘米（图 2–2–33，2；图版八一，5）。

07PM1：114–3，钉尖套一圆形铁片。长 12.5、钉帽径 1.8、圆铁片径 2 厘米（图 2–2–33，3；图版八一，5）。

07PM1：114–4，长 12、钉帽径 1.6 厘米（图 2–2–33，4；图版八一，6）。

07PM1：133–1，钉身等粗，粘有木痕。长 13.2、帽径 2.1、铁片径 1.7 厘米（图 2–2–33，5；图版八一，6）。

07PM1：133–4，钉身等粗，粘有木痕。长 12.5、钉身宽 0.7、钉帽径 1.7 厘米（图 2–2–33，6；图版八一，6）。

07PM1：133–5，钉身弯曲呈"U"形。长 9.1、钉身宽 0.7、钉帽径 1.5 厘米（图 2–2–33，7；图版八一，7）。

07PM1：133–6，两帽均残，钉身一端粗一端细，粘有木痕。残长 15.1、钉身宽 0.9~1 厘米（图 2–2–33，8；图版八一，7）。

其他铁钉　26 件。

标本 07PM1：133–3，钉身弯折，一端有孔。残长 10.5 厘米（图 2–2–34，1；图

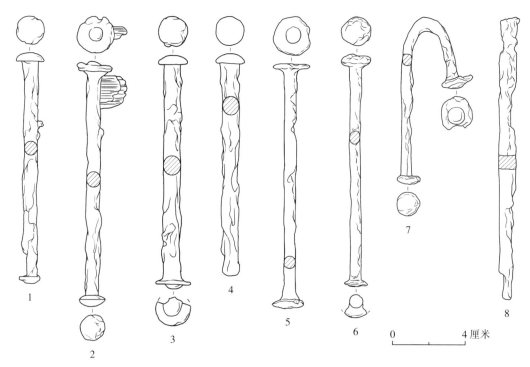

图 2-2-33　一号陪葬墓出土铁工形钉

1.07PM1：114-1　2.07PM1：114-2　3.07PM1：114-3　4.07PM1：114-4　5.07PM1：133-1　6.07PM1：133-4
7.07PM1：133-5　8.07PM1：133-6

版八二，1）。

　　标本 07PM1：190-1，鼻形钉，钉身钉入木头内。长 10.2、宽 4 厘米（图 2-2-34，
2；图版八二，2）。

　　标本 07PM1：190-2，整体近"L"形，一端向外卷曲成一个孔，另一端呈直角弯折。
长 4.6、宽 4.2 厘米（图 2-2-34，3；图版八二，3）。

　　标本 07PM1：190-9，形制与 07PM1：190-2 近同。长 5.1、宽 4.4 厘米（图 2-2-34，
4；图版八二，3）。

　　标本 07PM1：190-12，"L"形铁构件上套鼻形钉，用圆铁片锁住。残长 4.8 厘米
（图 2-2-34，5；图版八二，3）。

　　铁饰木构件　07PM1：48-1~07PM1：48-6，1 组 6 件。用小铁钉将铁片钉在木料上，
背面附着木痕。

　　标本 07PM1：48-1，铁片平面近五边形。残长 5.3、宽 2.3 厘米（图 2-2-34，6；
图版八二，4）。

　　标本 07PM1：48-2，铁片平面近六边形。残长 4.8、宽 2.4 厘米（图 2-2-34，7；
图版八二，4）。

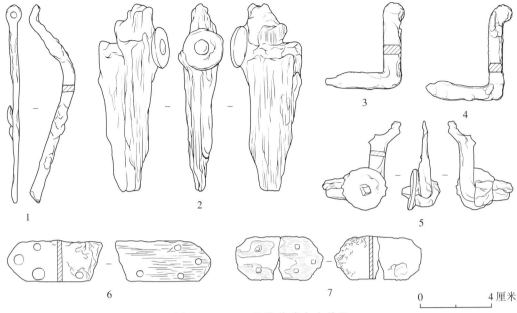

图 2-2-34　一号陪葬墓出土铁器

1. 钉（07PM1：133-3）　2. 钉（07PM1：190-1）　3. 钉（07PM1：190-2）　4. 钉（07PM1：190-9）　5. 钉（07PM1：190-12）　6. 铁饰木构件（07PM1：48-1）　7. 铁饰木构件（07PM1：48-2）

　　木门构件　4件。均出自墓道内。长条形铁片构件，一端宽一端窄，底部向两端突出，两端各接铁钉，铁钉残有木屑。

　　07PM1：12-1，总长 35.8、厚 0.1~0.8、钉长 5.8~6.2 厘米（图 2-2-35，1；图版八二，5、6）。

　　07PM1：12-2，残有木块。总长 32.4、厚 0.1~0.8、钉长 7 厘米（图 2-2-35，2；图版八三，1、2）。

　　07PM1：13-1，铁钉尖部缺失。总长 31.2、宽 10 厘米（图 2-2-35，3；图版八三，3）。

　　07PM1：13-2，仅一枚铁钉存尖部。总长 27、宽 6.7 厘米（图 2-2-35，4；图版八三，4）。

　　构件　3件。

　　07PM1：81-5，鼻形钉下方套圆形铁片。残长 2.9、圆铁片径 2.5、顶宽 1.1~1.5 厘米（图 2-2-36，1；图版八四，1）。

　　07PM1：135-1、07PM1：135-2，1组2件。头部呈三角形，角端各有小铁钉。小铁钉钉尖用圆形垫片锁住。尾部作“L”形长条并穿有鼻钉。鼻钉下方套圆形铁片。

　　07PM1：135-1，长 8.4、宽 5.2 厘米（图 2-2-36，2；图版八四，2）。

　　07PM1：135-2，长 9、宽 5.5 厘米（图 2-2-36，3；图版八四，2）。

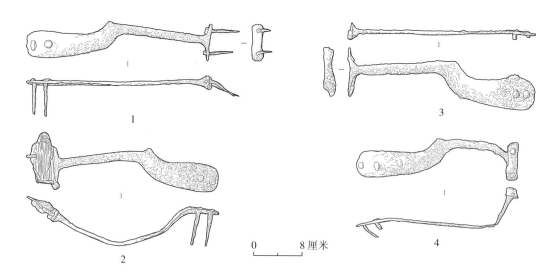

图 2-2-35　一号陪葬墓出土铁制木门构件

1.07PM1：12-1　2.07PM1：12-2　3.07PM1：13-1　4.07PM1：13-2

带孔片　3 件。

07PM1：157-1，圆形，中心有一方形孔。直径 5.1、厚 0.2 厘米（图 2-2-36，4；图版八四，3）。

07PM1：157-2，圆形，中心有一圆孔。直径 4.9、厚 0.2 厘米（图 2-2-36，5；图版八四，3）。

07PM1：157-3，残作半圆形，中心有一方形孔。残径 4.5~5.5、厚 0.2 厘米（图 2-2-36，6；图版八四，4）。

环　1 件。

07PM1：229，用铁丝制成，有接缝。器表粘附黑色焦结物。外径 1.6、粗 0.4 厘米（图 2-2-36，7；图版八四，5）。

长条形器　2 件。

07PM1：240，一端膨大，一端残缺。长 24.8、厚 0.6、宽 2.9 厘米（图 2-2-36，8；图版八四，6）。

07PM1：248，两头做成槽，槽内有垂直圆柱形凸起。长 17.5、粗约 0.8 厘米（图 2-2-36，9；图版八五，1）。

带纽器　1 件。

07PM1：241，圆形器盖残件，顶部有粗 0.3 厘米的提手。半径 7.5、厚 0.2~0.3、残长 11、残宽 8 厘米（图 2-2-36，10；图版八五，2）。

其他铁器　1 件。

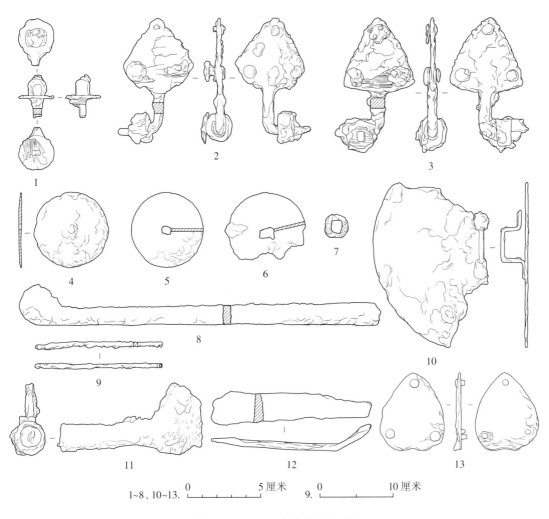

图 2-2-36 一号陪葬墓出土铁器

1. 构件（07PM1：81-5） 2. 构件（07PM1：135-1） 3. 构件（07PM1：135-2） 4. 带孔片（07PM1：157-1）
5. 带孔片（07PM1：157-2） 6. 带孔片（07PM1：157-3） 7. 环（07PM1：229） 8. 长条形器（07PM1：240）
9. 长条形器（07PM1：248） 10. 带纽器（07PM1：241） 11. 铁器（07PM1：214） 12. 甲片（07PM1：84-1）
13. 甲片（07PM1：84-2）

07PM1：214，平面近"L"形，一端为直径1.8厘米的筒状，另一端呈扇形铁片。总长10、宽4.9厘米（图2-2-36，11；图版八五，3）。

甲片 1组17件。07PM1：84-1~07PM1：84-17，均锈蚀。

标本07PM1：84-1，铁片表面可见粗、细布纹。长11、宽2.2、厚0.4~0.7厘米（图2-2-36，12；图版八五，4）。

标本07PM1：84-2，水滴形，长5.4、宽4.5厘米（图2-2-36，13；图版八五，5）。

铁块 5件。

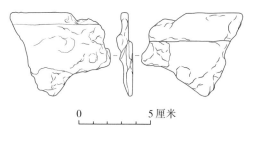

0　　　　　5厘米

图 2-2-37　一号陪葬墓出土铁块

（07PM1：96-1）

共5件。

穿带罐　1件。

07PM1：38，圆唇，侈口，窄沿，束颈，圆鼓腹。腹中部有两个对称的横桥形耳。耳孔缝隙不通。内圜底，矮圈足，底心平。细白胎，泛灰，外罩透明釉。施釉不匀，局部积釉、流釉。釉色光亮、微发黄，通体开片。圈足及外底无釉。内底有套烧支痕。口径 21.6、腹径 23.2、底径 9.8、通高 13.9 厘米（图 2-2-38，1；图版八六，1）。

高领罐　1件。

07PM1：39，叠唇，侈口，窄平沿。矮直领，圆肩，球形腹，矮圈足。肩部有两周凹弦纹，下腹局部有利坯弦纹。内壁轮修痕明显。细白胎，釉色较均匀。领部、下腹部局部泛紫。圈足修棱，外底无釉。内底可见铁锈斑。口径 12.9、腹径 20.6、底径 10.6、通高 16.5 厘米（图 2-2-38，2；图版八六，2）。

大口罐　1件。

07PM1：189，圆唇，大敞口，口微侈。折沿，束颈，折弧腹。最大径偏上，下腹斜收，内圜底，矮圈足。圈足局部修棱，外底底心略凸。白胎，较细，外罩透明釉。釉色均匀、光亮。外底无釉，外壁上腹部饰两圈凹弦纹。内底有套烧支痕。口径 21.1、腹径 22、底径 11.4、通高 11 厘米（图 2-2-38，3；图版八六，3）。

青釉夹耳罐残片　2件。

07PM1：112，口较小，鼓腹。夹耳残缺，口与夹耳间有一道凹弦纹。灰胎，外施青釉，内壁局部无釉。残高 12.4、残宽 12.9 厘米（图 2-2-38，4；图版八六，4）。

07PM1：99，器耳残块，平面近梯形，中间设孔。灰胎，外施青釉，内壁局部无釉。器耳宽约 3.7、残长约 4.6 厘米（图 2-2-38，5；图版八六，5）。

（2）瓶

共1件。

盘口长颈瓶　1件。

07PM1：199，口部、颈部残缺，圆肩，斜鼓腹。最大径在肩部，下腹斜。内平底，

标本 07PM1：96-1，近似器物口沿，粘有布痕。残长 7、高 5.6 厘米（图 2-2-37；图版八五，6）。

8. 瓷器

共52件。可识器类有罐、瓶、执壶、盏托、洗、盆、碗、盘、器盖等。

（1）罐

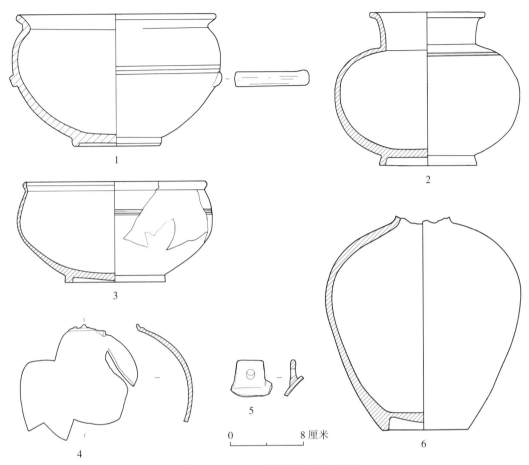

图 2-2-38　一号陪葬墓出土瓷器

1. 穿带罐（07PM1∶38）　2. 高领罐（07PM1∶39）　3. 大口罐（07PM1∶189）　4. 青釉夹耳罐残片（07PM1∶112）
5. 青釉夹耳罐残片（07PM1∶99）　6. 盘口长颈瓶（07PM1∶199）

外窝足。白胎，罩透明釉，色乳白。局部开片。外底无釉。内壁有拉坯痕。复原底径 9.5、腹径 21.6、残高 23 厘米（图 2-2-38，6；图版八六，6）。

（3）执壶

共 3 件。

青釉执壶　2 件。

07PM1∶151，圆唇，折沿，直管状长颈，颈间有一周凸棱。鼓腹，圈足。曲柄饰四道凹弦纹。腹部饰四道凹弦纹呈瓜棱状。壶流缺失。细灰胎，青釉，仅内底无釉。口径 9.2、腹径 13.2、底径 7.7、通高 21.7 厘米（图 2-2-39，1；图版八七，1）。

07PM1∶177，圆唇，喇叭形口，长颈，与腹部交界处有一周凸棱纹。圆鼓腹，四瓣瓜棱。平底，圈足。挖足过肩。壶流残，执柄连于口、腹部，柄上有 4 道沟槽。灰胎，较细。青釉，施于内外壁。釉色均匀，有光泽。裹足满釉，圈足底有支烧痕。

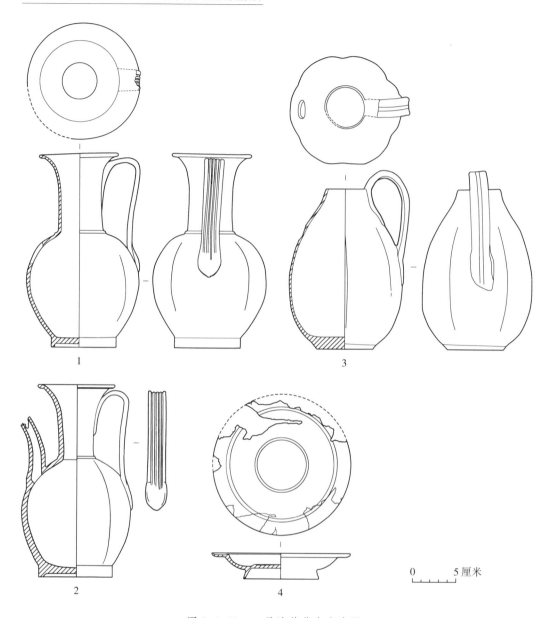

图 2-2-39　一号陪葬墓出土瓷器

1. 青釉执壶（07PM1∶151）　2. 青釉执壶（07PM1∶177）　3. 青绿釉瓜棱壶（07PM1∶161）　4. 青釉盏托（07PM1∶47）

口径 9.2、腹径 13、底径 9、通高 22.5 厘米（图 2-2-39，2；图版八七，2）。

青绿釉瓜棱壶　1 件。

07PM1∶161，方唇，小直口，弧鼓腹，呈六瓣瓜棱状，外底略内凹。一侧有弧形执柄，柄中部有凹槽，明显高于口部。根据器表突起现象，推测原来有流。细黑胎，豆青釉，釉色均匀，施于外壁及内壁颈部。口沿无釉。有化妆土，外壁近底处及器底无化妆土。口径 4.8、腹径 12.9、底径 6.4、通高 20、总宽 13.8 厘米（图 2-2-39，

3；图版八七，3）。

（4）盏托

共 1 件。

07PM1：47，葵口，尖圆唇，凹平沿。弧腹，内底凸出，略呈平底。挖足过肩，高圈足微外撇。细黑胎，青釉。裹足满釉。釉色均匀，有开片现象。圈足底有支烧痕。口径 16、底径 8.7、高 2.9 厘米（图 2-2-39，4；图版八七，4）。

（5）洗

共 2 件。

青釉龙纹洗　1 件。

07PM1：138，圆形，敞口，弧腹，内平底，窝足。外口沿及内底边缘设一周凹弦纹。内底凹弦纹内施云纹。云纹正中划刻三爪长尾盘龙。龙头居中，张牙舞爪，置有龙珠。前肢屈伸，后肢垂摆。灰白细胎，釉色青润、纯净。裹足满釉，外底有十余处支烧痕。口径 33.6、底径 16.3、通高 6.4 厘米（图 2-2-40，1；图版八八，1、2）。

青釉双凤纹洗　1 件。

07PM1：134，圆形，敞口，弧腹，内平底，窝足。外口沿及内底边缘设一周凹弦纹。内底凹弦纹内施云纹。云纹正中划刻双凤。张嘴立颈，凤头相对；微展双翅，长尾飘逸。灰白细胎，釉色青润、纯净。裹足满釉，外底有十余处支烧痕。口径 34、底径 14、通高 6.2 厘米（图 2-2-40，2；图版八八，3、4）。

（6）盆

共 1 件。

07PM1：43，圆唇，敞口，折沿，斜弧腹。内底弧平，外底矮圈足，足墙微外撇。外底粘胎泥块。白胎，釉不及底。釉色白且均匀，局部见有开片。口径 36.7~39.7、底径 25.2~25.6、通高 10.8~12.4 厘米（图 2-2-40，3；图版八九，1、2）。

（7）碗

共 3 件。

青釉碗　1 件。

07PM1：40，圆唇，敞口，斜弧腹，圈足。灰胎，青釉，裹足支烧。器身微见火刺，外底有支烧痕。口径 13.7、底径 5.6、通高 5 厘米（图 2-2-41，1；图版八九，3~5）。

粗白瓷小碗　2 件。

07PM1：155，圆唇，敞口，微弧腹，矮圈足。外底底心略凹。灰黄胎，质粗疏，其上敷化妆土。米黄釉不及底。釉色不均，内底发白，外壁腹侧积釉泛青，有小窑疤。口径 9.5、底径 3、通高 2.8~3.1 厘米（图 2-2-41，2；图版九〇，1、2）。

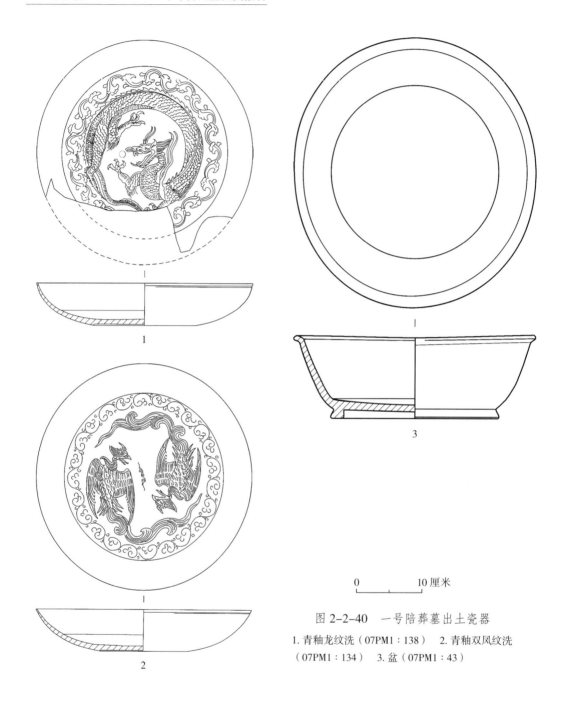

0   10 厘米

图 2-2-40 一号陪葬墓出土瓷器

1. 青釉龙纹洗（07PM1：138） 2. 青釉双凤纹洗
（07PM1：134） 3. 盆（07PM1：43）

    07PM1：158，圆唇，敞口，微弧腹，矮圈足。外底中部略凸。灰白粗胎，釉色泛黄且不均匀。釉不及底，外壁下腹局部可见化妆土。口径 9.7、底径 3.5、通高 3.2厘米（图 2-2-41，3；图版九〇，3、4）。

    （8）盘

    共 5 件。形制、胎釉基本相同，分两型。圆唇，敞口，斜弧腹。内、外均平底，

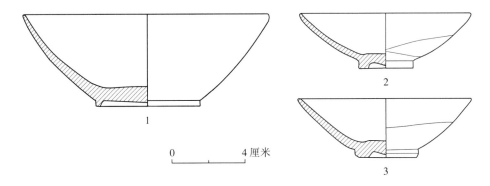

图 2-2-41　一号陪葬墓出土瓷器

1. 青釉碗（07PM1：40）　2. 粗白瓷小碗（07PM1：155）　3. 粗白瓷小碗（07PM1：158）

外底圈足微外撇。外壁饰双层凸莲，每层八瓣。白胎，外罩透明釉。裹足刮釉，釉色微泛青灰。局部积釉开片，器表偶见火刺。

Ⅰ型

1 件。外壁上、下两层莲瓣均较饱满、完整。

07PM1：183，口径 18.2、底径 9.5、通高 4.2~4.6 厘米（图 2-2-42，1；图版九一）。

Ⅱ型

4 件。外壁下层莲瓣饱满、完整，上层莲瓣仅露瓣尖。

07PM1：148，口径 17.9、底径 9.5、通高 4.8 厘米（图 2-2-42，2；图版九二）。

07PM1：184，口径 17.6、底径 9.6、通高 4.4~4.6 厘米（图 2-2-42，3；图版九三）。

07PM1：201，口径 17.8、底径 9.4、通高 4.5~4.6 厘米（图 2-2-42，4；图版九四）。

07PM1：238，口径 18、底径 9.9、通高 4.3 厘米（图 2-2-42，5；图版九五）。

（9）器盖及盒

共 10 件。

细白瓷折沿器盖　1 件。

07PM1：200，盖顶中央为捉手。弧肩，折沿，敛口，尖唇。器外壁口沿下部有一周凸弦纹。白胎，外罩透明釉。釉色微泛青。外壁釉色光亮，局部见开片。内壁釉色略淡。器盖内口沿部分无釉。口径 17.8、底径 8、通高 4~4.2 厘米（图 2-2-43，1；图版九六，1~3）。

细白瓷器盖　2 件。

07PM1：58，圆形。方唇，直口，立沿，圜状顶较隆。盖顶部有两周凹弦纹。壁、

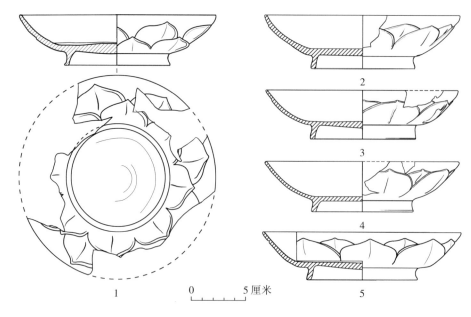

图 2-2-42　一号陪葬墓出土瓷盘

1. 07PM1：183　2. 07PM1：148　3. 07PM1：184　4. 07PM1：201　5. 07PM1：238

肩交接处设一周凸棱。细白胎，罩透明釉，釉色微泛灰。口沿粗糙，内壁近口沿处无釉。口沿局部见支烧痕。通体开片，折棱处釉薄而微发红。口径 9.6、通高 2.6 厘米（图2-2-43，2；图版九六，4~6）。

07PM1：130，圆形。直口略内敛，斜肩，弧形盖顶。口、顶与肩部间各有一周折棱，弧顶部有两周凹弦纹。灰白胎，外罩透明釉。釉色均匀，内壁、口沿无釉。通体开片，棱折处釉薄且发红。复原径 28、通高 10.8 厘米（图 2-2-43，3；图版九七，1~3）。

细白瓷盒　1 件

07PM1：156，残。白胎，外罩透明釉。釉色乳白。残高 3.8、宽 8.6 厘米（图 2-2-43，4；图版九七，4）。

酱褐釉器盖　1 件。

07PM1：45，圆形。直口，折弧形盖较隆，盖顶中部残。直壁与圜形盖间有折棱，弧形盖中部有双勾凹弦纹。弦纹内积釉较深。灰白胎，较细。酱褐色釉，薄处闪暗绿。口沿及内口部无釉，外口部、正顶部积釉较厚。口、肩部之间，肩、顶部之间各有一圈凸棱。口径 28.2、通高 11 厘米（图 2-2-43，5；图版九七，5）。

青釉器盖　5 件。

标本 07PM1：77-1，方唇，直口，折肩，圜顶。外肩部有一圈凹弦纹。灰胎，内外施青釉，釉色微暗。残长 8.8、残高 4.3 厘米（图 2-2-43，6；图版九七，6）。

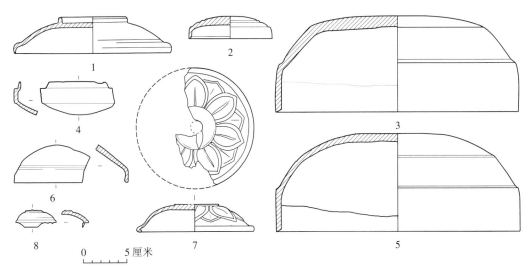

图 2-2-43　一号陪葬墓出土瓷器

1. 细白瓷折沿器盖（07PM1：200）　2. 细白瓷器盖（07PM1：58）　3. 细白瓷器盖（07PM1：130）　4. 细白瓷盒（07PM1：156）　5. 酱褐釉器盖（07PM1：45）　6. 青釉器盖（07PM1：77-1）　7. 青釉器盖（07PM1：179）　8. 青釉器盖（07PM1：203）

标本 07PM1：179，敞口，内卷沿，顶部有纽痕。灰胎，青釉，釉色均匀，外壁饰双排莲瓣，残存七瓣。复原直径 13.6、残高 3.2 厘米（图 2-2-43，7；图版九八，1~3）。

标本 07PM1：203，顶部捉手已失，双层缘均饰弦纹。子口，口沿有三处支烧痕。灰胎，青釉泛灰。残径 4.7、残高 2 厘米（图 2-2-43，8；图版九八，4）。

（10）口沿残片

共 11 件。

细白瓷口沿残片　8 件。

07PM1：41-1，圆唇，直口，口、腹交接处有一道明显折棱。白胎，外敷透明釉。釉色乳白，略微泛青。局部见有开片。残长 5.3、残宽 2.7 厘米（图 2-2-44，1；图版九八，5）。

07PM1：44-2，叠唇。白胎，素面。口沿内外均施釉。残长 2.8、宽 2.1 厘米（图 2-2-44，2；图版九八，6）。

07PM1：55-1~07PM1：55-6，1 组 6 件。推测属同一器盖。平唇，敛口，上折沿，弧腹。白胎，外敷透明釉。釉色滋润、纯净，通体开片。

标本 07PM1：55-2，残长 4.9、宽 3.7 厘米（图 2-2-44，3；图版九九，1）。

标本 07PM1：55-3，残长 11.1、宽 2.7 厘米（图 2-2-44，4；图版九九，2）。

粗白瓷口沿残片　1 件。

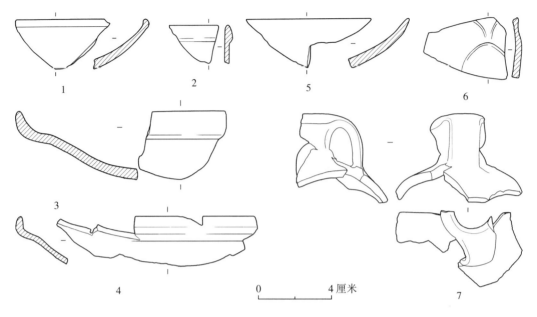

图 2-2-44　一号陪葬墓出土瓷器口沿

1. 细白瓷口沿残片（07PM1：41-1）　2. 细白瓷口沿残片（07PM1：44-2）　3. 细白瓷口沿残片（07PM1：55-2）
4. 细白瓷口沿残片（07PM1：55-3）　5. 粗白瓷口沿残片（07PM1：109）　6. 青釉口沿残片（07PM1：57）
7. 茶褐色釉口沿残片（07PM1：79）

07PM1：109，圆唇，敞口，斜弧腹。灰黄胎，质粗疏。器表敷化妆土后施釉。釉色发黄。残长 6.9、残高 2.7 厘米（图 2-2-44，5；图版九九，3）。

青釉口沿残片　1 件。

07PM1：57，灰胎，青釉，外壁饰莲瓣纹。残长 4.7、残高 4.2 厘米（图 2-2-44，6；图版九九，4）。

茶褐色釉口沿残片　1 件。

07PM1：79，圆唇，小口，直颈，鼓肩，口与肩部有一器耳。器耳与口沿齐平。灰褐胎，茶褐色釉。残高 4.8、残宽 7 厘米（图 2-2-44，7；图版九九，5）。

（11）器底

共 10 件。

青釉器底　9 件。

标本 07PM1：113-1，圈足。灰胎，青釉，有开片现象。残高 3.3、残宽 6.5 厘米（图 2-2-45，1；图版九九，6）。

标本 07PM1：119，圈足，内平底，内底粘有窑渣。细灰胎，青釉，素面。圈足径 8.3、圈足高 1.2、残高 4.6、残宽约 11 厘米（图 2-2-45，4；图版一〇〇，1）。

标本 07PM1：162，弧腹，圈足，器底有支烧痕。细灰胎，青釉，器身饰莲瓣纹。

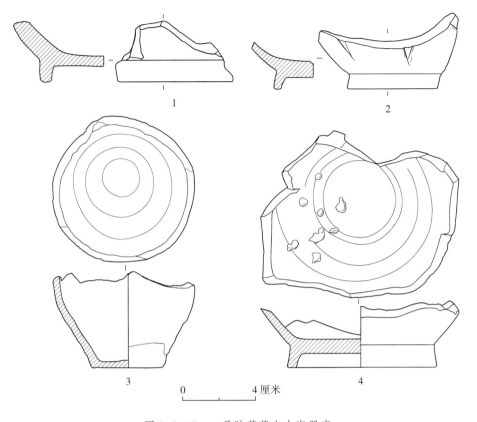

图 2-2-45　一号陪葬墓出土瓷器底

1. 青釉器底（07PM1：113-1）　2. 青釉器底（07PM1：162）　3. 茶褐色釉器底（07PM1：202）
4. 青釉器底（07PM1：119）

残长 7.9、残高 4.1 厘米（图 2-2-45，2；图版一〇〇，2）。

　　茶褐色釉器底　1 件。

　　07PM1：202，斜弧腹，平底微内凹，内底中部有"鸡心"凸。灰胎略粗，内外壁均施釉，外底无釉。底径 3.3~3.6、残高 5.2、残宽 7.9 厘米（图 2-2-45，3；图版一〇〇，3）。

　　9. 陶器

　　共 45 件。均轮制。可识器类有罐、盘等。

　　（1）罐

　　残块　7 件。

　　标本 07PM1：122-1，夹砂灰陶。圆唇，侈口，束颈，腹微鼓。口沿外侧有两圈凸棱。下圈凸棱滚印短直线，并粘有焦状铁。颈腹交接处饰一圈短直线。残高 12.9、残宽 10.2 厘米（图 2-2-46，1；图版一〇〇，4）。

标本 07PM1：122-2，夹砂灰褐陶。平底，器表饰两排篦点纹。残高 6、残宽 7.2 厘米（图 2-2-46，2；图版一〇〇，5）。

（2）器盖

绿釉器盖　1 组 4 件。夹砂灰陶。圆唇，敞口，斜腹，圈足纽。内底釉层多未烧透。

07PM1：67，器表施绿釉，釉色斑杂，局部泛黄。口径 23.8、圈足径 11.6、外底径 8.5、壁厚 0.9、通高 6.2~6.7 厘米（图 2-2-47，1；图版一〇一，1~3）。

07PM1：71，纽部残缺。器表施绿釉，外壁釉色略泛黄。口径 26.7~27.4、壁厚 0.6、复原高 6.4 厘米（图 2-2-47，2；图版一〇一，4~6）。

07PM1：144，器表施绿釉，局部泛黄。口径 26.3、底径 11.5、通高 5.2~6.5 厘米（图 2-2-47，3；图版一〇二，1、2）。

07PM1：171，施绿釉，釉色不匀。内壁局部粘附窑渣。口径 26.6~27.1、底径 11、通高 5.5~6.5 厘米（图 2-2-47，4；图版一〇二，3~5）。

（3）口沿

共 19 件。

标本 07PM1：42-1，夹砂灰褐陶。圆唇，微侈口。口沿外有两行凸棱，凸棱下有一圈滚印篦纹。凸棱粘附铁块。残长 5.9、残高 5 厘米（图 2-2-48，1；图版一〇二，6）。

标本 07PM1：42-3，夹砂灰褐陶。平唇，侈口，腹部大于口部。残长 4.1、宽 3.6 厘米（图 2-2-48，2；图版一〇三，1）。

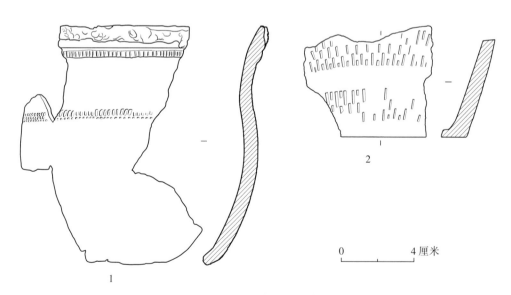

图 2-2-46　一号陪葬墓出土陶罐残块

1.07PM1：122-1　2.07PM1：122-2

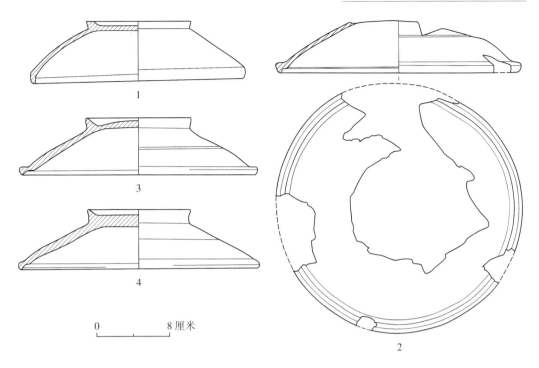

图 2-2-47　一号陪葬墓出土绿釉陶器盖

1.07PM1：67　2.07PM1：71　3.07PM1：144　4.07PM1：171

标本 07PM1：56-1，泥质磨光黑皮陶。圆唇，侈口，直颈。口径 11.5、残高 5.4、最宽 12.4 厘米（图 2-2-48，3；图版一〇三，2）。

标本 07PM1：123，泥质灰陶。圆唇，素面。残长 5、残宽 6.1 厘米（图 2-2-48，4；图版一〇三，3）。

（4）器底

共 11 件。

标本 07PM1：46，泥质红褐陶。斜弧腹，平底，内底略凹。残长约 25.3、残高 11.1 厘米（图 2-2-49，1；图版一〇三，4）。

标本 07PM1：102，泥质灰陶。斜腹，平底，近底部有修坯刮痕。底径 5.2、残宽 8.9、残高 3.5 厘米（图 2-2-49，2；图版一〇三，5）。

标本 07PM1：108，泥质灰陶。斜腹，内平底，外底略内凹。残高 7.4、残宽 17.5、底径 8.6 厘米（图 2-2-49，3；图版一〇三，6）。

标本 07PM1：118，夹砂灰陶。素面。残高 9、残宽 17 厘米（图 2-2-49，4；图版一〇四，1）。

（5）腹片

共 4 件。

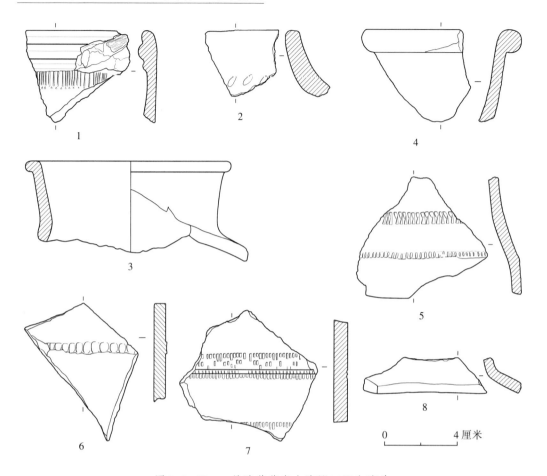

图 2-2-48　一号陪葬墓出土陶器口沿和腹片

1. 口沿（07PM1：42-1）　2. 口沿（07PM1：42-3）　3. 口沿（07PM1：56-1）　4. 口沿（07PM1：123）　5. 腹片
（07PM1：42-2）　6. 腹片（07PM1：56-2）　7. 腹片（07PM1：56-3）　8. 腹片（07PM1：78-1）

07PM1：42-2，夹砂灰褐陶。弧腹，外部有两排滚印纹。残长 7.3、宽 6.6 厘米（图 2-2-48，5；图版一〇四，2）。

07PM1：56-2，泥质灰陶。外壁有一行附加堆纹，内壁有刮抹痕。残长 7.4、宽 6.4 厘米（图 2-2-48，6；图版一〇四，3）。

07PM1：56-3，夹砂灰陶。外壁有横向滚印纹。残长 7.5、宽 6.9、厚 0.7 厘米（图 2-2-48，7；图版一〇四，4）。

07PM1：78-1，泥质灰陶。素面。残长 6.8 厘米（图 2-2-48，8）。

10. 漆木器

共 5 件。

包金龙头饰　1 件。

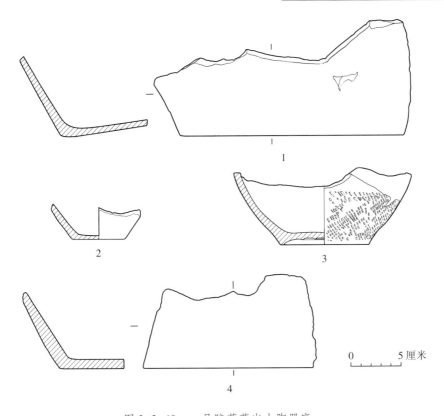

图 2-2-49 一号陪葬墓出土陶器底

1.07PM1：46 2.07PM1：102 3.07PM1：108 4.07PM1：118

07PM1：131，局部残存包金。龙目圆睁，龙鼻上扬。龙嘴大张，双角后弯置于头顶。推测为木质葬具残件。残长25、高21厘米（图2-2-50；图版一〇五，1）。

鎏金漆皮 1件。

07PM1：182，黑色漆皮，外部鎏金，内侧残留布纹。保存极差（图版一〇四，5）。

斗栱残块 1件。

07PM1：127，松木质。正面隆起，外部残有漆痕。残长11.3、宽9.6厘米（图2-2-51，1；图版一〇四，6）。

木雕构件 1件。

07PM1：128，松木质，外表涂红彩。推测为鸱吻残件。残长6.8~8.2、残宽3.8~5、残厚0.6厘米（图2-2-51，2；图版一〇四，7）。

房形木椁构件 1件。

07PM1：132，整体损坏严重。构件两端存黑漆皮，用铜鎏金钉固定铜鎏金饰片。两头均设榫头，榫头中间有圆孔。残长136.5、宽4.3、厚3.8厘米（图2-2-52；图版一〇五，2）。

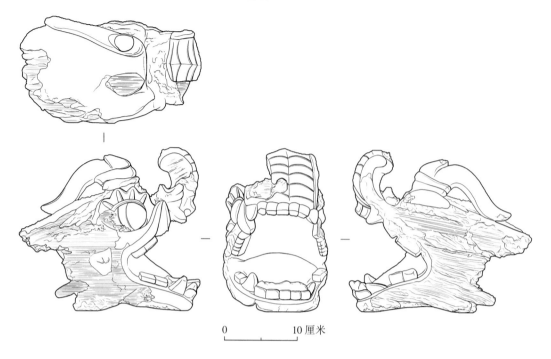

图 2-2-50　一号陪葬墓出土漆木包金龙头饰（07PM1：131）

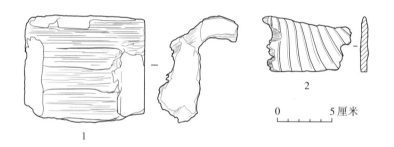

图 2-2-51　一号陪葬墓出土漆木器

1. 斗栱残块（07PM1：127）　　2. 木雕构件（07PM1：128）

图 2-2-52　一号陪葬墓出土房形木椁构件（07PM1：132）

11. 骨器

共 17 件。

簪　4 件。均磨制。

07PM1：75，黄褐色。一端宽，一端细，横截面方形，宽端有一残缺穿孔，另一端尖部缺失。残长 6.3、厚 0.4、宽 0.8 厘米（图 2-2-53，5；图版一〇六，1）。

07PM1：181，通体黄褐泛绿。一端略粗并磨尖，另一端较细。通体打磨光滑。长 18.9、直径 0.2~0.4 厘米（图 2-2-53，1；图版一〇六，2）。

07PM1：205，黄绿色，局部有黄褐斑点。圆柱形，断成两截（即 07PM1：205-1、07PM1：205-2）。较粗段磨成尖状，较细端尖部缺失。直径 0.2~0.4 厘米。

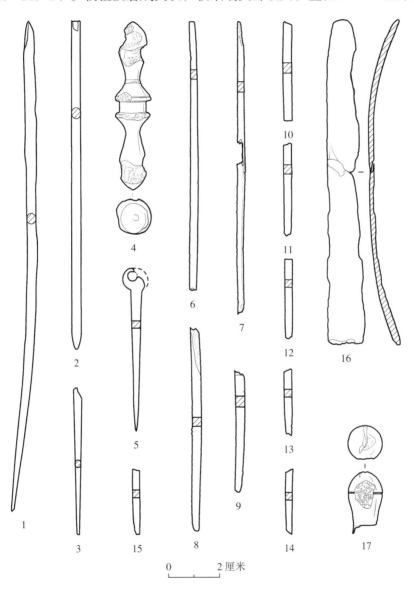

0   2 厘米

图 2-2-53 一号陪葬墓出土骨器

1. 簪（07PM1：181） 2. 簪（07PM1：205-1）3. 簪（07PM1：205-2） 4. 螺旋状器（07PM1：222） 5. 簪（07PM1：75） 6. 箸（07PM1：210-2） 7. 箸（07PM1：210-1） 8. 箸（07PM1：210-3） 9. 箸（07PM1：210-4） 10. 箸（07PM1：210-5） 11. 箸（07PM1：210-6） 12. 箸（07PM1：210-7） 13. 箸（07PM1：210-8） 14. 箸（07PM1：210-9） 15. 箸（07PM1：210-10） 16. 骨器（07PM1：226） 17. 骨器（07PM1：227）

07PM1：205-1，长 12.7 厘米（图 2-2-53，2；图版一〇六，3）。

07PM1：205-2，长 5.7 厘米（图 2-2-53，3；图版一〇六，4）。

螺旋状骨器　1 件。

07PM1：222，磨制。黄褐色，整体呈螺旋状圆柱形，两端微尖。长 6.5、直径 1.5 厘米（图 2-2-53，4；图版一〇六，5）。

箸　10 件。07PM1：210-1~07PM1：210-10，均磨制。

07PM1：210-1，黄褐色，有黑色斑点。截面呈方形。长 11.3、厚 0.4 厘米（图 2-2-53，7；图版一〇六，6）。

07PM1：210-2，黄褐色，截面呈方形。长 10.4、厚 0.3 厘米（图 2-2-53，6；图版一〇七，1）。

07PM1：210-3、07PM1：210-4，黄褐色，有黑色斑点，截面呈方形，均残缺不全。

07PM1：210-3，长 7.8、厚 0.4 厘米（图 2-2-53，8；图版一〇七，2）。

07PM1：210-4，长 4.7、厚 0.4 厘米（图 2-2-53，9；图版一〇七，3）。

07PM1：210-5~07PM1：210-10，通体因炭化而呈黑色，截面呈方形。

07PM1：210-5，长 3.9、厚 0.4 厘米（图 2-2-53，10；图版一〇七，4）。

07PM1：210-6，长 3.6、厚 0.4 厘米（图 2-2-53，11；图版一〇七，5）。

07PM1：210-7，长 3.1、厚 0.3 厘米（图 2-2-53，12；图版一〇七，6）。

07PM1：210-8，长 2.6、厚 0.3 厘米（图 2-2-53，13；图版一〇八，1）。

07PM1：210-9，长 2.6、厚 0.3 厘米（图 2-2-53，14；图版一〇八，2）。

07PM1：210-10，长 2.6、厚 0.3 厘米（图 2-2-53，15；图版一〇八，3）。

其他骨器　2 件。

07PM1：226，磨制。浅黄褐色，由肋骨制成。整体呈弧形骨片，已断成两截。总长 12.4、宽 1.6、厚 0.3 厘米（图 2-2-53，16；图版一〇八，4）。

07PM1：227，磨制。黄褐色，表皮发绿，呈弹头形。中部刻一圈凹弦纹，下部残缺，有两条凹弦纹。残高 2.4、直径 1.4 厘米（图 2-2-53，17；图版一〇八，5）。

12. 蚌器

共 5 件。

07PM1：170，磨制。白色，有珍珠光泽。平面呈半圆形，边缘处磨成花瓣状。长 3.9、宽 1.9 厘米（图 2-2-54，1；图版一〇八，6）。

07PM1：185，磨制。白色，有珍珠光泽。平面呈半圆形，边缘磨成花瓣状。长 3.6、宽 1.9 厘米（图 2-2-54，2；图版一〇八，7）。

07PM1：212-1，磨制。主体白色，局部灰褐色。平面呈扇形。长 2.6、宽 1.4、厚 0.3

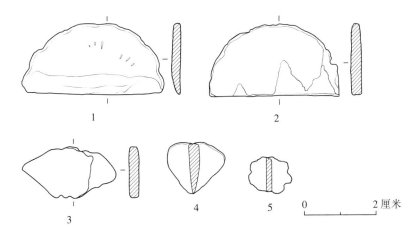

图 2-2-54　一号陪葬墓出土蚌器

1.07PM1：170　2.07PM1：185　3.07PM1：212-1　4.07PM1：212-2　5.07PM1：212-3

厘米（图 2-2-54，3；图版一〇九，1）。

07PM1：212-2，磨制。白色。平面呈三角形。宽 1.6、厚 0.3、高 1.4 厘米（图 2-2-54，4；图版一〇九，1）。

07PM1：212-3，磨制。主体白色，局部灰褐色。平面近圆形，圆周磨成花边状。直径 1.2、厚 0.2、高 1 厘米（图 2-2-54，5；图版一〇九，1）。

13. 琥珀

共 12 件。

07PM1：136，棕黄色，近长方形，已风化变酥。长 2.5、宽 0.9 厘米（图 2-2-55，1；图版一〇九，2）。

07PM1：211，棕黄色，近方形，已风化变酥。长 2.1、宽 1.7 厘米（图 2-2-55，2；图版一〇九，3）。

07PM1：224-1，棕黄色，半球形，中部残存穿孔，已风化变酥。高 1、直径 1.2 厘米（图 2-2-55，3；图版一〇九，4）。

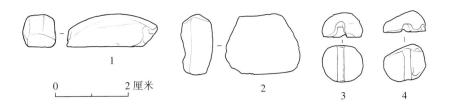

图 2-2-55　一号陪葬墓出土琥珀

1.07PM1：136　2.07PM1：211　3.07PM1：224-1　4.07PM1：224-2

07PM1：224-2，棕黄色，半球形，中部残存穿孔，已风化变酥。高1、直径1.2厘米（图2-2-55，4；图版一〇九，4）。

07PM1：224-3~07PM1：224-10，棕黄色，半球形，均残。残长0.7~1厘米（图版一〇九，5）。

14. 玉器

共4件。

带孔器　1件。

07PM1：169，乳白色，半透明。整体呈圆柱形，通体打磨光滑。一端略细并有钻孔，另一端略粗。长6.6、直径0.6~0.7厘米（图2-2-56，1；图版一一〇，1）。

异形器　1件。

07PM1：166，墨绿色，夹黑点。圭形，一端略宽，磨成薄圆头；另一端较厚，已残缺。残长7.6、宽0.9、厚0.3~0.4厘米（图2-2-56，2；图版一一〇，2）。

小玉片　1件。

07PM1：204，乳白色，呈花瓣形。器表打磨较为光滑。长1.4、宽0.9厘米（图2-2-56，3；图版一一〇，3）。

玉石杯　1件。

07PM1：52，上部残。深腹，圈足。残高6.4、残半径4.9厘米（图2-2-57，2；图版一一〇，5）。

15. 石制品

共26件。

碗　1件。

07PM1：145，敞口，圆唇，素面，表面光滑。口径20.2、残高8.7厘米（图2-2-57，1；图版一一〇，4）。

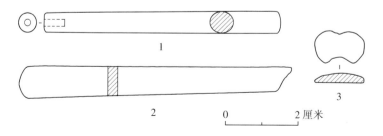

图2-2-56　一号陪葬墓出土玉器

1. 带孔器（07PM1：169）　2. 异形器（07PM1：166）　3. 小玉片（07PM1：204）

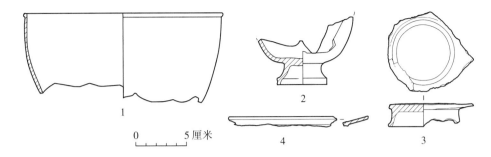

图 2-2-57 一号陪葬墓出土石器、玉石器

1. 石碗（07PM1：145） 2. 玉石杯（07PM1：52） 3. 石器底（07PM1：76-1） 4. 石器口沿（07PM1：76-2）

口沿 1件。

07PM1：76-2，平沿内斜，中间有凹槽。残长10.7厘米（图2-2-57，4；图版一一〇，6）。

器底 1件。

07PM1：76-1，圈足，内底有略凸起的圆环。残宽8.6、高2.3、圈足高1.9厘米（图2-2-57，3；图版一一〇，7）。

桌案 1件。

07PM1：237，青砂岩。长方形案面，四缘高于案面约0.5厘米。案面可见较多磨损痕迹，隐约可见10处圈状压痕。案腿内侧和背面有卯口，内侧长方形卯口宽，背面正方形卯口窄。有横栏，上饰壸门。案面长93、宽61.7~62.2、厚7.9~8.5厘米，案腿高35、通高42.5~43.5厘米（图2-2-58；图版一一一，1、2）。

桌案腿残块 6件。均为青砂岩。

07PM1：61-1，正面正中有凸棱，背面磨平。左、右形状对称。上部有榫头，左侧面凿刻榫槽，槽内遗留白灰。残高14.6、厚5.5~6.2厘米（图2-2-59，1；图版一一一，3）。

07PM1：61-2，正面正中有凸棱，背面磨光。左、右形状对称，靠近边缘处有沟纹。残高7.9、厚6.3、残宽11.3厘米（图2-2-59，2；图版一一一，4、5）。

07PM1：61-7，正面中间有竖直墨线，背面残缺。顶部凿刻榫头并残有白灰，左右两侧雕成亚腰状。残长14.8、残宽10、残厚3.4厘米（图2-2-59，3）。

07PM1：147-13，正、背面均有加工痕，顶面有槽。残长13、宽6.8、厚2.8厘米（图2-2-59，6；图版一一二，1）。

07PM1：160-3，顶端凿成一长7、宽3.5厘米的长方形榫头。背面上部有一长5.2、宽3.5、深2.3厘米的榫口。侧面上部有一长14.5、宽2.5、深2.7厘米的榫口。榫口内残留白灰。通高37.5、宽12.2、厚5.7~6.6厘米（图2-2-59，4；图版一一二，2）。

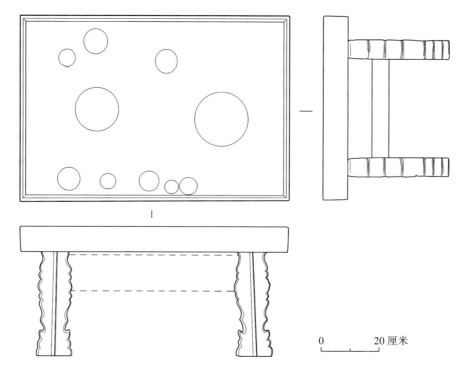

图 2-2-58 一号陪葬墓出土石桌案（07PM1：237）

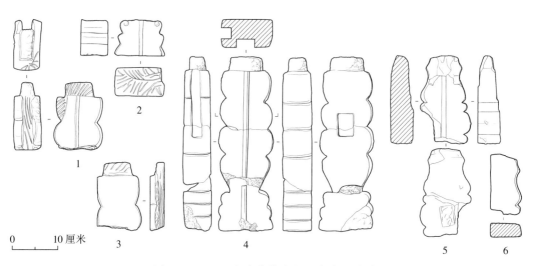

图 2-2-59 一号陪葬墓出土石桌案腿残块

1. 07PM1：61-1 2. 07PM1：61-2 3. 07PM1：61-7 4. 07PM1：160-3 5. 07PM1：160-5 6. 07PM1：147-13

07PM1：160-5，正面有凸棱，左、右两侧图案对称，侧面有残缺榫口。残高
19、残宽 6~11.3、厚 2~5.3 厘米（图 2-2-59，5；图版一一二，3）。

石桌案残块 13 件。均为青砂岩。

07PM1：54，正面经打磨并雕刻壶门，壶门左右对称，中间用四条竖向凹线作隔。一处侧面磨平，其余侧面残存凿刻痕。长57.6、宽12、厚1.3~2.3厘米（图2-2-60，1；图版一一二，4）。

07PM1：62，两端雕刻榫口。正面打磨，双线雕刻壶门，壶门间用竖线分隔；背面及侧面有凿痕。长58、宽12.6、厚2.3~3.3厘米（图2-2-60，2；图版一一二，5）。

07PM1：152，边缘整齐，左、右两端各有楔形榫头。正面下方约四分之一处用凹弦纹分割成两部分。凹弦纹上方饰左、右对称的壶门，下方素面。长64.4、宽14.6、厚3.2厘米（图2-2-60，3；图版一一三，1）。

07PM1：160-1，正面打磨，雕刻壶门及动物图案。背面有明显的切割痕。残长41、宽14.4~15、厚2.8~3.4厘米（图2-2-60，4；图版一一三，2）。

07PM1：61-3，正面磨光，边缘处阴刻直线。残长26.4、残宽10.9、厚6.6厘米（图

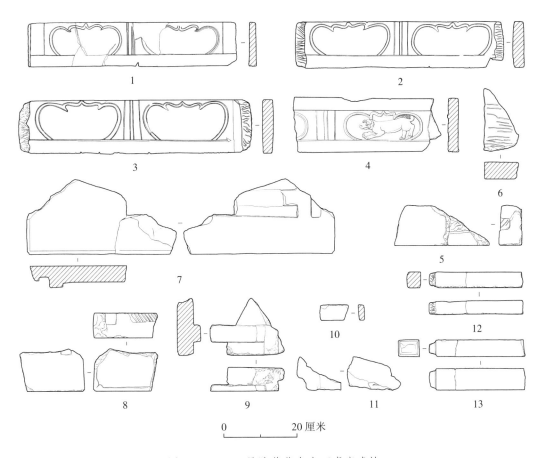

图2-2-60　一号陪葬墓出土石桌案残块

1. 07PM1：54　2. 07PM1：62　3. 07PM1：152　4. 07PM1：160-1　5. 07PM1：61-3　6. 07PM1：61-4　7. 07PM1：61-5　8. 07PM1：61-6　9. 07PM1：68-1　10. 07PM1：68-2　11. 07PM1：160-4　12. 07PM1：160-2　13. 07PM1：88

2-2-60，5；图版一一三，3）。

07PM1：61-4，正面磨光，背面有雕凿痕，残长 16.9、残宽 10.1、厚 4.8 厘米（图 2-2-60，6；图版一一三，4）。

07PM1：61-5，正面磨光，左侧边缘处明显凸起。背面凿有两道榫口。残长 41.5、残宽 20.1、厚 6.6~6.8 厘米（图 2-2-60，7；图版一一四，1、2）。

07PM1：61-6，磨光，边缘处阴刻直线，残存直角处凿有斜线。残长 18、残宽 11.5、厚 6.8 厘米（图 2-2-60，8；图版一一四，3）。

07PM1：68-1，正面磨成平面，上、下、左、右均残。背面雕刻两道垂直宽凸棱。残长 20.4、残宽 15.3、厚 6.7~6.9 厘米（图 2-2-60，9；图版一一四，5、6）。

07PM1：68-2，正面磨光，其余面残缺。残长 6.5~8.1、宽 4.3、厚 1.9 厘米（图 2-2-60，10；图版一一四，4）。

07PM1：160-4，一面被凿刻，残缺严重。残长 14.9、残宽 9.3 厘米（图 2-2-60，11；图版一一五，1）。

07PM1：88，一端有楔形榫头，另一端残缺。残长 27.1、宽 5.8、厚 4~4.6 厘米（图 2-2-60，13；图版一一五，2）。

07PM1：160-2，近长方形。一端雕凿榫头，另一端为断茬。残长 26.5、宽 4.4、厚 3.5~3.9 厘米（图 2-2-60，12；图版一一五，3）。

构件残块　2 件。

07PM1：28，花岗岩。正面残存半个深 4.7 厘米的圆坑，坑内见凿痕。侧、背面均有凿痕。长 35.4、宽 19.1、厚 11 厘米（图 2-2-61，1；图版一一五，4）。

07PM1：30，花岗岩。平面近扇形，正面一边高一边低，呈台阶状。一侧残缺，侧面均有凹槽。长 39.2、宽 22.7、厚 17.1 厘米（图 2-2-61，2；图版一一五，5）。

带孔器座　1 件。

07PM1：193，半球形，正面鼓起，正中有穿孔。孔外部有一圈凸弦纹。侧身中部饰一圈凸弦纹。底面平，凿痕明显。底径 32.6、通高 11.1 厘米，中心孔径上口 3.9、下口 4.7 厘米（图 2-2-61，3；图版一一五，6）。

16. 玻璃器

共 5 件（组）。

蓝色玻璃碗　1 件。

07PM1：83，蓝黑色，半透明。器底较厚，含气泡。圆唇，敞口，斜腹，外底中部有一坑。底径 11.1、通高 6.7、残宽 15.9 厘米（图 2-2-62，1；图版一一六，1）。

蓝色玻璃器　2 件（组）。

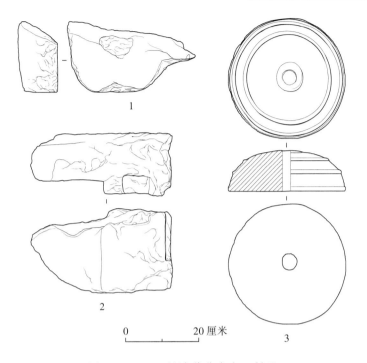

图 2-2-61　一号陪葬墓出土石制品

1. 构件残块（07PM1：28）　2. 构件残块（07PM1：30）　3. 带孔器座（07PM1：193）

　　07PM1：80，仅存 5 块残片，器形不识。标本 07PM1：80-1，长 5.1、宽 3.3 厘米；标本 07PM1：80-3，长 5.3、宽 4.9 厘米；标本 07PM1：80-5，长 3.9、宽 5.5 厘米（图 2-2-62，2；图版——六，2）。

　　07PM1：82，仅存 3 块残片。器底复原直径 6.4、残高 0.6 厘米（图 2-2-62，3；图版——六，3）。

　　白色玻璃口沿　1 件（组）。

　　07PM1：121，共 3 件残片。

　　07PM1：121-1，残长 4.5、宽 3.9 厘米；07PM1：121-2，残长 5.9、宽 3 厘米；07PM1：121-3，残长 4.4、宽 3.2 厘米（图 2-2-62，4）。

　　白色玻璃器底　1 件。

　　07PM1：120，残片。长 5.9、高 1.6 厘米（图版——六，4）。

17. 铜钱

　　共 8 枚。

　　鎏金开元通宝　4 枚。通体金黄色，局部有绿锈。对读。

　　07PM1：63，背面上部有月牙形纹饰。直径 2.5、穿边宽 0.7、厚 0.2 厘米（图 2-2-

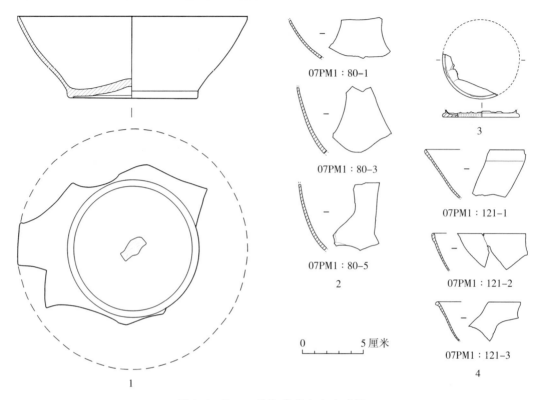

图 2-2-62   一号陪葬墓出土玻璃器

1. 蓝色玻璃碗（07PM1：83）   2. 蓝色玻璃器（07PM1：80）   3. 蓝色玻璃器（07PM1：82）   4. 白色玻璃口沿
（07PM1：121）

63，1；图版一一七，1）。

　　07PM1：85，光背。直径 2.5、穿边宽 0.7、厚 0.2 厘米（图 2-2-63，2；图版
一一七，2）。

　　07PM1：234-1，背面上部有月牙形纹饰。直径 2.5、穿边宽 0.7、厚 0.2 厘米（图
2-2-63，3；图版一一七，3）。

　　07PM1：234-2，背面上部有月牙形纹饰。直径 2.5、穿边宽 0.7、厚 0.2 厘米（图
2-2-63，4；图版一一七，4）。

　　开元通宝　4 枚。对读。

　　07PM1：86-1，通体绿锈，背面上部有月牙形纹饰。直径 2.5、穿边宽 0.7、厚 0.2
厘米（图 2-2-63，5；图版一一七，5）。

　　07PM1：86-2，通体绿锈，光背。直径 2.5、穿边宽 0.7、厚 0.2 厘米（图 2-2-63，
6；图版一一七，6）。

　　07PM1：197，通体墨绿锈，背部上方饰月牙形纹饰。直径 2.5、穿边宽 0.7、厚 0.2
厘米（图 2-2-63，7；图版一一七，7）。

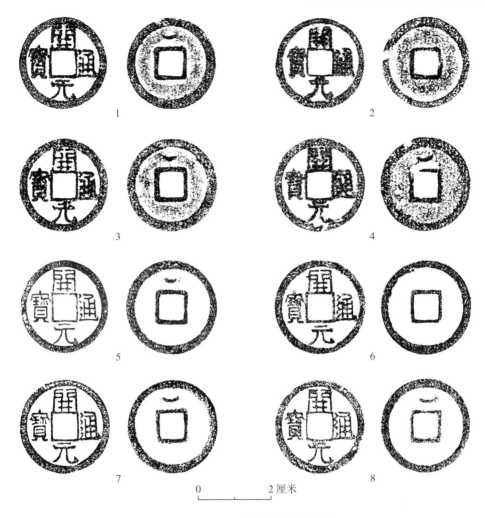

图 2-2-63　一号陪葬墓出土铜钱

1. 鎏金开元通宝（07PM1：63）　2. 鎏金开元通宝（07PM1：85）　3. 鎏金开元通宝（07PM1：234-1）　4. 鎏金开元通宝（07PM1：234-2）　5. 开元通宝（07PM1：86-1）　6. 开元通宝（07PM1：86-2）　7. 开元通宝（07PM1：197）　8. 开元通宝（07PM1：223）

　　07PM1：223，绿锈为主，局部红锈。文字略模糊，背面上部有月牙形纹饰。直径 2.5、穿边宽 0.7、厚 0.2 厘米（图 2-2-63，8；图版一一七，8）。

（二）建筑材料

包括板瓦、筒瓦、瓦当、滴水、青砖、仿木砖构件和其他砖雕构件。

1. 板瓦

出自墓道内。均为陶质，灰胎。残碎，未收集标本。

2. 筒瓦

共 2 件。出自墓道内。均为陶质，灰胎。凸面素面，凹面保留布纹。凹面近下缘一端经过刮削，呈斜面状。两侧缘均保留内侧切割痕迹。

07PM1：9，长 40.5、宽 14~14.6、厚 1.8~3.1、瓦舌长 2.6 厘米（图 2-2-64，1；图版一一八，1、2）。

07PM1：22，长 39.2、宽 14.4~15.5、厚 1.6~3.2、瓦舌长 2.3 厘米（图 2-2-64，2；图版一一八，3、4）。

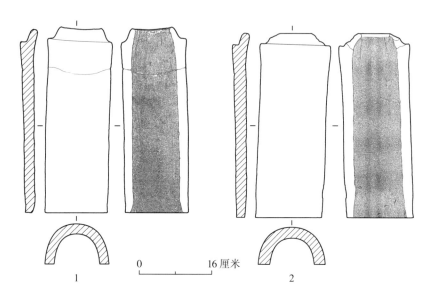

图 2-2-64　一号陪葬墓出土筒瓦

1.07PM1：9　2.07PM1：22

3. 瓦当

共 20 件。均为陶质，灰胎。包括兽面瓦当和几何纹瓦当两大类。前者出自墓道内，后者出自后室盗洞内。

兽面瓦当　19 件。

当面饰一兽面形象，兽口下有衔环。头顶饰"一"字形犄角；眼较大，呈圆形，眼上有细密短线连缀而成的眉毛，眼下饰双层眼睑，眼角外侧饰叶形双耳；鼻较小，呈蒜头形；嘴部较平而微咧，露单排齿，嘴角两边各有一颗獠牙，其下衔环；面像的顶部、两侧和衔环内部都有短线装饰的鬃毛。边轮与兽面之间饰一圈凸弦纹，边轮较低平。当背对接筒瓦处抹泥均经过修整，多有细线刻划痕迹。

07PM1：26，较完整。瓦当背面有纵横交错的细线刻划，环绕一周。瓦当直径

14.8、边轮宽 1.9~2.9、边轮厚 1.5~1.6 厘米。瓦当背面保存有一段对接筒瓦，筒瓦与瓦当斜向相接，据残存部分判断可能为圆形筒瓦。筒瓦凸面为素面，凹面保留布纹。筒瓦残长[1] 9.3、厚 1.5~1.7 厘米（图 2-2-65，2；图版一一九，1、2）。

07PM1：105，较完整。瓦当直径 14.3~15.3、边轮宽 2.2~2.9、边轮厚 1.6~1.8 厘米。瓦当背面保存有一段对接筒瓦，筒瓦与瓦当斜向相接，据残存部分判断可能为圆形筒瓦。筒瓦凸面为素面，凹面保留布纹。筒瓦残长 5.1、厚 1.5~1.9 厘米（图 2-2-65，3；图版一一九，3、4）。

07PM1：1，残缺较甚。瓦当背面凹凸不平。对接的筒瓦仅保存一小段。瓦当残径[2] 13.4、边轮宽 2.4~3、边轮厚 1.5~1.7 厘米（图 2-2-65，1；图版一一九，5）。

07PM1：2，较残缺。瓦当背面凹凸不平，可见有一兽面印痕。瓦当残径 13.3、边轮宽 2~2.5、边轮厚 1.7~1.8 厘米（图 2-2-66，1；图版一二〇，1、2）。

07PM1：3，较完整。瓦当直径 14.2~14.5、边轮宽 2~2.8、边轮厚 1.8~2.1 厘米（图 2-2-66，2；图版一一九，6）。

07PM1：5，较完整。瓦当直径 13.9~14.4、边轮宽 1.8~2.4、边轮厚 1.4~1.7 厘米。瓦当背面保存一段对接筒瓦，凸面为素面，凹面保留布纹。右侧缘内切，近凹面一侧有切割面，近凸面一侧有断裂面。右侧缘被二次加工的斜向刮削面打破。筒瓦残长 6.7、厚 2~2.1 厘米（图 2-2-66，3；图版一二〇，3、4）。

07PM1：6，较完整。瓦当背面凹凸不平。瓦当直径 14.2、边轮宽 2~2.7、边轮厚 1.6~1.8 厘米。瓦当背面保存一小段对接筒瓦。筒瓦宽 14.2、厚 1.6~1.9 厘米（图 2-2-67，3；图版一二〇，5）。

07PM1：7，较残缺。瓦当残径 12.1、边轮宽 2.1~2.4、边轮厚 1.6~1.8 厘米。瓦当背面保存一小段对接筒瓦（图 2-2-67，2；图版一二〇，6）。

07PM1：8，较残缺。瓦当残径 12.3、边轮宽 2.3~2.8、边轮厚 1.5~1.8 厘米（图 2-2-67，1；图版一二一，1）。

07PM1：10，完整。瓦当直径 14.4~14.7、边轮宽 2.1~2.6、边轮厚 1.5~1.8 厘米。瓦当背面保存有一小段对接筒瓦，筒瓦凸面为素面，凹面残存部分不见布纹。左侧缘残缺，右侧缘内切，呈全切状，保留有切割面，断裂面基本不见。右侧缘被二次加工的斜向刮削面打破。筒瓦残长 5.2、宽 14.4、厚 2.1~2.4 厘米（图 2-2-68，2；图版一二一，2）。

07PM1：11，较完整。瓦当直径 14.2~14.6、边轮宽 2.2~2.4、边轮厚 1.4~1.9 厘米。

[1] 取筒瓦的最大残长（不含瓦当边轮厚度），多大于线图剖切位置处筒瓦残存长度。
[2] 取标本水平和垂直方向（以线图方向为基准）残长的较大者。

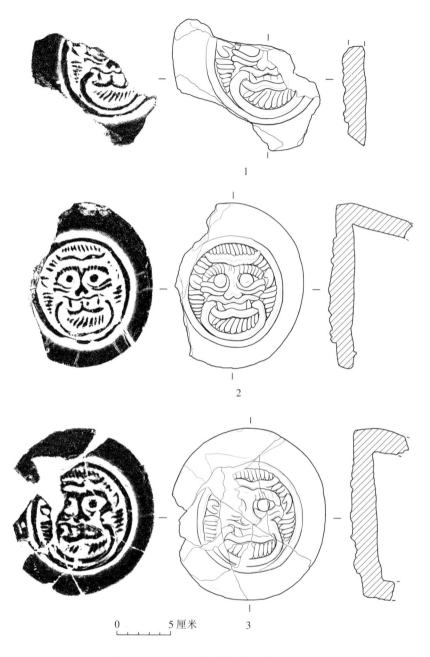

图 2-2-65　一号陪葬墓出土兽面瓦当

1.07PM1：1　2.07PM1：26　3.07PM1：105

瓦当背面保存有一段对接筒瓦，筒瓦凸面为素面，凹面保留布纹。筒瓦残长 5.4、厚 1.8~2 厘米（图 2-2-68，3；图版一二一，3、4）。

07PM1：17，残。瓦当残径 12.6、边轮宽 2.2、边轮厚 1.5~1.7 厘米（图 2-2-68，1；图版一二一，5）。

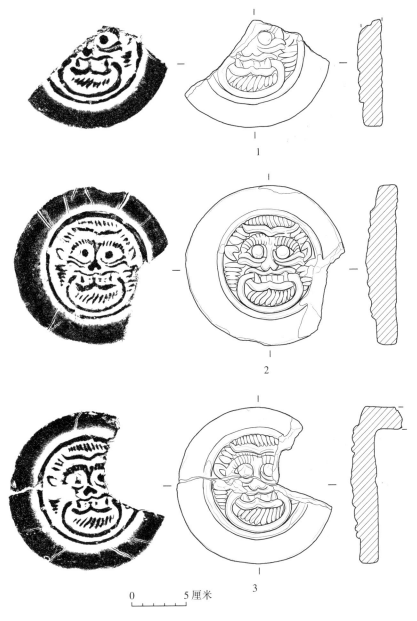

0   5 厘米

图 2-2-66 一号陪葬墓出土兽面瓦当

1.07PM1：2 2.07PM1：3 3.07PM1：5

07PM1：20，残。瓦当残径 12.3、边轮宽 2.2~2.4、边轮厚 1.8 厘米（图 2-2-69，1；图版一二一，6）。

07PM1：21，大部分残缺。瓦当残径 9.8、边轮宽 2~2.5、边轮厚 1.6 厘米。瓦当背部保存有小段对接筒瓦，筒瓦凸面为素面，凹面有粗糙的褶皱痕。右侧缘内切，呈全切状，存有切割面，断裂面基本不见。侧缘被二次加工的斜向刮削面打破。筒

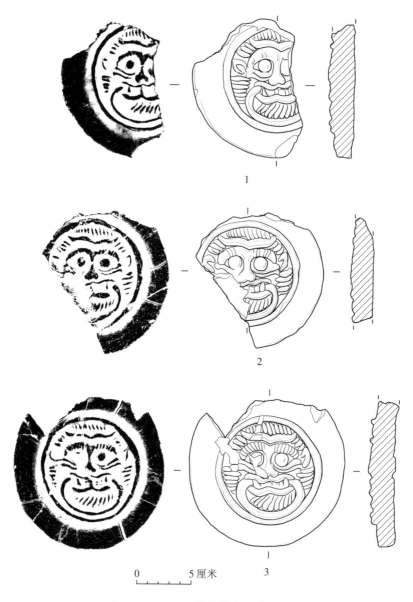

图 2-2-67 一号陪葬墓出土兽面瓦当

1.07PM1：8 2.07PM1：7 3.07PM1：6

瓦厚 2~2.5 厘米（图 2-2-69，2；图版一二二，1）。

07PM1：23，残。瓦当残径 10.1、边轮宽 2.2~2.6、边轮厚 1.3~1.6 厘米（图 2-2-69，3；图版一二二，2）。

07PM1：27，完整。瓦当直径 14.4~14.6、边轮宽 2.3~2.9、边轮厚 1.4~1.7 厘米。瓦当背面保存有一段对接筒瓦，筒瓦凸面素面，凹面保留布纹，两侧缘均残缺。筒瓦残长 12.6、宽 14.5~15.1、厚 1.7~2 厘米（图 2-2-70，1；图版一二二，3）。

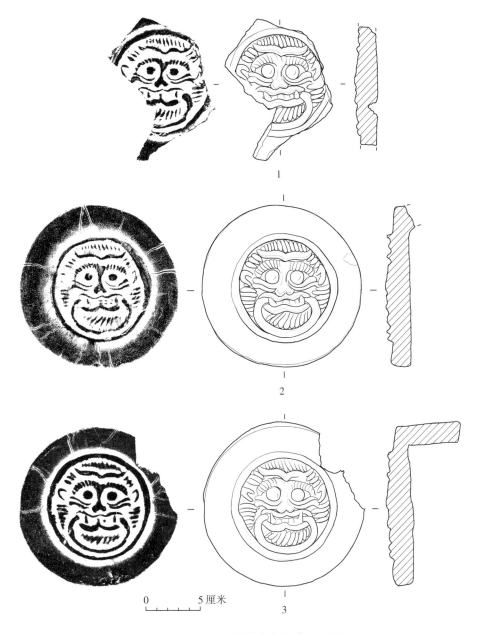

图 2-2-68　一号陪葬墓出土兽面瓦当
1.07PM1：17　2.07PM1：10　3.07PM1：11

　　07PM1：29，较完整。瓦当残径 13.3、边轮宽 1.9~2.5、边轮厚 1.6~2 厘米（图 2-2-70，2；图版一二二，4）。

　　07PM1：104，完整。瓦当直径 14.4~14.5、边轮宽 2~2.6、边轮厚 1.2~1.7 厘米。筒瓦残长 5.3、厚 2~2.3 厘米（图 2-2-70，3；图版一二二，5、6）。

　　07PM1：116，较残缺。瓦当残径 13、边轮宽 2~2.5、边轮厚 1.4~1.8 厘米。瓦当

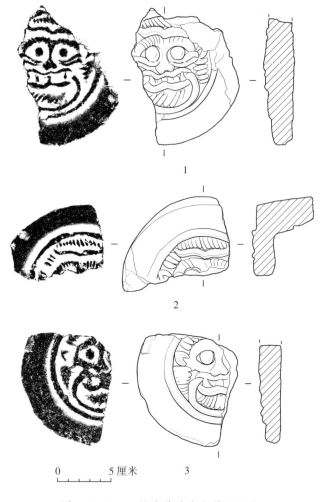

图 2-2-69　一号陪葬墓出土兽面瓦当

1. 07PM1：20　2. 07PM1：21　3. 07PM1：23

背面保存有一段对接筒瓦，筒瓦凸面为素面，凹面保留布纹。筒瓦厚 2.2~2.4 厘米（图 2-2-70，4；图版一二三，1）。

几何纹瓦当[1]　1 件。

07PM1：117，大部分残缺。当心纹饰残损，仅存外围一圈凸弦纹。这圈凸弦纹外装饰有较大的十字形纹饰，周边为四个小乳丁组成的间饰。十字形饰与边轮之间饰有一圈凸弦纹。边轮较低平。瓦当背面对接筒瓦处有细线刻划。瓦当残径 9.4、边轮宽 1.6、边轮厚 1.5 厘米（图 2-2-71；图版一二三，2）。

———————————

[1] 此件瓦当出土于盗洞内，是否后来扰入不得而知。特此说明。

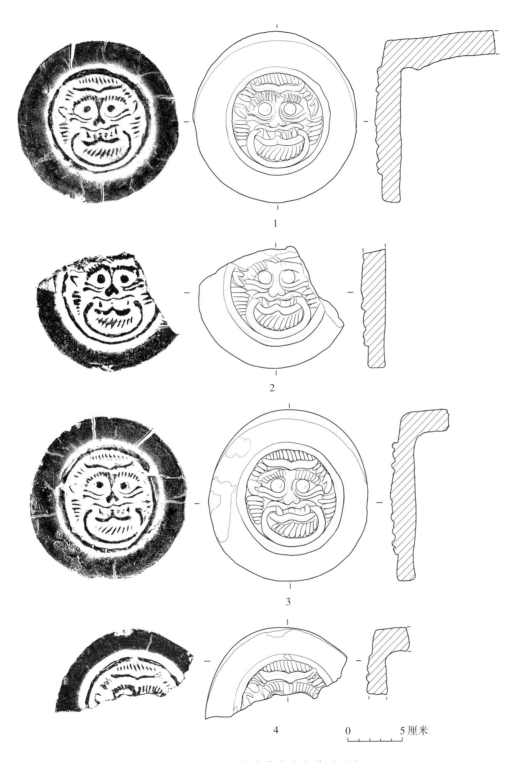

图 2-2-70 一号陪葬墓出土兽面瓦当

1. 07PM1：27 2. 07PM1：29 3. 07PM1：104 4. 07PM1：116

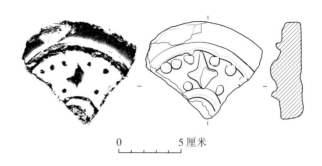

0   5厘米

图 2-2-71　一号陪葬墓出土几何纹瓦当（07PM1：117）

4. 滴水

共 12 件。均为陶质，灰胎。整体形制系在板瓦头接出一条带状的折沿。滴水端面刮削出多条沟槽，形成多道凸棱带，在其上戳刻纹饰，端面底部被捏成波浪状。凸棱带与端面底部的波浪纹共同构成分层式布局，端面底部均为素面。滴水端面与瓦身呈直角相接。侧缘均保存有内侧切割痕迹。

07PM1：14，胎心局部呈青黑色。滴水端面较完整，分五层，纹饰位于第一、三层，第四层局部、第五层呈波浪状。残长 10.7、残宽 25.3、瓦身厚 1.8~2.1、滴水端面宽 4 厘米（图 2-2-72，1[1]；图版一二三，3、4）。

07PM1：15，滴水端面较完整，分六层，纹饰位于第三、五层，第六层呈波浪状。残长 13.9、残宽 23.7、瓦身厚 2.3~2.7、滴水端面宽 4 厘米（图 2-2-72，2；图版一二三，5、6）。

07PM1：24，滴水端面分五层，纹饰位于第二、四层，第四、五层呈波浪状。残长 7.9、残宽 18.5、瓦身厚 2~2.4、滴水端面宽 4.3 厘米（图 2-2-72，3；图版一二四，1、2）。

07PM1：25，胎心局部呈青黑色。滴水端面分六层，纹饰位于第三、五层，第六层呈波浪状。瓦身凸面距离折沿约 4 厘米处有一道红彩痕迹。残长 12.6、残宽 16.6、瓦身厚 1.9~2.3、滴水端面宽 4.2 厘米（图 2-2-72，4；图版一二四，3、4）。

07PM1：31-1，滴水端面完整，分五层，纹饰位于第二、四层，第五层呈波浪状。瓦身凸面距折沿约 6.5 厘米处有一道红彩，宽约 1.3 厘米。残长 15.8、宽 27.1、瓦身厚 2~2.6、滴水端面宽 4.7 厘米（图 2-2-72，5；图版一二四，5、6）。

07PM1：31-2，滴水端面分七层，纹饰位于第三、五层，第六、七层呈波浪状。残长 7.3、残宽 17.3、瓦身厚 1.8~2.2、滴水端面宽 4.4 厘米（图 2-2-72，6；图版

---

［1］拓片仅表现滴水端面及其底部的纹饰部分，不包括断裂茬口。由于端面多凹凸不平，拓片较实物尺寸多有形变。特此说明。

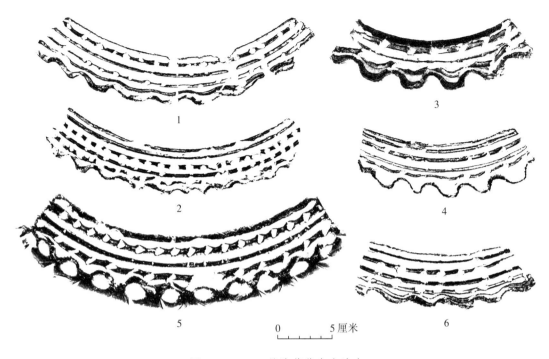

图 2-2-72 一号陪葬墓出土滴水

1.07PM1：14 2.07PM1：15 3.07PM1：24 4.07PM1：25 5.07PM1：31-1 6.07PM1：31-2

一二五，1）。

07PM1：31-3，滴水端面分五层，纹饰位于第二、四层，第五层呈波浪状。瓦身凹面近折沿处有少量红彩痕迹。残长 6.9、残宽 13.6、瓦身厚 2.1~2.4、滴水端面宽 4.4厘米（图 2-2-73，1；图版一二五，2）。

07PM1：31-4，滴水端面分五层，纹饰位于第二、四层，第五层呈波浪状。残长 7、残宽 16.6、瓦身厚 2~2.3、滴水端面宽 5.2 厘米（图 2-2-73，2；图版一二五，3）。

07PM1：33-1，滴水端面分六层，纹饰位于第二、四层，第五、六层呈波浪状。瓦身凸面距折沿约 6.2 厘米处有一道红彩，宽约 1.2 厘米。侧缘断裂面也粘有少量红彩。残长 14、残宽 24.1、瓦身厚 2.2~2.8、滴水端面宽 5 厘米（图 2-2-73，3；图版一二五，4）。

07PM1：33-2，滴水端面分五层，纹饰位于第二、四层，第五层呈波浪状。残长 9、残宽 18.3、瓦身厚 2.5~2.7、滴水端面宽 4.6 厘米（图 2-2-73，4；图版一二五，5）。

07PM1：33-3，滴水端面分五层，纹饰位于第二、四层，第五层呈波浪状。残长 9.1、残宽 14.6、瓦身厚 1.7~2.1、滴水端面宽 3.9 厘米（图 2-2-73，5；图版一二六，1、2）。

07PM1：33-4，滴水端面分六层，纹饰位于第二、四层，第六层呈波浪状。残长 9.2、

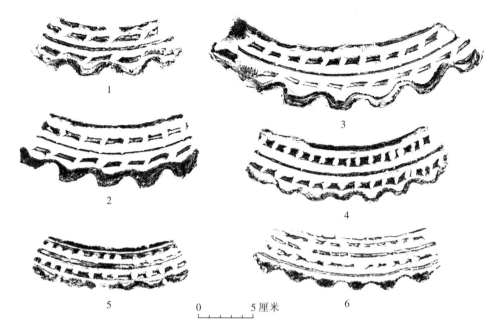

图 2-2-73　一号陪葬墓出土滴水

1.07PM1：31-3　2.07PM1：31-4　3.07PM1：33-1　4.07PM1：33-2　5.07PM1：33-3　6.07PM1：33-4

残宽 17.5、瓦身厚 1.8~2.1、滴水端面宽 4.3 厘米（图 2-2-73，6；图版一二五，6）。

5. 青砖

共 9 件。均为灰胎。

长方形沟纹砖　7 件。一面饰沟纹，其余面为素面。

07PM1：53-1，饰纵向沟纹，略弧。长 38、宽 18.7、厚 5~5.6 厘米（图 2-2-74，1；图版一二六，3、4）。

07PM1：53-2，饰纵向沟纹，略弧。侧面抹有白灰。长 38.6、宽 19、厚 5.2~6.5 厘米（图 2-2-74，2；图版一二六，5、6）。

07PM1：53-3，饰纵向沟纹，略弧，分五组。长 37.7、宽 19、厚 6~6.5 厘米（图 2-2-74，3；图版一二七，1、2）。

07PM1：92，饰纵向沟纹，略弧。长 38、宽 19、厚 6 厘米（图 2-2-74，4；图版一二七，3、4）。

07PM1：94，饰纵向沟纹，略弧。长 37.2、宽 19、厚 5~5.3 厘米（图 2-2-74，6；图版一二七，5、6）。

07PM1：100，饰纵向沟纹，略弧。长 35.5、宽 18.5、厚 6 厘米（图 2-2-74，7；图版一二八，1、2）。

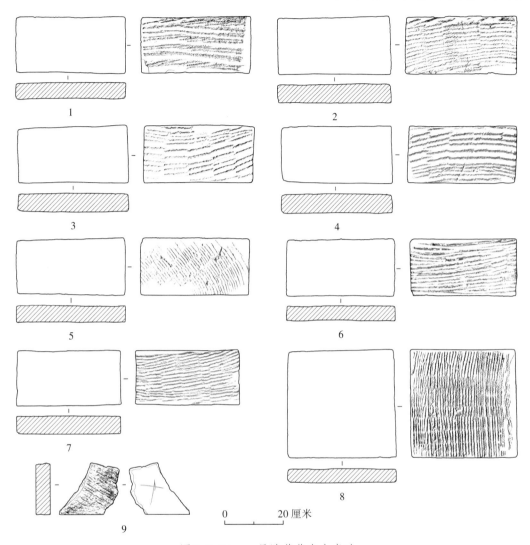

图 2-2-74　一号陪葬墓出土青砖

1. 长方形沟纹砖（07PM1：53-1）　2. 长方形沟纹砖（07PM1：53-2）　3. 长方形沟纹砖（07PM1：53-3）　4. 长方形沟纹砖（07PM1：92）　5. 长方形沟纹砖（07PM1：93）　6. 长方形沟纹砖（07PM1：94）　7. 长方形沟纹砖（07PM1：100）　8. 方形沟纹砖（07PM1：70）　9. 十字纹砖（07PM1：129）

07PM1：93，饰斜向沟纹，沿对角线方向分六组。另一面中部有一直线。长 37.6、宽 18.6、厚 5.7 厘米（图 2-2-74，5；图版一二八，3、4）。

方形沟纹砖　1 件

07PM1：70，一面饰沟纹，另一面素面。长 37~37.5、厚 5~5.7 厘米（图 2-2-74，8；图版一二八，5、6）。

十字纹砖　1 件。

07PM1：129，一面整体呈素面，刻划有一个十字形符号；另一面饰沟纹。残长

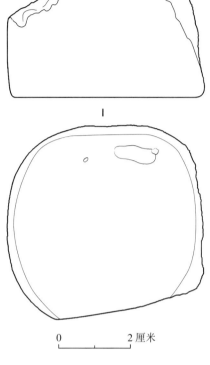

20.9、残宽 18、厚 5 厘米（图 2-2-74，9；图版一二九，1）。

6. 仿木砖构件

共 4 件。均为灰胎。

橡头　1 件。

07PM1：16，仅残存橡头，涂有红彩。残长 3.4、直径 5.6 厘米（图 2-2-75；图版一二九，2）。

斗形构件　3 件。灰黄胎。一面磨成多个斜面。一面较平整，饰沟纹。

07PM1：124-1，残长 22.3、宽 18.5、厚 5.5 厘米（图 2-2-76，1；图版一二九，3）。

07PM1：124-2，胎心呈青黑色。残长 12、宽 19.4、厚 5.8 厘米（图 2-2-76，2；图版一二九，4）。

07PM1：124-3，胎心呈青黑色。残长 8.3、宽 18.2、厚 5.9 厘米（图 2-2-76，3；图版一二九，5）。

图 2-2-75　一号陪葬墓出土仿木橡头砖构件（07PM1：16）

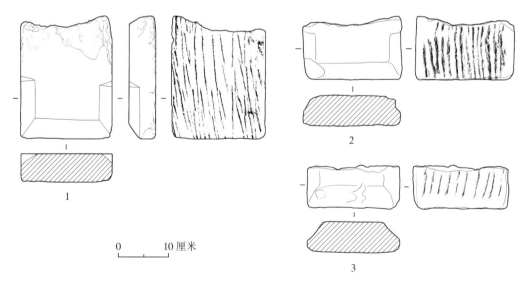

图 2-2-76　一号陪葬墓出土仿木斗形砖构件

1.07PM1：124-1　2.07PM1：124-2　3.07PM1：124-3

7. 其他砖雕构件

共 35 件。均为灰胎。

彩绘砖 14 件。砖面均存有彩绘。砖上覆盖有较多白灰，部分砖背存有沟纹或凿刻痕迹。

07PM1：125-1，一个侧面涂有白灰，其上存有红彩和黑彩。残长 34、宽 19.2、厚 5.2 厘米（图 2-2-77，1；图版一二九，6）。

07PM1：125-2，一个侧面涂有白灰，其上存有少量红彩。残长 24.5、宽 18.8、

图 2-2-77 一号陪葬墓出土彩绘砖

1.07PM1：125-1 2.07PM1：125-3 3.07PM1：150-1 4.07PM1：150-2 5.07PM1：150-3 6.07PM1：150-4
7.07PM1：150-5 8.07PM1：153-1 9.07PM1：153-2

厚 5 厘米（图版一三〇，1）。

　　07PM1：125-3，一个侧面涂有白灰，其上存有红彩和黑彩。残长 23.7、残宽 23.5、厚 5.3 厘米（图 2-2-77，2；图版一三〇，2）。

　　07PM1：140，残存一角。一侧面涂有白灰，其上存有红彩和黑彩。残长 15.3、残宽 10.7、厚 5.2 厘米（图 2-2-78，1；图版一三〇，3）。

　　07PM1：149-1，一侧面涂有白灰，其上施红彩，还存有少量黑彩痕迹。残长 14、宽 19.5、厚 5 厘米（图 2-2-78，2；图版一三〇，4）。

　　07PM1：149-2，一侧面涂有白灰，其上施红彩。残长 9.7、宽 18.5、厚 5.1 厘米（图 2-2-78，3；图版一三〇，5）。

　　07PM1：150-1，一侧面涂有白灰，其上施红彩。残长 28.2、宽 18.9、厚 5.2 厘米（图 2-2-77，3；图版一三一，1、2）。

　　07PM1：150-2，一侧面涂有白灰，其上施红彩。残长 28、宽 18.5、厚 5 厘米（图 2-2-77，4；图版一三一，3、4）。

　　07PM1：150-3，一侧面涂有白灰，其上施红彩。残长 14.5、宽 19、厚 5.1 厘米（图 2-2-77，5；图版一三一，5、6）。

　　07PM1：150-4，一侧面涂有白灰，其上施红彩。残长 15.4、残宽 12.1、厚 5.3 厘米（图 2-2-77，6；图版一三〇，6）。

　　07PM1：150-5，一侧面涂有白灰，其上施红彩。残长 11.3、残宽 9.5、厚 5 厘米

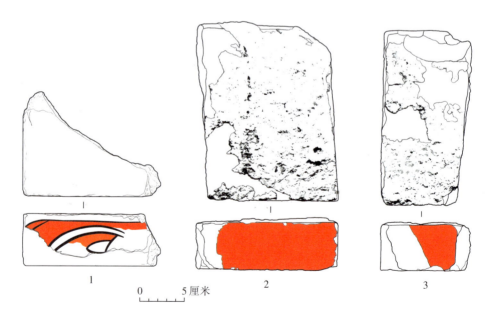

0　　5 厘米

图 2-2-78　一号陪葬墓出土彩绘砖

1.07PM1：140　2.07PM1：149-1　3.07PM1：149-2

（图2-2-77，7；图版一三二，1）。

07PM1：150-6，正面涂有白灰，其上施红彩。残长8.7、残宽7.5、厚5.2厘米（图版一三二，2）。

07PM1：153-1，正面用红彩和黑彩绘成一花卉图案，一个侧面涂有白灰，其上存有少量红彩和黑彩痕迹。长35.5、残宽24、厚5.9厘米（图2-2-77，8；图版一三二，3、4）。

07PM1：153-2，正面用红彩和黑彩绘成一花卉图案。残长24.6、残宽20、厚5.4~5.9厘米（图2-2-77，9；图版一三二，5）。

彩绘砖雕构件 14件。可分三种。

第一种，6件。整体近半圆柱形，呈竹节状，正面雕刻草叶纹图案，中部有两道凸弦纹，图案上下对称，表面涂有白灰并施红彩。背面饰沟纹。构件上、下两端和背面多有白灰。

07PM1：126-1，长24.1、宽8.7、厚5厘米（图2-2-79，1；图版一三二，6）。

07PM1：126-2，残长14.5、宽8.8、厚5.5厘米（图2-2-79，2；图版一三三，1）。

07PM1：126-3，长24.5、宽8.8、厚5.4厘米（图2-2-79，3；图版一三三，2）。

07PM1：126-4，长25、宽9、厚5.6厘米（图2-2-79，4；图版一三三，3）。

07PM1：126-5，长24.7、宽9、厚5.4厘米（图2-2-79，5；图版一三三，4）。

07PM1：126-6，残长10.8、宽9.3、厚5厘米（图2-2-79，6；图版一三三，5）。

第二种，6件。平面呈山字形。正面饰回字纹，回字纹两侧涂有白灰，白灰上施红彩。回字纹上有残存的黑彩痕迹，正面最上部亦有涂彩痕迹。背面饰沟纹。侧面和背面多有白灰。

07PM1：139-1，长18.8、宽16.6、厚5.6厘米（图2-2-80，1；图版一三三，6、7）。

07PM1：139-2，长19、宽15.9、厚5.7厘米（图2-2-80，2；图版一三四，1、2）。

07PM1：139-3，长18.7、宽14.4、厚5.6厘米（图2-2-80，3；图版一三四，3、4）。

07PM1：139-4，长19、宽14.1、厚5.5厘米（图2-2-80，4；图版一三四，5、6）。

07PM1：139-5，残长12.2、残宽13.9、厚5.5厘米（图2-2-80，5；图版一三五，1、2）。

07PM1：139-6，长19.4、宽16.5、厚5.3厘米（图2-2-80，6；图版一三五，3、4）。

第三种，2件。构件局部呈弧曲状。

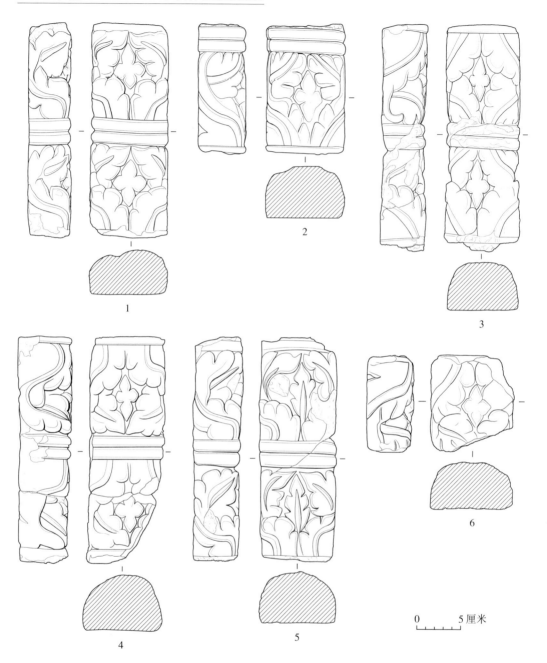

图 2-2-79　一号陪葬墓出土彩绘砖雕构件

1.07PM1：126-1　2.07PM1：126-2　3.07PM1：126-3　4.07PM1：126-4　5.07PM1：126-5　6.07PM1：126-6

　　07PM1：141-1，一面白灰较少，局部有红彩，一侧被凿成弧曲状。另一面为较厚的白灰覆盖。两侧立面存有白灰，一侧白灰上饰红彩。残长 24.8、宽 18、厚 4.9 厘米（图 2-2-80，7；图版一三五，5、6）。

　　07PM1：141-2，残存一角。一面局部呈弧曲状，所覆盖的白灰较薄。一面平直，

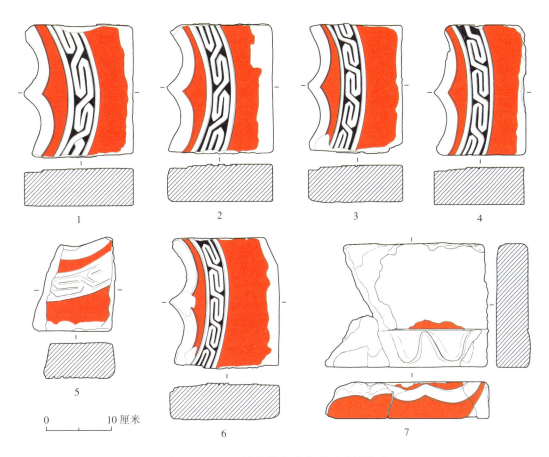

图 2-2-80　一号陪葬墓出土彩绘砖雕构件

1.07PM1：139-1　2.07PM1：139-2　3.07PM1：139-3　4.07PM1：139-4　5.07PM1：139-5　6.07PM1：139-6
7.07PM1：141-1

覆盖有较厚的白灰。一侧立面涂白灰，其上施红彩。残长 7.1、残宽 6.7、厚 4.8 厘米
（图版一三六，1）。

　　花卉雕砖　4 件。正面雕刻花卉和草叶图案，背面饰沟纹。砖侧面和背面多存有
白灰。

　　07PM1：175-1，长 37.6、宽 18.5、厚 5.6 厘米（图 2-2-81，1；图版一三六，
2、3）。

　　07PM1：175-2，长 37.5、宽 18.7、厚 5.5~5.8 厘米（图 2-2-81，2；图版一三六，
4、5）。

　　07PM1：206-1，正面涂有白灰，其上施红彩。残长 37、宽 19、厚 5~6 厘米（图
2-2-81，3；图版一三七，1、2）。

　　07PM1：206-2，正面涂有白灰，其上施红彩。长 37.8、宽 19.3、厚 5.2~5.5 厘米

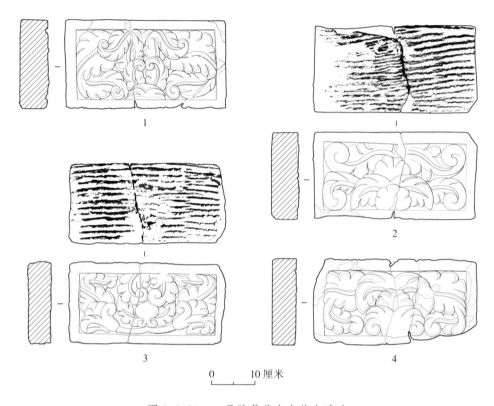

图 2-2-81　一号陪葬墓出土花卉雕砖

1.07PM1：175-1　2.07PM1：175-2　3.07PM1：206-1　4.07PM1：206-2

（图 2-2-81，4；图版一三七，3、4）。

弧边砖构件　2件。胎心泛青黑色。砖的一个侧面磨成弧边。一面素面，沿弧边有一道较宽的白灰。一面饰沟纹，抹一层黄泥后再涂一层白灰。

07PM1：143-1，残长 36.2、残宽 24、厚 6 厘米（图 2-2-82，1；图版一三七，5、6）。

07PM1：143-2，残长 35.4、残宽 23.7、厚 5~6 厘米（图 2-2-82，2；图版一三八，1、2）。

圆角砖构件　1件。

07PM1：249，砖一侧呈弧边圆角状。一面素面，存有较厚的白灰，另一面饰沟纹。残长 24.4、残宽 23.6、厚 5.5~6 厘米（图 2-2-82，3；图版一三八，3、4）。

（三）墓志

一号陪葬墓内原置墓志，但被盗掘。清理时，仅发现若干墓志残片。根据石料的不同，可判断此墓原有两方墓志（编号甲、乙）。甲方墓志刻在青色砂石材上，

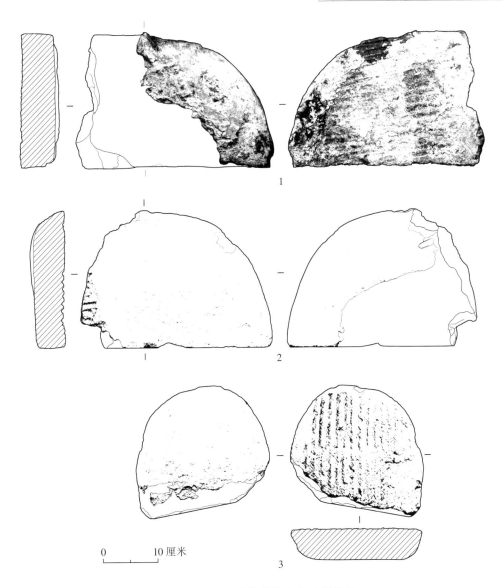

0　10厘米

图 2-2-82　一号陪葬墓出土砖雕构件

1.弧边砖构件（07PM1：143-1）　2.弧边砖构件（07PM1：143-2）　3.圆角砖构件（07PM1：249）

字口贴金；乙方墓志刻在灰色砂石材上。两块墓志的刻字也不同。

1.甲方墓志

共 20 件。青砂岩质，均为残片。

07PM1：95-1，字迹模糊不清（图 2-2-83，1）。

07PM1：95-3，残存平面近三角形，一面磨光，另一面阴刻一道竖线，线内侧刻花纹（图 2-2-83，2；图版一三九，1）。

图 2-2-83 一号陪葬墓出土甲方墓志残块

1. 07PM1：95-1 2. 07PM1：95-3 3. 07PM1：146 4. 07PM1：147-1 5. 07PM1：147-2 6. 07PM1：147-4 7. 07PM1：147-6 8. 07PM1：147-7 9. 07PM1：147-8 10. 07PM1：147-10 11. 07PM1：147-11 12. 07PM1：147-12 13. 07PM1：147-15 14. 07PM1：147-18

07PM1：146，疑为墓志盖残块。中有刻字，边缘饰花卉。花卉外侧有两条阴刻直线（图 2-2-83，3；图版一三九，2）。

07PM1：147-1，存 2 行 11 字。第 1 行可辨"……应天皇……"，第 2 行可辨"……復长典服之制令……"（图 2-2-83，4）。

07PM1：147-2，正面刻字 2 行。第 1 行可辨"……军节度宋毫□……"，第 2 行可辨"……□州刺史上柱国……"（图 2-2-83，5）。

07PM1：147-3，反面磨光。

07PM1：147-4，可辨"皇帝""为宋国"等字，有界格。侧面磨光（图 2-2-83，6）。

07PM1：147-5，磨制。

07PM1：147-6，正面磨光，存"异宠"两字，有界格（图2-2-83，7）。

07PM1：147-7，正面字迹不清（图2-2-83，8）。

07PM1：147-8，正面磨光，雕刻两个汉字"□皇"。汉字局部见鎏金（图2-2-83，9）。

07PM1：147-9，残存两个磨光面。

07PM1：147-10，正面磨光，存6行20字。第1行"……□敬溢……"；第2行"……皇帝以……"；第3行"……谢孝思过……"；第4行"……十金市上药……"；第5行"……皇太子为……"；第6行"……内□……"（图2-2-83，10）。

07PM1：147-11，正面磨光，侧面残有花卉（图2-2-83，11）。

07PM1：147-12，一侧磨光，一侧阴刻花纹（图2-2-83，12）。

07PM1：147-14，一面磨光，其余面均残破。

07PM1：147-15，一面磨光，残存一道阴刻弦纹。其余面均残破（图2-2-83，13）。

07PM1：147-16，一面磨光。

07PM1：147-17，一面磨光。

07PM1：147-18，一侧阴刻花纹（图2-2-83，14）。

2.乙方墓志

共4件。灰色石质，均为残片。

07PM1：95-2，一面磨平（图2-2-84，1）。

07PM1：115-1，存2行6字。第1行存"……忠尽□……"；第2行存"……□声□……"（图2-2-84，2）。

07PM1：115-2，存2行6字，楷体。第1行书"……并序……"；第2行书"……紫金鱼袋……"。侧面刻花（图2-2-84，3；图版一三九，3、4）。

07PM1：115-3，存2残字（图2-2-84，4）。

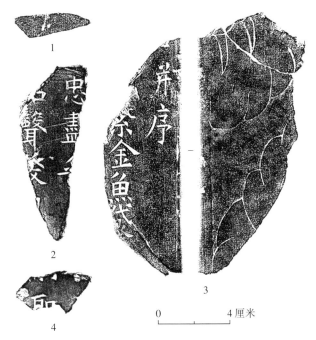

图2-2-84　一号陪葬墓出土乙方墓志残块
1.07PM1：95-2　2.07PM1：115-1　3.07PM1：115-2
4.07PM1：115-3

五 初步认识

一号陪葬墓是一座砖筑的五室"类屋式墓"。因为被多次盗掘,石墓志也未能幸免,所以墓主人身份不详。我们根据现有资料,对其年代和墓主人身份略做考证。

(一)年代

一号陪葬墓由墓道、墓门、前室、中室、左右耳室和后室组成,是典型的砖筑类屋式墓。其中中室、后室和两个耳室都是圆角弧方形,与阿鲁科尔沁旗宝山一号墓[1]墓室形制相似。宝山一号墓主人是耶律勤德,葬于辽天赞二年(公元 923 年)。根据现有研究成果[2]可知,弧方形墓室的"类屋式墓",与北京清河唐墓[3]形制相近,应是沿袭当地唐代流行弧方形墓葬的遗风。这种弧方形墓葬主要见于辽代早期。

一号陪葬墓多次被盗,仅清理出很少的随葬品。其中青釉执壶(07PM1:177、07PM1:151)、龙纹洗(07PM1:138)、双凤纹洗(07PM1:134)、碗(07PM1:40)等,均为灰白色细胎,青釉泛绿,满釉,釉色均匀,有光泽,与江浙地区的五代墓[4]、临安吴越国康陵[5]出土越窑秘色瓷胎土、釉色、器形等相近,应是五代时期吴越国进奉辽国的瓷器精品。盏托(07PM1:47)、青釉瓜棱执壶(07PM1:161)是五代耀州窑的产品[6]。一号陪葬墓所出兽面瓦当,当面图案十分相似,为衔环形象,有些可以肯定是同范。此类兽首衔环瓦当,不见于辽庆陵遗址,当属于辽代早期瓦当。

综上所述,初步推定一号陪葬墓属于辽代早期偏晚,与南中国五代晚期墓大体相当或稍晚。

(二)墓主人身份蠡测

一号陪葬墓有前、中、后三个正室,中室左、右各有一个耳室,是砖筑的五室"类屋式墓",规模庞大。后室平面呈圆角弧方形,南北径 6.85、东西径 6.75 米。巴林

---

[1] 内蒙古文物考古研究所、阿鲁科尔沁旗文物管理所:《内蒙古赤峰宝山辽壁画墓发掘简报》,《文物》1998 年 1 期。

[2] 董新林:《辽代墓葬形制与分期略论》,《考古》2004 年 8 期。

[3] 北京市文物工作队:《北京市发现的几座唐墓》,《考古》1980 年 6 期。

[4] 浙江省文物管理委员会:《浙江临安板桥的五代墓》,《文物》1975 年 8 期。苏州市文管所、吴县文管所:《苏州七子山五代墓发掘简报》,《文物》1981 年 2 期。[日]佐佐木秀宪、王竟香:《关于晚唐五代越窑青瓷的若干考察》,《文博》1995 年 6 期。

[5] 杭州市文物考古研究所、临安市文物馆:《五代吴越国康陵》,文物出版社,2014 年。[日]佐佐木秀宪、王竟香:《关于晚唐五代越窑青瓷的若干考察》,《文博》1995 年 6 期。

[6] 陕西省考古研究所:《五代黄堡窑址》,文物出版社,1997 年。陕西省咸阳市文物考古所:《五代冯晖墓》,重庆出版社,2001 年。易立:《试论五代宋初耀州青瓷的类型与分期》,《考古与文物》2009 年 2 期。

右旗庆东陵是辽圣宗皇帝的陵寝，其玄宫曾多次被盗掘[1]。庆东陵玄宫有前、中、后三个正室，前室和中室左、右两侧各有一个耳室，是砖筑的七室"类屋式墓"。通过对唐代以后发掘过的历代帝陵玄宫形制结构的综合分析，一般认为，中轴线上有前、中、后三个正室的类屋式墓，且正室两侧带四个以上耳室，即七室或九室墓大多是皇帝玄宫[2]。辽庆陵的东陵、中陵和西陵的玄宫都是七室墓，而一号陪葬墓仅比辽代皇帝玄宫少两个耳室，这足以说明此墓主人地位仅次于皇帝。墓内随葬品残存龙纹洗、双凤纹洗、贴金木雕龙头饰件、越窑青釉瓷器等重要器物，残存石墓志的阴刻字体上也有贴金现象，这些都佐证墓主人的地位之高。另外，从墓葬所处的位置看，虽然一号陪葬墓位于外陵区，但此墓依隔"南岭"与太祖陵的直线距离很近。综上所述，初步推测一号陪葬墓主人可能是辽太祖耶律阿保机的直系亲属。

　　一号陪葬墓的墓志大部分被盗掘，仅残存数块墓志碎片。其中可识内容有"……应天皇……""……復长典服之制令……""军节度宋毫""州刺史上柱国""为宋国""异宠""□敬溢""谢孝思过"等。

　　墓志中提及"应天皇□□"，当为"应天皇后□"或"应天皇太后"，即耶律阿保机的淳钦皇后述律平。《辽史》卷一《本纪·太祖上》载："神册元年春二月丙戌朔，上在龙化州，迭烈部夷离堇耶律曷鲁等率百僚请上尊号，三表乃允。丙申，群臣及诸属国筑坛州东，上尊号曰大圣大明天皇帝，后曰应天大明地皇后。大赦，建元神册。"《辽史》卷七十一《后妃列传》"太祖淳钦皇后述律氏"条载："太祖即位，群臣上尊号曰地皇后。神册元年，大册，加号应天大明地皇后。行兵御众，后尝与谋。""太祖崩，后称制，摄军国事。及葬，欲以身殉，亲戚百官力谏，因断右腕纳于枢。太宗即位，尊为皇太后。会同初，上尊号曰广德至仁昭烈崇简应天皇太后。""应历三年崩，年七十五，祔祖陵，谥曰贞烈。重熙二十一年，更今谥。"墓志中提及应天皇后或皇太后，说明此墓主人与应天皇后或皇太后关系密切。

　　太祖第三子耶律李胡等也祔葬祖陵。《辽史》卷七十二《宗室列传》"章肃皇帝"条载："章肃皇帝，小字李胡，一名洪古，字奚隐，太祖第三子，母淳钦皇后萧氏。""太祖尝观诸子寝，李胡缩项卧内，曰：'是必在诸子下。'……而母笃爱李胡。""天显五年，遣徇地代北，攻寰州，多俘而还，遂立为皇太弟，兼天下兵马大元帅。太宗亲征，常留守京师。""穆宗时，其子喜隐谋反，辞逮李胡，因之，死狱中，年五十，葬玉峰山西谷。统和中，追谥钦顺皇帝。重熙二十一年，更谥章肃，后曰和敬。二子：宋王喜隐、卫王宛。"《辽史》卷六《本纪·穆宗上》载：（应历十年）

[1]［日］田村实造、小林行雄：《慶陵——東モンゴリアにおける遼代帝王陵とその壁畫に關する考古學的調査報告》，座右宝刊行会，1952年。
[2]参见宿白：《西安地区的唐墓形制》，《文物》1995年12期。

"冬十月丙子，李胡子喜隐谋反，辞连李胡，下狱死。"可知，李胡死于应历十年（公元 960 年）。

《辽史》记载李胡葬玉峰山西谷。《契丹国志》载，"恭顺皇帝"条："自在太子名阮，太祖第三子，母曰述律氏。……后渤海平，封为自在太子。寻薨，葬于祖州，追谥曰恭顺皇帝。"[1]玉峰山西谷是否在辽祖陵陵园内，文献表述并不清楚。

墓志碎片中，"异宠""□敬溢""谢孝思过"等内容，是否与李胡为应天皇后笃爱，并与辽世宗争夺帝位失败后，被囚禁等史实相关呢？"为宋国□"是否与其子为宋国王有关呢？这些都有待考古新发现和被盗墓志的面世才能有明确的答案。

李胡死于应历十年（公元 960 年）。其下葬时间与一号陪葬墓出土遗物的年代大体相符。

综上所述，我们推测，一号陪葬墓主人是辽太祖第三子、辽太宗皇太弟、天下兵马大元帅李胡的可能性最大。

辽祖陵陵园内还有其他陪葬墓。我们根据地面调查情况，从地貌遗迹进行过初步推断。但因为墓葬没有被近现代人盗掘破坏，出于保护文化遗产的需要，本文没有标注，也暂时不做介绍。

第三节　二号丛葬墓

2003 年，我们进行考古调查时，在陵园东北部的一道山梁尾端缓坡上，即三号建筑基址的东南侧、陵园东北沟的出口处，发现一座被严重破坏的疑似"墓葬"。其南面为洼地，东、西两侧各临近一冲沟。

此遗迹多次被盗掘。现地表有一个大盗坑，一些青沟纹砖和规整石条暴露于地面（图版一四〇，1）。单从盗掘情况看，我们无法对此遗迹定性。这个砖石混筑遗迹是建筑还是墓葬？若是墓葬，是单独的个体，还是一个小墓群？为了搞清此遗迹的时代和性质，2009 年对此疑似"墓葬"进行复查后，做了清理，编号为陵园内二号墓（2009PM2）。此墓开口在地表土下。

一　发掘工作概况

2009 年 7 月 27 日，辽祖陵考古队开始发掘二号墓。首先，在此处布设正南北方

---

[1]［宋］叶隆礼：《契丹国志》，上海古籍出版社，1985 年，第 152 页。

向的探方，清理完表土层后，又清理了上层扰乱土层。扰乱土层内夹杂有石块，以及加工过的石块、门柱石、沟纹砖、板瓦，并出有篦点纹陶片、残瓷器、铁锁等遗物。特别是在长方形石框内清理出少量人骨，为遗迹定性提供了线索。初步可认定这是一座小型墓葬。其次，按要求仔细清理墓室内的扰土。墓室内被扰乱多次，夹杂有石块、板瓦残片、磨角砖、沟纹砖以及手镯等。在人骨上还发现了人为砍过的痕迹。第三，清理墓葬外围堆积。堆积为小石块和碎砖掺杂土。清理甬道及墓道内填土，墓道内填有大石块和断砖（图版一四〇，2）。最后，对墓葬进行绘图和照相。发掘共历时 4 天。

二　墓葬形制

二号丛葬墓是一座小型砖石混筑"类屋式墓"（图 2-3-1）。墓葬方向为 167°。由墓道、墓门、甬道和长方形墓室组成（图版一四一，1）。

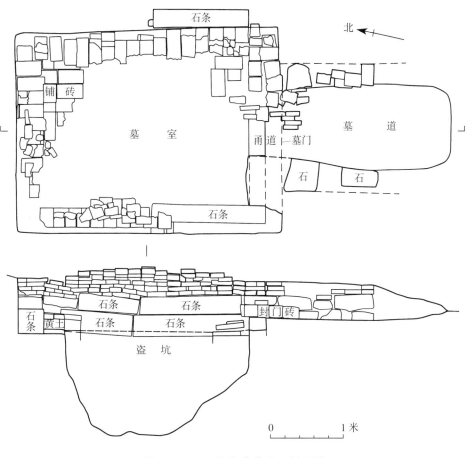

图 2-3-1　二号丛葬墓平、剖面图

（一）墓道

位于墓的最南侧。剖面呈斜坡状，南高北低。分南、北两部分。南段墓道为土壁，南北长 1.02、东西宽 1.12、最深 0.48 米。这部分墓道内填土为灰花土掺杂石块和碎砖块。墓道底部大石块较多。北段墓道两侧墙壁系用砖石垒砌。长 2、宽 0.98~1 米。东壁底部系用石块垒砌两层，接着用砖垒砌。砖石残高 0.48 米。西壁砖石残高 0.3 米。

（二）墓门

位于墓室南侧中部。墓门已被破坏，结构不详。仅清理出残存的封门砖。系用横立砖封堵。

（三）甬道

位于墓门与墓室间。较短，过洞内呈圆拱顶。南北进深 0.32、东西宽 0.42、高约 0.8 米。

（四）墓室

单墓室，平面呈长方形，券顶。此墓是先挖一个长方形土圹，土圹南北长 3.64、东西宽 2.6~2.75 米。长方形墓室南北进深 2.76、东西宽 2、残高 0.7 米。墓顶被破坏，情况不详。墓室周壁下部用石条垒砌两层。石条上用砖垒砌，并错涩起券，残存 8 层砖，推测墓顶为券顶（图版一四一，2）。起券部分高出建墓时的原始地面。

墓室内地面铺砖，仅残存东北角及东南角。根据残存的铺砖面推测，地面铺砖的情况不同，局部铺设三层砖。部分砖面与砖面间抹白灰并铺垫黄土。发现墓室外有两个长方体石条，一侧有榫头（图版一四二）。其用途不详。

墓室周壁外围为碎石块夹杂碎砖块堆积，推测其可能为墓葬的封土。

此墓所用青砖有粗沟纹、细沟纹及素面三种（图版一四三，1）。细沟纹砖长 36、宽 18、厚 5 厘米。素面砖长 38、宽 18、厚 5.8 厘米；或长 36、宽 18、厚 5 厘米。粗沟纹砖厚 8.5 厘米。

三　葬具和人骨

因为墓葬多次被盗掘扰动，葬具不详。仅在墓内发现少量人骨残块（图版一四三，2），多发现于扰土中。人骨上有砍痕。

四　出土遗物

墓室内多次被盗扰。经过仔细清理，共出土遗物 7 件。

（一）日常生活遗物

墓室外扰土中出土铁锁、残瓷器和篦点纹陶片；墓室盗坑内出土银手镯。

1. 银器

共 1 件。

手镯　1 件。

09PM2：1，正面黄色，背面银灰色。截面呈"凹"字形，手镯两端边缘凸起。珍珠地，正面中央饰连枝花。宽 0.4~1.2、厚 0.2、直径 5.7~6.2 厘米（图 2-3-2，1；图版一四四，1）。

2. 铁器

共 1 件。

锁　1 件。

09PM2：2，已锈蚀。横式锁，圆柱形锁套。锁套连一"U"形柱，柱体穿过两个用作固定的鼻钉。锁套右端插有一"L"形铁条，铁条上端套在锁柱上。长 23.5、宽 5.9 厘米（图 2-3-2，2；图版一四四，2）。

3. 瓷器

共 1 件。

酱釉器底　1 件。

09PM2：3，扰土采集。轮制。八棱底。器身、器底分制，器底有黑色焦状物。残高 4.9、底径 7.4 厘米（图 2-3-2，3；图版一四四，3）。

4. 陶器

共 2 件。

篦点纹器底　1 件。

09PM2：6，泥质灰陶。轮制。斜腹，外底内凹，外壁饰篦点纹。残长 13.8、残高 10.6 厘米（图 2-3-2，4；图版一四四，4）。

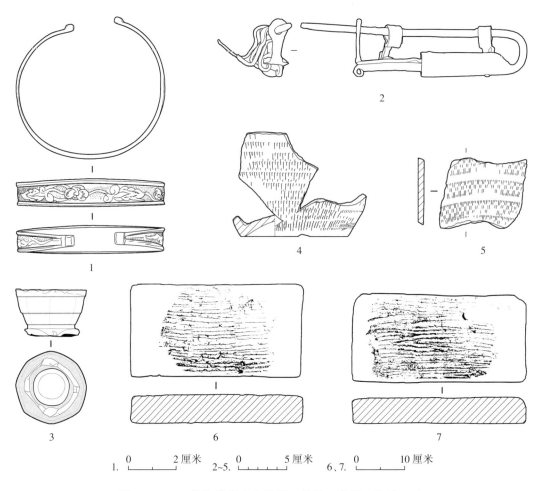

图 2-3-2　二号丛葬墓出土银器、铁器、瓷器、陶器、砖

1. 银手镯（09PM2：1）　2. 铁锁（09PM2：2）　3. 酱釉瓷器底（09PM2：3）　4. 篦点纹陶器底（09PM2：6）
5. 篦点纹陶器腹片（09PM2：7）　6. 长方形砖（09PM2：4）　7. 长方形砖（09PM2：5）

篦点纹器腹片　1件。

09PM2：7，夹砂灰陶。轮制。外壁饰篦点纹。残长 9.1、残宽 7.1、厚 0.7~0.8 厘米（图 2-3-2，5；图版一四四，5）。

（二）建筑材料

采集长方形沟纹砖　2件。均为灰胎。一面素面，一面饰纵向沟纹。

09PM2：4，沟纹面上有刮抹痕。长 35.4、宽 18.6、厚 6 厘米（图 2-3-2，6；图版一四五，1、2）。

09PM2：5，长 36.2、宽 18.2、厚 5.6 厘米（图 2-3-2，7；图版一四五，3、4）。

五 初步认识

二号墓（2009PM2）是一座小型砖石混筑"类屋式墓"，墓室平面呈长方形。墓葬方向167°。墓室周壁外围为碎石块夹杂碎砖块堆积，推测其可能为墓葬封土。此墓营建规模小，营建相对简陋，有些建材属于二次利用。残存遗物缺乏典型的断代标本。因此墓主人身份和墓葬年代都不能确定。根据墓内清理出的篦点纹陶片和所用沟纹砖等推测，此墓或许属于辽代。

此外，在辽祖陵陵园内，除已介绍的二座墓外，在考古调查时还发现二座大型墓葬。一座在辽太祖玄宫北侧附近；一座在三号建筑基址北侧。出于文物保护的原因，这两座墓的位置没有在总平面图上标注。因为没有发掘，所以也不做介绍。

第三章　辽祖陵陵园内重要建筑

辽祖陵陵园范围实际上是大布拉格山脉围合的一个口袋形山谷，四面环山。在山谷的东南面，两条山脉形成一处狭窄的通道，是通往谷内盆地唯一的豁口。辽祖陵陵园以四周山脊为界，此豁口处建有一座陵门，即《辽史》所载的黑龙门（图版一四六）。陵园内还有诸多祭祀性大型建筑和相关附属设施。本章将详细介绍黑龙门遗址、甲组建筑基址、二号建筑基址、三号建筑基址、四号建筑基址等陵园内的重要建筑遗迹情况。

第一节　黑龙门遗址（一号门址）

黑龙门遗址位于辽祖陵陵园的东南部，是陵园唯一的出入口。门址两侧山势陡峭，犹如阙楼（图版一四七）。门址地表生长有低矮灌木和零星的文冠果树等（图版一四八）。陵门墩台、隔墙等局部遗迹暴露于地表，已遭到破坏。地势起伏，低凹的门道被厚厚的倒塌堆积所覆盖。门址南侧局部曾被人为破坏，修整为梯田状，有石块砌筑立壁。

一　发掘工作概况

2003 年 10 月，中国社会科学院考古研究所内蒙古第二工作队对辽祖陵遗址进行考古调查时，最重要的成果之一就是发现并确认了辽祖陵陵园唯一的陵门遗址（一号门址，编号为 MZ1）。2009 年，辽祖陵考古队在一号门址共布设 15 条探沟（图 3-1-1），目的是搞清门址的保存状况和形制结构，以及陵门内、外神道的情况。为了更好地保护辽祖陵唯一的陵门址而提供科学依据，辽祖陵考古队于 2010 年对一号

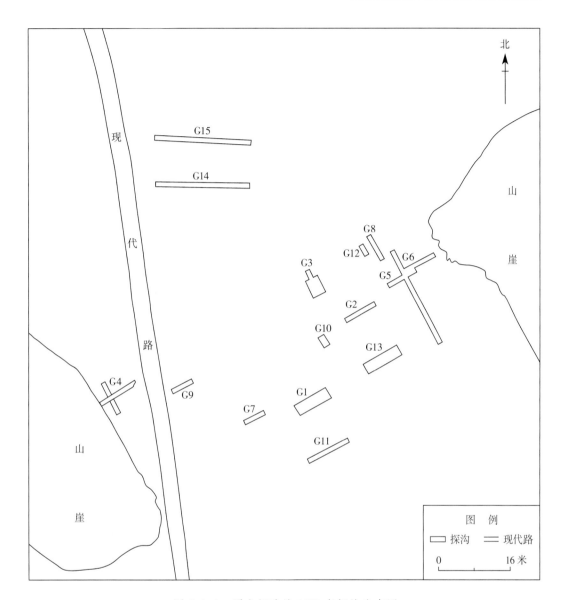

图 3-1-1　黑龙门遗址 2009 年探沟分布图

门址进行了全面的考古发掘（图 3-1-2）。

二　地层堆积

　　黑龙门遗址范围较大，揭露的主要遗迹包括门址墩台、隔墙、门道和其他遗迹等。门址原为一门三道格局，其西部被现代道路和冲沟破坏。现存东门道和中门道地层堆积情况略有不同，这里选择两处代表性的地层堆积介绍如下。

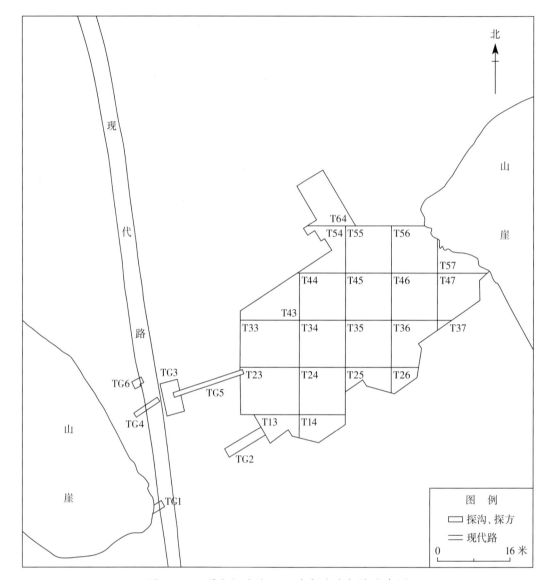

图 3-1-2　黑龙门遗址 2010 年探方和探沟分布图

（一）东门道内地层堆积

2009G2 位于东门道内中部，其南壁地层可代表东门道内的典型地层堆积（图 3-1-3；图版一四九，1）。

第①层：地表土。黑灰色，腐殖土质疏松，包含物多且杂乱。厚约 0.1~0.2 米。

第②层：黑灰土，土质疏松。包含较多素面筒瓦、板瓦残片、沟纹砖残块及少量乱石块等。厚约 0.15~0.7 米。

第③层：灰褐色土泛黄，土质疏松。分布于探沟中西部，东部不见。包含较多

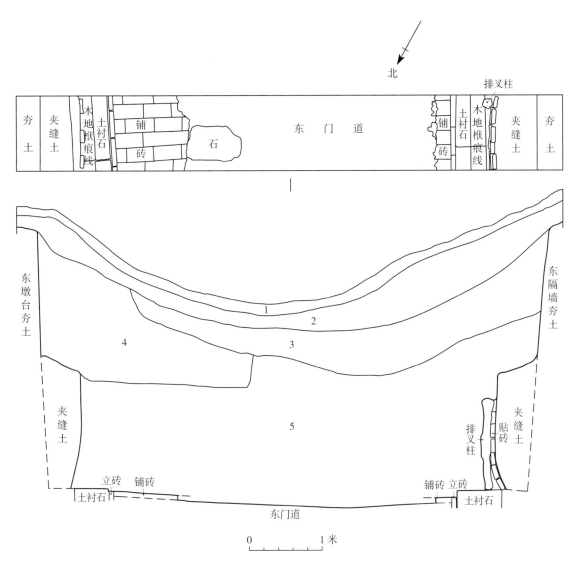

图 3-1-3 黑龙门遗址 2009G2 平面及南壁剖面图

素面筒瓦、板瓦残片、白灰碎块、乱石块及少量沟纹砖残块、鸱吻残块、滴水、铁钉、瓷片等遗物。厚约 0~0.99 米。

第④层：灰黄土，夹杂大量白灰粒及少量烧土块，土质较疏松。分布于探沟东部。包含有较多素面瓦片，白灰墙皮碎片及少量沟纹砖块、石块等遗物。厚约 0~1.59 米。

第⑤层：红烧土夹少量灰黄土，土质极疏松。包含较多素面瓦片、沟纹砖残块、白灰碎块、白灰墙皮、鸱吻残块、铜环、铁钉、瓦当残块、木炭、木材残段、彩绘墙皮、土坯砖等遗物，为门址倒塌后的废弃堆积。厚约 0.52~2.06 米。该层下为陵门遗迹。

门址遗迹以下，未发掘。

（二）中门道及门道外地层堆积

2010T23、2010T24 北壁包含了中门道、两侧隔墙及其西侧冲沟的地层堆积，可作为门址地层堆积的代表（图 3-1-4）。

第①层：地表土。黑灰色，土质疏松。包含乱石块，有少量沟纹砖残块、素面内布纹板瓦、筒瓦残块等。厚 0.07~0.8 米。该层东部叠压中门道东侧的东隔墙夯土。

第②层：该层分为② A、② B 二小层。

② A 层：灰褐土，土质较致密。包含较多的沟纹砖块、板瓦、筒瓦残块等。厚 0~0.58 米。

② B 层：灰黄褐土，土质较致密。该层分布于中门道内，T24 北壁西部。包含板瓦、筒瓦残块及沟纹砖块等。厚 0~0.47 米。

第② A、② B 层下发现一层路土遗迹，距地表 0.6~1.16 米。道路走向与门道方向一致，东西宽约 5.3、南北残存 8~9、厚 0.2~0.24 米。在 T23、T24 内长约 5 米；在进入北面 T33 内长约 2~3 米；在 T33 内往北路土不明显。路土在 T23、T24 内呈坡状，南低北高；在南部的路土面上有一些不规则的垫砖及石块。此处路土是在黑龙门陵门建筑毁坏、门道废弃后，继续作为出入通道所形成的金代或略晚时期的道路。

第③层：该层分为③ A、③ B、③ C 三小层。

③ A 层：黄褐土，土质较致密。该层分布于中门道内，在 T24 北壁西部。包含物较少，主要为沟纹砖块及板瓦、筒瓦残块。厚 0~0.6 米。

③ B 层：灰黄褐土，土质较致密。包含红烧土块，草木灰、烧焦的木炭状、板瓦、筒瓦残块，及少量瓦当碎块、鸱吻残块、铁钉、泡钉、铜钱、壁画残块等。厚 0~1.64 米。

③ C 层：红烧土，土质疏松。该层分布于 T23 北壁的西部。包含物较少，仅出土一块刻花纹残砖块，无其他包含物。厚 0~1.36 米。

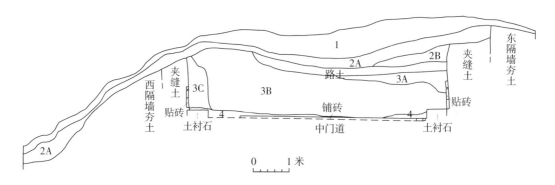

图 3-1-4　黑龙门遗址 2010T23、2010T24 北壁剖面图

第④层：灰褐土，土质疏松。包含较多木炭碎块，少量板瓦、筒瓦残块及碎石块。厚 0~0.2 米。

该层下为陵门遗迹。

门址以下未发掘。

三　主要遗迹

黑龙门营建于祖陵陵园的山口峭壁之间。为了完全封堵山峰之间的豁口，陵门最大面阔近 90 米。朝向为 140°。陵门外侧（东南侧）地势较低，呈斜坡状，与门道地面有较大高差；内侧（西北侧）地势较高且平缓（图版一四九，2）。门址墩台夯筑而成，外壁用石块和青砖包砌。墩台原有三条门道，由于近千年冲沟的破坏，现仅存东门道和中门道。两条门道外侧各做了五瓣蝉翅慢道。墩台之上建有木构门楼及附属建筑。墩台东部内侧（北侧）尚存登临陵门的慢道。另外还发现门址底部（即冲沟下部）的过水涵洞等相关遗迹（图版一五〇）。

以下按墩台、门道及其慢道、登门慢道、门楼建筑遗迹、过水涵洞及相关遗迹和其他现象分述如下（图 3-1-5，比例约 1：480）。

（一）墩台

黑龙门墩台两侧与山口峭壁相连，南侧最大总面阔达 89.2 米，北侧总面阔约 82.1 米。由于墩台顶部无存，穿过墩台的二个门道和水冲沟将墩台现存夯土分为四部分，自东向西分别为东墩台、东隔墙、西隔墙和西墩台。其中除西墩台东部和西隔墙西部已被现代道路和冲沟破坏外，其余大部分保存较好。东、西隔墙和东墩台进深为 18.4 米，东墩台进深随山势局部略有缩窄，西墩台进深最宽处约为 24.7 米。

墩台主体为夯土夯筑，南北边壁均有砖石包砌。边壁底部有包石基础。由于门址内、外高差，包石基础高 0.2~1.8 米不等，保存较为完整。包石基础之上的包砖大部分已破坏无存，夯土和包砌砖石之间填有杂土和石块。

现从东向西依次分述墩台和隔墙遗迹情况。

1. 东墩台

东墩台东侧与山崖立壁相接，西侧为东门道，北侧与登临陵门的慢道相接。东墩台南壁东西总面阔约 26.7 米，分为西、东两段，西段 14.1 米较为平直，东段 12.6 米随山岩走势略作内收。南北进深 18.4 米，其东部随山势缩窄，进深约 16.2~18.4 米（图版一五一）。东墩台顶面尚存，到南侧包石外地面高约 7.2 米。顶面铺地砖保存较好，

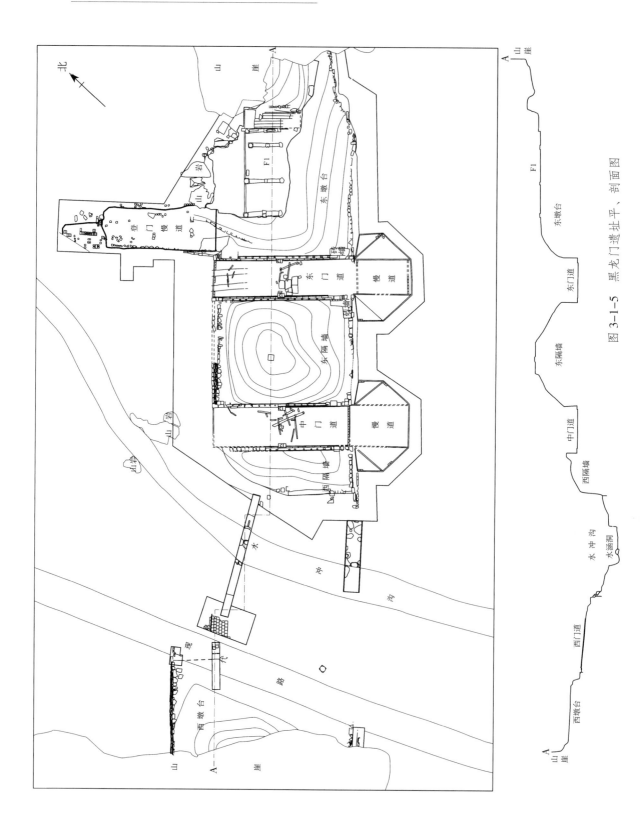

图 3-1-5 黑龙门遗址平、剖面图

其上存有门楼附属建筑的基础结构（编号为2010DQF1）。

东墩台南壁破坏较严重，现呈慢坡状，仅底部夯土外侧残存包石，包石以上残存局部包砖。包石以石块错缝平砌，缝隙间填充白灰，偶尔夹有小石块填充或取平。墩台南壁包石总面阔26.7米，分为西、东两段。

西段包石从墩台西壁起，向东延伸至约14.1米处。西段包石较为平直，与东、西隔墙的南壁包石基本取齐。保存最高处有11层石块，残高2.6米。从下到上逐层内收，每层收分约0.05~0.12米。包石厚约0.2~0.46米（图版一五二，1）。南壁西端包石之上，残存局部包砖。由此可知，墩台南壁的包砌做法为底部包石，上部包砖。

东墩台主体是在北侧利用山脉端部自然山体的基础上，南侧加以夯土筑成。夯土为黄褐土，土致密，其内包含石块等，杂质较多。北侧基岩高低不平，略高于墩台台面处也未作修整。东段包石则是因地制宜，平面随自然山体逐渐向北内收，立面随山势逐渐起伏抬高，直至东端与自然峭壁相连，总长约12.6米。保存最高处有七层石块，残高约1.8米。接近山体的包石，保存最高处至门道外地面高约7.1米，已接近墩台的地面高度（图版一五二，2）。可见墩台东段南壁原应通体作包石，与西段底部包石、上部包砖的做法不同。据此推测，上述东墩台东段有可能是陵门墩台与峭壁之间的陵墙。结合东墩台南壁是否包砖、平面是否开始内收等现象（图版一五三），再考虑北侧基岩开凿线位置，或可认为这里是墩台与陵墙的界限。

2. 东隔墙

东隔墙位于东门道和中门道之间（图3-1-6）。东隔墙主体由夯土筑成，夯土保存较高，南、北两壁均为底部包石、上部包砖，东、西两壁即为门道内壁。发掘前地貌呈土丘状，原状应由下而上有收分。隔墙底部平面为长方形，南北进深18.4、东西面阔约14.2米（图版一五四）。隔墙顶面尚存，到南壁包石外地面高约8米。

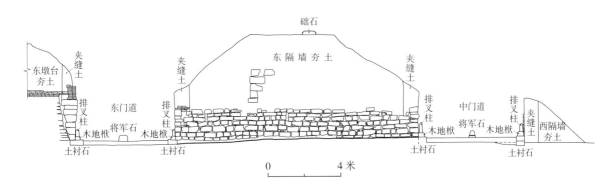

图3-1-6　黑龙门遗址东门道、东隔墙和中门道北立面图（北—南）

隔墙顶面还存有一覆盆式石柱础等门楼建筑遗迹（图版一五五，1）。夯土的东南侧被一个晚期大坑打破。

东隔墙南壁底部包石保存基本完好。底部先做一层石阶作为基础，其上包石由8至10层石块砌成，高1.8~2.5米，东、西两端略高，中部略低。东、西两端的南壁底部被门道外的慢道所叠压。包石厚0.8~1.1米（图版一五五，2）。石块形制不规整，大小、厚薄不均，但砌筑时保持外立面平整。采用错缝平砌的方法，由下至上逐层叠涩内收，缝隙之间填垫白灰或碎石块。上部砌砖破坏较为严重，仅局部存少量包砖。包石较矮处，最高残存包砖7层，残高约0.55米。东端包石较高处残存包砖15层，残高约1.2、宽2.4、厚1米（图版一五六，1）。砌法为错缝顺砖平砌，外壁面较平直，由下至上逐层叠涩内收。缝隙之间夹垫白灰。所用砖均为长方形沟纹砖，规格有大、小两种。大砖长48、宽24、厚6厘米，小砖长37、宽11、厚6厘米。

东隔墙北壁外地面高于南壁外地面，约与门道北端地面相平。边壁从地面开始包砌砖石。底部先做一层石阶作为包石基础（此层石块较为规整），顶面及侧立面基本平直，凸出包石外壁约0.3米。其上的包砌做法与南壁相同。底部均为石块砌筑，现存包石6至8层，残高1.2~1.8、厚1.3~1.4米。包石外立面由下自上逐层内收。包石之上原有包砖，现已破坏殆尽，仅残留零星砌砖（图版一五六，2）。

隔墙东、西两壁的做法见后文所述门道两壁做法。

3. 西隔墙

西隔墙位于中门道西侧，西部被现代冲沟破坏，仅残留东侧小半部。西隔墙东壁和南壁东部存有部分包砌砖石（图版一五七，1）。南壁东西残宽约6米，残高距南壁包石外地面约6.26米。东壁即为中门道西壁，残长约17.1米（做法在下节门道详述）。

西隔墙主体为夯土筑成，现夯土平面呈近三角土丘状。由剖面可见，夯土为黄褐色，土质较硬，内含白灰颗粒。夯层厚约0.08~0.12米。南壁包石从地面起建，为底部先做一层石阶作为基础，其上残存九层石块，残高约1.7~2米（图版一五七，2）。据包石上残存的包砖迹象，推测其与东隔墙的做法一致。

4. 西墩台

西墩台西侧与自然峭壁相接，墩台大部分已被现代砂石土路所叠压或被水冲沟破坏。未对西墩台进行全面发掘，仅试掘探沟3条，编号为2010TG1、2010TG4、2010TG6。根据探沟试掘情况，初步了解到西墩台系由夯土筑成，南、北两壁底部包石。现仅存部分夯土和南、北两壁的局部包石，通过残存的包石槽痕迹，可推定东壁位置。

西墩台南北进深 24.7 米，北壁东西宽 12.3 米，南壁略窄。西墩台南壁与西隔墙、东隔墙和东墩台南壁平齐，北壁比后三者向北宽出 6.3 米（图版一五八，1）。

西墩台夯土不纯净，包含大量石块等杂物。包石以石块错缝平砌，缝隙间填充白灰，偶尔夹有小石块填充或垫平。北壁包石西部与山体连接，东西长 12.3、厚约 0.8、高约 0.4~0.8 米，残存 4 层石块（图 3-1-7；图版一五八，2）。南壁包石紧贴山体处残存 11 层石块，残高 2.4 米。东西残存长约 3.3、厚约 0.4 米。南壁包石基础的南侧有两石块叠落，与南壁包石间有宽约 0.05~0.1 米的缝隙（图版一五八，3）。虽然墩台东壁已遭破坏，但从北壁包石东端的遗迹现象来看，仍可确认北壁的宽度和东壁的平面位置。北壁包石东端向南转角发现有一道沟槽，最小宽 0.4 米，与包石厚度相同。紧贴槽东侧为一排侧立砖，再东侧为平铺砖。这种做法与中门道和东门道的做法相同，因此推测该沟槽为包石槽（图版一五九，1）。包石之间及包石与山体连接处均用白灰勾缝。

从西侧自然峭壁的遗痕观察，大体可以知道西墩台顶部较高。在现代砂石土路边发现一个覆盆式石柱础，与东隔墙顶面的石柱础相似，推测应是墩台顶面被破坏后塌落的遗物（图版一五九，2）。

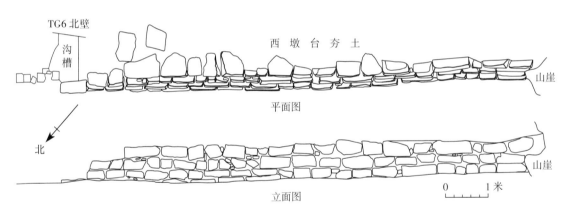

图 3-1-7 黑龙门遗址西墩台北壁包石平、剖面图

5. 早期遗迹线索

在对东、西墩台和东、西隔墙的清理过程中，通过被破坏的遗迹剖面，发现墩台夯土内还包砌有更早的包石、砖面等残迹，因此可确认陵门墩台曾经过大规模修缮和改建。上述墩台等遗迹现象均是黑龙门最晚一次修建后的建筑保存现状。由于主客观条件的限制，没有对黑龙门门址进行解剖，仅将发掘中所见与早期遗迹现象相关的线索记录如下。

在东墩台夯土的最西部，从夯土的破坏面中发现一段西南—东北向包石。包石被其西侧夯土叠压，包砌在现有墩台中。包石方向与门道呈夹角，西壁较平整，包砌其东侧夯土而建。由此推测，包石及其东侧夯土应为较早的遗迹。也可能是为加固东侧夯土所为（图版一六〇，1）。

在东隔墙夯土北部，从夯土的破坏面中发现一段包石。包石被其东侧夯土叠压，包砌在现有隔墙中。包石方向与东门道方向一致，东壁较平整，包砌其西侧夯土而建。西侧为较纯净的黄褐色夯土，土质略呈沙性，较为致密坚硬，夹杂碎石粒，夯层厚约0.1米。东侧为灰黄色夯土，土质较为致密坚硬，夹杂碎石块，包含白灰皮等杂质较多，夯层不明显。由此推测，此包石及其西侧夯土应为较早的遗迹（图版一五六，2）。

从西隔墙西部夯土的破坏面中发现一段包石及其上包砖。包石（包砖）局部被东侧夯土叠压，其西侧夯土因已被破坏而较低。方向与中门道方向一致，总残长11.3米。其中残存包石8块，厚0.7~1、残高0.2~0.8米。尽管有五块包石略呈倾倒状，但其均置于夯土之上，原始位置并未改变。整排包石的西边缘不齐整且未打磨，据此可判断其原应是为包砌西侧夯土而建。包砖残长约5.5、厚0.8米，残存2至4层，东、西两侧顺砖错缝平砌，中间填充杂土；所用砌砖多为残砖，较散乱。部分包砖砌于石块之上，另有部分砖直接叠压在夯土之上（图版一六〇，2）。

根据上述遗迹现象所提供的线索，可以判断应存在早期陵门墩台遗迹。从早期包石被现存夯土包砌的现象可知，墩台规模和门道位置均发生改变，故此推定陵门建筑至少经过一次大规模修建。

（二）门道及其慢道

陵门原为三门道格局，由于水冲沟和现代道路的破坏，现仅存东门道和中门道（图版一六一）。两门道结构基本相同，均采用木过梁结构。门道顶部无存，其平面结构和基础部分保存较好。区别是中门道地面铺砖保存较为完整，规格较东门道略宽。西门道破坏严重，仅存一些线索，具体情况不详。东门道和中门道现存遗迹均包括土衬石、木地栿、排叉柱、门道两侧壁面、门道地面、将军石、版门及其相关设施和门道顶部遗迹线索等，门道外侧有五瓣蝉翅慢道（图3-1-8）。下文依次介绍东门道和中门道。

1. 东门道（MD1）

东门道位于东隔墙和东墩台之间，北端以门道铺地的侧立线道砖外皮为界，南端以墩台南壁包石为界，南北进深约18.4米（图3-1-9）。门道内两侧土衬石间距为4.6米。门道跨度，即两侧排叉柱柱心距，按两壁夹缝土外皮间距测量约5.6米（图版一六二，1）。

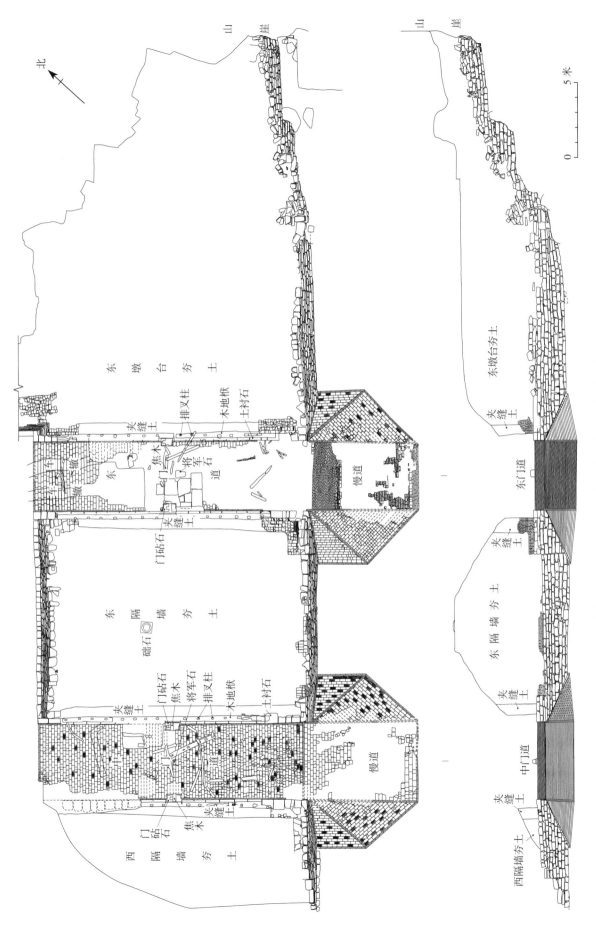

图 3-1-8 黑龙门遗址中门道和东门道平面、南立面图

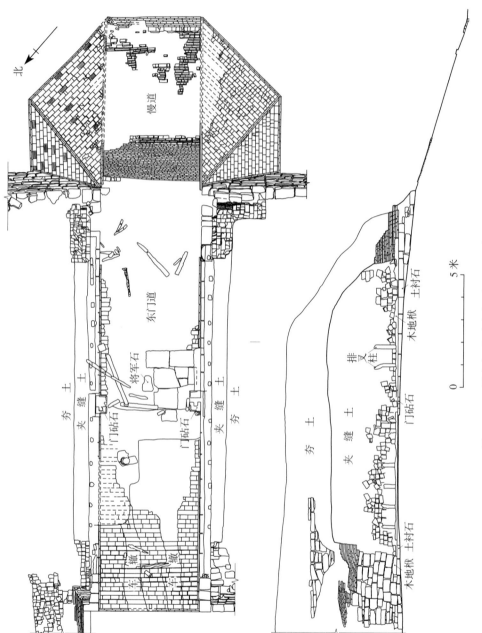

图 3-1-9 黑龙门遗址东门道平面、东立面图

（1）土衬石

东侧土衬石南北总长 15.31 米，西侧土衬石南北总长 15.7 米。两侧土衬石宽均约 0.44~0.52、厚 0.26 米。土衬石为长方形白色花岗岩，每块大小不等，长短也有差异，长约为 0.76~1.06 米。土衬石顶面和朝向门道的外皮打磨平整。

由于门道内铺砖地面为中间高（即门道中部安置门砧石的位置取势最高），南、北两侧较低，而土衬石顶面基本水平，因此，土衬石厚度中间最小，南、北两侧较大。中部土衬石顶面露出铺砖地面约 0.04 米，北侧土衬石高出砖面约 0.2~0.26 米，南侧土衬石高出砖面约 0.6~0.75 米。门道南侧高差较大，因此以墩台和隔墙底部包石找齐高差，使土衬石顶面水平，得以稳固承载其上部结构（图版一六二，2）。

（2）木地栿

木地栿平置于土衬石之上（图版一六三，1）。其南、北两端小部分仍存，现呈土黄色朽木状，基本保持了原状。其余绝大部分被大火烧毁，所形成的木炭还保持在原位。根据现存残迹可以较好地复原木地栿的形制尺寸。

门道东侧木地栿残痕由南到北保存完好，总长约 14.99 米。南端起点距门道南口现存包石边约 2.17 米，北端起点距门道北口约 1.68 米。根据南段保存状况最佳处的遗迹现象可知，其断面为长方形，广约 0.3、厚约 0.2 米。门道木地栿并非通进深整材，而是由多段短材组成（图版一六三，2；一六四，1）。从门道南侧算起，第一段长约 2.7 米，第二段长约 4.2 米。这两段木地栿为平口对接，未见有榫卯。再向北的短材因保存较差，已无法辨认长度。在木地栿顶面上，由北及南共清理出 13 根残存排叉柱和 1 个榫口。木柱虽已炭化，但遗痕清晰。最南端仅发现榫口，排叉柱不存。在相邻两根排叉柱之间的木地栿顶面上，皆凿有一条南北向凹槽（图版一六四，2）。从南段保存较好的地方可知，此凹槽宽 0.11~0.13、深约 0.1 米。推测原在排叉柱之间安置了可以挡住门道内壁（即隔墙壁面）的木护板。

门道西侧木地栿除南端无存外，保存较为完整，残存长约 14.79 米（图版一六五，1）。其南端虽然已毁，但墩台包砖仍清晰地留有槽痕，由此可知木地栿原长为 15.56 米。南端残段处距门道南口约 2.52 米，北端起点距门道北口约 1.67 米。北端隔墙包石转进门道内的三块包石顶部，略高于土衬石顶部，加垫砖石块抵住木地栿的北端（图版一六五，2）。根据保存较完整处的残迹可知，西侧木地栿断面为长方形，广约 0.3、厚约 0.2 米，基本与东侧木地栿相同。西侧木地栿顶面上，由北及南共清理出 13 根残存排叉柱或其残痕（南端应还有一个，木地栿无存）。每两根排叉柱之间的木地栿顶面上也有凹槽，其变形严重，保存较差，残宽约 0.07、深约 0.03~0.1 米。

（3）排叉柱

东门道东、西两侧木地栿顶面上，原各立有排叉柱14根。排叉柱底部插入木地栿预制的榫口中，以榫卯结构和木地栿相接。排叉柱全部遭到火烧，呈变形黑炭状，部分还存有一定高度的竖立木柱，部分烧毁但存有木炭残痕，个别无存仅在木地栿上可见榫口（图版一六二，2）。以门道中部门砧石为界，南北各有7根排叉柱。排叉柱从南、北门道口向门砧石方向，分别编号为南1~7和北1~7。各排叉柱详细状况如下。

门道东侧排叉柱（图3-1-9）：

南1：仅存一榫口。呈南北向长方形，长0.3、宽0.18、深0.2米。榫口穿透木地栿，可见土衬石顶面。榫口北边接木地栿顶面上的长条凹槽。榫口距木地栿南端1.1米，与南2柱心距0.93米。

南2：径0.3、残高0.26米。与南3柱心距1.04米。

南3：径0.2、残高0.18米。与南4柱心距0.82米。

南4：径0.24、残高0.2米。与南5柱心距0.93米。

南5：径0.18、残高1米。与南6柱心距0.84米。

南6：径0.14、残高1米。与南7柱心距0.89米。

南7：径0.14、残高0.3米。与北7柱心距1.6米。

北1：径0.2、残高0.12米。距木地栿北端约0.95米，与北2柱心距0.94米。

北2：径0.12、残高0.64米。与北3柱心距0.9米。

北3：径0.12、残高0.7米。与北4柱心距0.92米。

北4：径0.16、残高0.52米。与北5柱心距0.93米。

北5：径0.16、残高0.62米。与北6柱心距1.05米。

北6：径0.2、残高0.25米。与北7柱心距0.92米。

北7：径0.14、残高0.35米。

门道西侧排叉柱：

南1：破坏无存。

南2：径0.2、残高0.1米。距砖槽南壁（即复原木地栿南端）2.32米，与南3柱心距0.84米。

南3：径0.16、残高0.19米。与南4柱心距1.13米。

南4：径0.18、残高0.4米。与南5柱心距0.88米。

南5：径0.14、残高0.2米。与南6柱心距0.94米。

南6：径0.18、残高1米。与南7柱心距0.88米。

南7：径0.18、残高0.74米。与北7柱心距1.65米。

北1：径0.18、残高0.08米。距木地栿北端1.2米，与北2柱心距0.91米。

北 2：径 0.14、残高 0.05 米。与北 3 柱心距约 0.86 米。

北 3：径 0.18、残高 0.24 米。与北 4 柱心距约 0.96 米。

北 4：径 0.2、残高 0.34 米。与北 5 柱心距约 1.04 米。

北 5：径 0.16、残高 0.24 米。与北 6 柱心距约 0.87 米。

北 6：径 0.16、残高 0.36 米。与北 7 柱心距约 0.98 米。

北 7：径 0.16、残高 0.18 米。

由此可见，排叉柱断面原应为长方形，广 0.3、厚 0.2 米，与木地栿用材相同。每两根排叉柱的柱心距为 0.82~1.13 米（除门砧石处柱心距），平均柱心距为 0.93 米。

（4）两侧壁面

门道两侧原始壁面已经损坏殆尽。因为长年遭受自然和人为破坏，两侧壁面上部呈斜坡状，下部呈立面，但仍基本保持原始高度。东侧立面残高 1.92 米，复原高（从门道地栿石顶面至东隔墙台面上建筑基址地面的高度）4.99 米；西侧立面残高 2.02 米，复原高（从门道地栿石顶面至东隔墙原始台面的高度）5.52 米（图版一六二，1）。

在隔墙夯土壁面以外应共有三层结构，形成门道壁面。第一层为紧贴夯土面的夹缝土，厚约 0.55~0.7 米。夹缝土呈灰褐色略泛黄，土质较坚硬，较脏。保存状况为中部高，南、北两侧低。第二层为夹缝土外所贴砖层。现仅存底部贴砖，残高 0.25~1.7 米，上部全部脱落。最底层贴砖叠压在土衬石上。贴砖均为沟纹残砖，大致成排分布，大部分为横向平贴，少量为竖向平贴，砖沟纹或素面朝外皆有。两壁夹缝土和残砖层的南、北两端，分别抵到门道南口的包砖处和门道北口的包石处，南北总长均为 13.2 米。第三层为前述木地栿上所见凹槽，可能用作镶嵌木护板。但木护板现已无存，仅在残砖层外皮和夹缝土上可见大面积黑色木炭痕。

门道北口、南口，即墩台夯土转角部位，均底部包石、上部包砖。

门道北口东侧包砌壁面长 2.7、残高 2.8 米。其中下部包石共 8 层，高约 2 米。石块打磨不规整，边长 35~60、厚 18~35 厘米。石块缝隙之间夹垫白灰。包石顶部作包砖，包砖残长 2.12、厚 0.75、残高 0.3~0.76 米。砌法为顺砖错缝平砌，以白灰黏合。所用灰砖皆为长方形沟纹砖。转角处与东墩台北壁相接。门道北口西侧包砌壁面长 2.5、残高 1.95 米。其中下部包石共 8 层，厚 0.75、高 1.75 米。上部包砖残长 0.65、厚 0.8、残高 0.2 米。转角处与东隔墙北壁相接（图版一六六，1）。

门道南口东侧包砌壁面长 3.1、残高约 1.8 米。其中下部包石残存三层，残高约 0.7 米。上部包砖长 2.6、宽 0.85、残高 0.46~1.1 米。包砖外残留少量白灰墙皮。转角处与东墩台南壁相接。门道南口西侧包砌壁面长 3.1、残高 1.7 米。其中下部包石残存 3 层，残高约 0.62 米。上部包砖长 2.5、宽 0.95、残高 0.65~1 米。转角处与东隔墙南壁相接（图版一六六，2）。在门道南口西壁墩台转角包砖向北 1.1 米处，土衬石上方的包砖形成一道长方形凹槽，南北长 1.2、高 0.2、深 0.1 米（图版一六七，1）。在门道南口东壁墩台转角包砖向北 1.42 米处，包砖也形成同样的长方形凹槽，南北长 0.95、高 0.2、深 0.1 米。槽内现存有木地栿残迹，木炭痕一直顶到砖槽南壁上（图版一六三，2；一六四，1）。这表明门道南口的包砖是为叠压木地栿而建的。与此相仿，在门道西壁北口墩台转角包石向南 1.5 米范围内，包石顶面略高于土衬石顶面约 0.1 米。土衬石上的木地栿北端，与包石之间填有砖石块。由此可知，从营建次序上看，是先安置土衬石和木地栿，然后再对门道口的墩台转角进行砖石包砌。墩台的包砖、包石和土衬石、木地栿紧密固定，从而使陵门建筑的砖、石、木结构基础形成一个有机整体。

（5）门道地面

门道内地面是利用自然基岩做底，垫土找平后直接做地面铺砖或石板。门道铺地东西两侧接土衬石，宽为 4.6 米。北端与门外土地面相接，南部铺地设施无存。门道内地面有高差，中部安置门砧石处地势最高，向北较平，最北端仅略低于门砧石处地面约 0.15 米，向南略呈缓坡状，最南端低于门砧石处地面达 0.6 米。

地面主体铺平砖，中间局部铺石板。铺砖方式通常是沟纹面朝上，东、西向成排错缝平铺。砖缝之间及底部夹垫白灰黏接。东、西两边贴土衬石处，各砌有一排南北向侧立砖。门道北端砌有两行东西向侧立砖，与墩台包石北壁平齐，作为与北侧门外土地面的界分。地面铺地砖规格有两种。一种为长 0.36、宽 0.18、厚 0.55 米；另一种为长 0.37、宽 0.19、厚 0.55 米。

门道地面最北部约 4.5 米范围内，地面铺砖保存较好。在此段铺砖地面上有两道车辙痕迹（图版一六六，1）。两道车辙均位于门道东部。一道距门道东壁约 1.2~1.3 米，为南北长约 1.2、宽约 0.2 米的碎小石块碾压痕；另一道在其东边土衬石边竖砌砖的倾斜面上，为较光滑的碾压痕。两道车辙呈大体平行的南北向浅沟，相距约 1~1.2 米。浅沟内两边铺砖被碾压成斜面，较光滑，底部见有灰黄色路土，及被压成小碎块的残砖。两道浅沟之间的地面铺砖也已成碎块，表面凹凸不平。东侧车辙南北残长约 4.8、宽约 0.85~0.6、深约 0.05~0.1 米。西侧车辙南北长约 4.6、宽 0.6~0.9、深约 0.05~0.1 米，距门道南段的门砧石约 4.4 米。门道中部门砧石附近路面的西半部存有铺设的石板。石板东西长约 1.1、南北宽 0.75~0.9、厚约 0.1 米。现存南北 3 排石板。北排 1 块，中排与南排各 2 块。石板略叠压已损坏的铺砖地面，说明石板应为修缮门道时补建的铺地设施。石板为灰绿色，被火烧毁后表面呈薄层碎块状（图版一六七，2）。从车辙在门道内的走向与地面铺砖及保存状况判断，车马在门限处似是从门道东半部通过。

门道外的北侧地面为土面，未见有任何铺砖痕。土地面东边抵到东墩台包石边缘，南面与门道内铺砖面衔接。表面有路土层，灰黄土，内夹较多碎小石子，质坚硬，较脏。在地面清理出车辙一条，其南与门道内东边的车辙相接。

（6）门砧石、将军石和版门

在门道中部，原位存有门砧石，另外还发现将军石、木构版门等设施的倒塌遗痕（图版一六八，1）。

门砧石对称设置于门道中部的东、西两侧，两门砧石相距3.82米（图版一六一）。门砧石平面部分嵌入土衬石内，剖面部分埋入门道地面内。西门砧石为南北向长方形，南北长0.92、东西宽0.5、露明厚0.08~0.1米（图版一六八，2）。门砧石顶面凿有规整的凹槽，中部为东西向长方形凹槽，贯穿门砧石宽度。槽宽0.19、深0.11米。槽内还残存一段较为完整的木构残件，已烧成黑炭状，应为版门下槛。该槽中部向北凿有一个方形凹槽，边长0.18、深0.07米左右，为安置门轴所用。东门砧石为南北向长方形，南北长0.8、东西宽0.5、露明厚度0.08~0.1米（图版一六八，3）。形制与西门砧石基本相同。

将军石系在门道中央、两侧门砧石之间设置的挡门石。发现时已被移位，倒塌后平置于门道地面（图版一六九，1）。将军石为一块白色花岗岩独石制成，通高约0.68米，根据打磨程度可分为上、下两部分。上部为地面以上的露明部分，顶部呈圆弧状，高约0.3、宽0.35、厚约0.16米。下部为埋入地下的基础部分，高约0.38、底部宽0.45、厚约0.32米。

在东门道东侧门砧石以北4.9米、东西宽1.8~2米的范围内，于铺砖地面发现一层黑木炭。黑炭下局部砖面上有一层被火烧成青灰色的硬壳。在黑炭中清理出较多的铁泡钉，还有铁质铺首衔环1个（图版一六九，2）、长条形铁皮1块、大铜环1件和保存很差的铜饰1件。这些应是木版门被烧倒塌后的残迹。根据残迹范围推测，单扇版门高约4.9、宽约2米。根据铁钉折曲长度推测，版门厚约0.18~0.2米。西侧门砧石以北也有类似遗迹现象，木炭分布在南北约1.3、东西约2.8米的范围内，发现铁泡钉若干、铁铺首、铆钉等和版门相关的遗物与残迹。紧邻门砧石北边有一块表面有圆形窝的长方形沟纹砖斜放于地面，上压黑土炭。砖残长28、宽18、厚6厘米。圆形圜底窝，直径约0.13、深约0.02米。

门砧石、将军石及木构版门相关残件的发现，可以确认陵门东门道原安置木构双扇版门，并可判断版门的位置及其形制概况。西侧门砧石东西向凹槽内残存烧毁的木痕，应是版门下槛的残迹。

（7）门道顶部结构

门道顶部结构现已不存。但仍可从原始倒塌堆积中寻到一些遗迹线索。

通过考古清理可知，门道内普遍分布一层红烧土（编号为③B层），距地表0.2~3.4、厚0.75~2.5米，直接叠压在门道底部的铺砖地面上。红烧土含少量灰黑色烧土，质地极疏松，包含有较多砖瓦、夯土块、铁钉、铁泡钉、铁镞、小铜片、陶瓷器残片、壁画残块、被烧成黑炭的木构件等遗物。从叠压关系分析，这些堆积应为门址第二次倒塌所形成，且是最严重的一次。重要的是，在堆积中发现了较多壁画残块，壁画残块多分布于门道内南部及北部。其中，门道南部出土数量较多，保存较好，颜色鲜艳。门道北部表面被火烧琉，颜色较暗，出土数量较少。由残块剖面可见，壁画残块的内层为草拌泥，外抹一层细泥，然后在其上绘画。壁画题材为红、白、黑等色花卉（图版一七〇，1）。

更为难得的是，在倒塌堆积中还清理出16根烧成炭状的木材。从残存形状分析，可能截面多为方形。保存较好的有二处。一处仍存一方木的端头，其顶部开凿一长方形槽。方木截面0.25×0.3、残长约0.24米，槽宽7、深2~5厘米。另一处位于门道内中部，在两门砧石之间，为一横一竖两根方形木材连在一起，连接处榫口清晰可见（图版一七〇，2）。横木残长约1.75、宽0.18米。立柱残长约2.4、宽0.18~0.2米。应为门道木结构构件的倒塌遗迹。

（8）五瓣蝉翅慢道

由于东门道内、外地面高差较大，故而在门道外侧，即门道南口外设置有"五瓣蝉翅"慢道。慢道整体平面呈六边形，由五面慢坡组成，每面慢坡错缝砌砖（图3-1-11，1；图版一七一）。

"五瓣蝉翅"慢道的五面慢坡由中间的矩形坡道和两侧各两个三角形坡道组成。中间的矩形慢道呈南北向斜坡状，北高南低，坡度约17°。南北长7.5、宽约4.58（南侧）~4.68（北侧）米，与门道宽基本一致。地面多为东西向侧立砌砖，逐层错缝，作"露龈造"。北段及南段保存基本完好，中段大部分砖被破坏。中间矩形慢道的南缘与东、西两边作"线道"，由两排侧立砖砌成，约0.12米宽。东、西两侧的三角形慢道对称分布。东侧慢道由南、北两个三角形坡道构成（图版一七二，1）。北侧三角形慢道北缘沿墩台南壁斜坡向下，长约3.3米；东缘与矩形慢道平行，长约3.2米；斜边长约5.1米。南侧三角形慢道东南缘底边长约5米。地面为逐层错缝的侧立砌砖，作"露龈造"。砖缝间以白灰黏合、勾缝。西侧慢道结构与东侧相同（图版一七二，2）。青砖规格不一，为长0.31~0.38、宽0.16~0.19、厚0.05~0.06米。

2. 中门道（MD2）

中门道位于陵门豁口中部，在东隔墙和西隔墙之间（图3-1-10；图版一七三）。以门道内砖铺地面南、北两侧的侧立线道砖为界，门道南北进深为18.3米。门道南

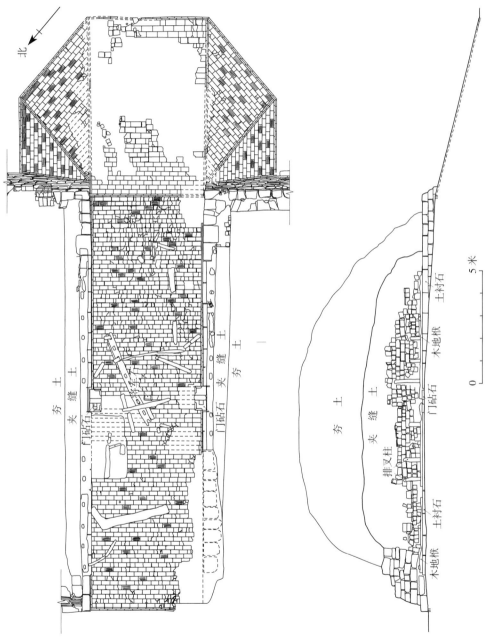

图3-1-10 黑龙门遗址中门道平面、东立面图

口宽（两侧石地栿内壁之间距离）5.2、中部宽 5 米。门道北口的西侧石地栿被破坏，准确宽度不详。

（1）土衬石

东侧土衬石南北总长 18.6 米，西侧土衬石南北残长 11.68 米（图版一七四）。西侧北段土衬石被取走，仅存安置土衬石的坑槽。坑槽长 5.1、宽约 0.9、深约 0.5 米。坑槽底部安放土衬石的印痕依稀可见（图版一七五，1）。印痕长 0.52~0.7、宽 0.3~0.47 米。土衬石为长方形白色花岗岩，直接置于基岩之上，垫土找平，沿门道两壁底部南北向平行砌筑。土衬石个体大小略有不同。长 0.76~1、宽 0.37~0.5、厚 0.2~0.3 米。对缝顺铺，有单层至三层叠砌不等。顶面和朝向门道的外皮打磨平整。个别石块表面残留有工具凿痕。土衬石靠近门道的部位，被火烧后有的呈爆裂状。

由于门道内铺砖地面为中间高（即门道中部安置门砧石的位置取势最高），南、北两侧较低，而土衬石顶面基本水平，因此，土衬石厚度中间最小，南、北两侧较大。中部土衬石顶面露出铺砖地面约 0.1 米，北侧高出砖面约 0.15 米，南侧高出砖面约 0.6 米。门道南侧高差较大，因此以墩台底部包石找齐高差，使土衬石顶面水平，得以稳固承载其上部结构。东侧最北端有二块土衬石略微翘起约 0.16 米，可能与固定木地栿有关。

（2）木地栿

木地栿平置于土衬石之上。绝大部分木地栿已经被火烧成黑炭状，基本保持原状（图版一七五，2）。据现存残迹可知，木地栿明显短于土衬石，也窄于土衬石，向内收分约 0.14~0.18 米。木地栿应由多根长方木组成。有的木地栿断头可以识别出锯齐的痕迹。清理出残存最长的木地栿长 3.1、残径 0.26~0.32 米。

门道东侧木地栿由南至北保存较好，残长 13.52、残径 0.26~0.32 米。南端起点距土衬石南端点 2.5 米，北端起点距土衬石北端点 1.8 米。东侧木地栿上共确认残存 13 根木排叉柱，均已被烧成木炭状。

门道西侧木地栿仅存中南部，残长约 9、残径 0.28~0.36 米。南端起点距土衬石南端点 2.5 米。西侧木地栿上仅清理出 9 根残存的木排叉柱。

根据南段保存较完整的木地栿情况可知，木地栿截面为长方形，顶面有一组卯口槽，上插带榫立柱。立柱之间的木地栿顶面还发现有凹槽痕，凹槽残宽约 5~9 厘米。推测原在排叉柱之间安置了可以挡住门道内壁（即隔墙壁面）的木护板。

（3）排叉柱

中门道东、西两侧木地栿顶面上，原各立有排叉柱 16 根。排叉柱底部插入木地栿的榫口中，以榫卯结构和木地栿相接（图版一七五，2）。排叉柱全部遭到火烧，呈变形黑炭状，部分还存有一定高度的竖立木柱，部分烧毁但存有木炭残痕，个别无存仅在木地栿上可见榫口。以门道中部门砧石为界，南、北各有8根排叉柱。排叉柱从南、北门道口向门砧石方向，分别编号为南1~8和北1~8。

门道东侧排叉柱残存13根（图3-1-10）。其中以门砧石为界，北侧8根，南侧5根。各排叉柱详细状况如下。

东北1，残径0.16、残高0.05米。北距木地栿北端0.06米，南距东北2柱心距0.9米。

东北2，残径0.16、残高0.14米。位于东北1南面，南距东北3柱心距0.9米。

东北3，残径0.16、残高0.14米。南距东北4柱心距1米。

东北4，残径0.18、残高0.2米。南距东北5柱心距1.1米。

东北5，残径0.2、残高0.76米。南距东北6柱心距0.9米。

东北6，残径0.22、残高0.8米。南距东北7柱心距0.8米。

东北7，残径0.18、残高0.12米。南距东北8柱心距0.8米。

东北8，残径0.2、残高0.52米。南距东南8柱心距1.9米。

东南1~东南3，无存。

东南4，残径0.3、残高0.12米。南距木地栿残迹南端起点2.04米。

东南5，残径0.16、残高0.05米。南距东南4柱心距1米。

东南6，残径0.16、残高0.4米。南距东南5柱心距0.9米。

东南7，残径0.18、残高0.46米。南距东南6柱心距1米。

东南8，残径0.2、残高1.16米。南距东南7柱心距0.9米。

门道西侧排叉柱：清理出9根残存的木排叉柱。门砧石以南有排叉柱7根，以北残存2根排叉柱。

西北1~西北6，无存。

西北7，残径0.2、残高0.1米。南距西北8柱心距0.8米。

西北8，残径0.2、残高0.05米。其中心北距土衬石基槽的南边1.5米。

西南1，无存。

西南2，残径0.18、残高0.12米。南距木地栿南端0.94米，北距西南3柱心距0.9米。

西南3，残径0.3、残高0.16米。北距西南4柱心距0.9米。

西南4，残径0.14、残高0.24米。北距西南5柱心距1米。本段木地栿残长2.7米。与北部木地栿之间有一东西向横砖平铺间隔，间隔距离0.24米。

西南5，残径0.1、残高0.08米。北距西南6柱心距0.9米。

西南6，残径0.18、残高0.14米。北距西南7柱心距1.1米。

西南7，残径0.2、残高1.12米。北距西南8柱心距0.8米。

西南 8，残径 0.26、残高 0.4 米。北距西北 8 柱心距 1.7 米。

由此可见，排叉柱断面原应为长方形，广 0.3、厚 0.2 米，与木地栿用材相同。每两根排叉柱的柱心距为 0.8~1.1 米（除门砧石处柱心距），平均柱心距为 0.93 米。

（4）两侧壁面

门道两侧原始壁面已经损坏殆尽。因为曾遭受长年自然和人为破坏，东侧壁面上部呈斜坡状，下部呈立面。东侧立面残高 2.82 米（图版一七六，1），复原高度（从门道地栿石顶面至东隔墙原始台面的高度）为 5.7 米。残存西侧壁面破坏严重，残存立面高 0.8~2.35 米（图版一七六，2）。

在墩台夯土壁面以外应共有三层结构，形成门道壁面。第一层为紧贴夯土面的夹缝土，厚约 0.7 米。夹缝土呈黑灰色，土质较坚硬、较脏。东壁保存状况为中部高，南、北两侧低。西壁仅存南部，情况与东壁类似。第二层为夹缝土外贴砖层。现仅存底部贴砖，残高 0.6~1.7 米，上部全部脱落。最底层贴砖叠压在石地栿上。贴砖均为沟纹残砖，多为单层断砖块，为竖向或横向平贴，砖沟纹或素面朝外皆有。东壁贴砖残存 2 至 7 行，西壁贴砖残存 1 至 6 行。东壁贴砖外沿与石地栿的内边大致对齐，相互不压。而门道西壁夹缝土与贴砖则压占石地栿约 0.2 米宽。两壁夹缝土和残砖层的南、北两端，分别抵到门道南口的包砖处和门道北口的包石处。第三层为前述木地栿上所见凹槽，可能用作镶嵌木护板。但木护板现均已无存。

门道南口，隔墙夯土转角部位，均底部作包石、上部作包砖。门道南口东、西两壁下部为砌石，石上砌砖（图版一七三）。外沿与东隔墙（东）和西隔墙（西）南边的包石与包砖相齐，由下至上叠涩内收。包砖约长 2.3、宽 0.7 米。东壁拐角处的包砖已被破坏，仅在土衬石上面发现有白灰的痕迹。西壁拐角处内残存几块平铺的半截砖残块。门道北口的东壁拐角处，底部为包石垒砌（图版一七七，1）。包石南北长 2.32、高 1.44~1.86 米。包石上面残存灰痕，推测也应有包砖。包砖宽度与夹缝土的宽度一致，约为 0.7 米。门道北口的西壁不存。

（5）门道地面

门道内地面是利用自然基岩做底，用土找平后直接用长方形沟纹砖顺砖错缝平铺。沟纹砖面朝上，沟纹有粗和细两种，有露龈现象。铺地砖底面铺有白灰，缝隙用白灰填充。地面铺地砖保存较好，仅局部，如门道南口西南角，西门砧石东面和北面等处的铺地砖略有残缺。地面铺地砖规格有两种，一种为长 0.36、宽 0.18、厚 0.05 米，另一种为长 0.37、宽 0.19、厚 0.05 米。

门道铺地砖东、西两侧接土衬石，宽为 5.2 米。地面北端砌有一行东西向竖立砖（即线砖）与土衬石北端平齐，作为与北侧门外土地面的界分（图版一七七，1）。地面南端近石地栿起点处有两行东西向竖立砖（即线砖）与南侧慢道相连（图版一七四，1）。

门道内地面有高差，地面中间略凸起，南、北两端呈慢坡状。中部安置门砧石处地势最高。向北较平，最北端仅略低于门砧石处地面约 0.1 米。向南略呈缓坡状，最南端低于门砧石处地面达 0.5 米。

门砧石和将军石以南地面铺砖为东西向顺砖错缝平铺（图版一七七，2）。南排长方形砖南边均略低于北排铺地砖约 0.01 米，略作"露龈造"（图版一七八，1）。门砧石和将军石以北地面铺砖，也是东西向顺砖错缝平铺，相对平缓。长方形砖边缘也呈露龈造。东、西两边贴土衬石处，各砌有一排或二排南北向竖砖。

门道外的北侧地面为土面，未见有任何铺砖痕。表面有路土层，灰黄土，夹较多碎石子，质坚硬，较脏。因未解剖，厚度及内含物不详。

中门道和东门道形制结构相似，区别在于以下三点。一是铺地用材。不同于东门道中部用石材铺地，中门道全部用长方形砖铺地。二是使用痕迹。中门道铺砖保存基本完好，与东门道内明显可见的车辙痕迹和碾碎的铺砖情况不同。三是门道地面宽度。中门道宽 5.2 米，东门道宽 4.6 米。由此可知，两门道在使用功能和性质上应该有所不同。

（6）门砧石、将军石和版门

中门道中部原位的门砧石和将军石保存较好（图版一七八，2）。中门道东、西门砧石内木构下槛形状保存更完整。此外还发现木构版门等设施的倒塌遗痕。

门砧石在门道中部东、西两侧对称设置，两门砧石相距 3.82 米。部分门砧石嵌入土衬石内，埋于门道地面以下。

东门砧石为南北向长方形。南北长 0.98、东西宽 0.52 米，厚度不详（下部埋于门道地面下，未解剖）。顶面凿有规整的凹槽，槽壁较直。长方形顶面中部凿有东西向长方形凹槽，南北贯穿门砧石宽度。凹槽东西长 0.52、宽 0.2、深 0.1 米。凹槽内残留有炭化木材，应为版门下槛。该槽北部中间凿有一个小长方形凹槽，长 0.18、宽 0.14、深 0.1 米，应为安置门轴之用。门砧石南、北、西三面上部被打磨成弧形边。由于被大火烧过，东壁已爆裂。

西门砧石为南北向长方形。南北长 0.92、东西宽 0.46 米，厚度不详（下部埋于门道地面下，未解剖）。形制与东门砧石相同，顶面凿有规整的"T"形凹槽（图版一七八，3）。长方形顶面中部凿有东西向长方形凹槽，南北贯穿门砧石宽度。凹槽东西长 0.46、南北宽 0.2、深 0.1 米。槽内残存被火烧成黑炭状的木痕，木炭痕上有卯榫痕，应为版门下槛。该槽北部中间凿有一个小长方形凹槽，长 0.18、宽 0.14、深 0.1 米，应为安置门轴之用。门砧石南、北、东三面也被打磨成弧形。

将军石系在门道中央、两侧门砧石之间设置的挡门石，分上、下两部分，下半部埋于铺砖地面以下（未发掘，下部情况不详），现可见露面的上半部。露明的将军石呈圆弧顶长条状，经过凿修，素面（图版一七八，4）。铺地砖以上的将军石高 0.35 米，圆弧形顶部厚 0.17 米。底部截面呈长方形，东西长 0.36、宽 0.20 米。将军石近底部，北面有一个高 0.1 米的小坎，小坎向上内收约 0.03 米。《营造法式》载，将军石"方直混棱造，其长三尺，方一尺"。

在中门道东侧门砧石北部的铺地砖面上，清理出残留的一层板木被烧后的木炭，以及一组铁泡钉和铁锈痕迹。痕迹范围约在南北长 4.2 米范围内。从清理的遗存痕迹考察，可能与版门在半开时被烧毁的情况有关。西侧未发现有门板被烧的痕迹。

从门砧石、将军石及木构版门相关残件的发现，可以确认陵门中门道原安置木构双扇版门，并可判断版门的位置及其形制概况。门砧石东西向凹槽内残存烧毁的木痕，应是版门下槛的残迹。

（7）门道顶部结构

门道顶部结构现已不存。但仍可从原始倒塌堆积中寻到一些遗迹线索。

通过清理发现，门道内普遍分布一层红烧土块和草木灰等（编号为③B层），呈灰黄褐色土堆积，厚 0~1.64 米。较为重要的是，从倒塌堆积中清理出较多被烧焦的木质梁柱等建筑材料，但为保护需要，大部分都原地保存未取（图版一七九，1）。有些梁柱还组合在一起，连接处榫口清晰可见（图版一七九，2、3），应为门道木结构构件的倒塌遗迹。此外，还发现一些板瓦、筒瓦残块，瓦当碎块，以及少量的壁画残块（图版一七九，4）等。

下面选取一些保存较好的梁柱焦木（此序号为发掘时小件统一编号顺序），略做介绍。

7 号焦木，残长 1.62、直径 0.2 米。焦木上残留有 3 个铁钉，铁钉间距 0.3 米，东北西南向。

8 号焦木，残长 0.72、直径 0.1 米。东北西南向。

9 号焦木，残长 0.64、直径 0.1 米。南北向。

10 号焦木，残长 0.42、直径 0.15 米。焦木上带卯口，宽约 0.01、深 0.01 米。

11 号焦木，残长 0.64、直径 0.13 米。两头带榫，榫长 0.08、宽 0.06、厚约 0.03 米。

12 号焦木，残长 0.4、直径 0.15 米。未全部烧焦，内呈焦黄色。东北西南向。

13 号焦木，残长 0.36、直径 0.15 米。西北东南向。

14 号焦木，残长 0.97、直径 0.3 米。上下斜插于土里。

15 号焦木，扁形。残长 0.6、宽 0.2 米。东北西南向。

16 号焦木，圆形。残长 0.28、直径 0.14 米。东南西北向。

17 号焦木，板形。残长 0.65、宽 0.06 米。西南东北向。

18 号焦木，圆形。残长 0.86、直径 0.1 米。西南东北向。未取。

19 号焦木，圆形。残长 0.88、直径 0.1 米。西南东北向。未取。

20 号焦木，圆形。残长 0.64、直径 0.07 米。东南西北向。

21 号焦木，板形。残长 1.1、宽 0.35 米，厚 0.05 米。西北东南向。

22 号焦木，圆形。残长 2.1、直径 0.2 米。圆木上带铁钉 2 个，铁钉间距 0.30 米。

28 号焦木，残长 2.2、直径 0.2 米。东西向。未取。

29 号焦木，残长 0.6、直径 0.18 米。东南西北向。未取。

30 号焦木，残长 4.5、直径 0.3 米。焦木上有卯口 6 个，卯口长 0.2、宽 0.08 米。两端各 3 个，间距 0.3 米。两组间距 1.8 米。有的卯口内残留有榫木残段。未取。

31 号焦木，残长 1.8、直径 0.2 米。东南西北向。未取。

38 号焦木，残长 0.6、直径 0.13 米。西南东北向。未取。

39 号焦木，残长 1.7、直径 0.18 米。东西向。未取。

40 号焦木，残长 1.7、直径 0.18 米。东南西北向。未取。

（8）五瓣蝉翅慢道

由于中门道内、外地面高差较大，故在门道外侧，即门道南口外设置有"五瓣蝉翅"慢道。慢道整体平面呈六边形，由五面慢坡组成，每面慢坡错缝砌砖。底部垫有白灰，白灰填缝。

"五瓣蝉翅"慢道的五面慢坡由中间的矩形坡道和两侧各两个三角形坡道组成。中间矩形慢道呈南北向斜坡状，北高南低，坡度约 16°（图 3-1-11，2；图版一八〇，1）。南北长 7.8、宽约 5.14 米，与门道宽基本一致。地面多为长方形沟纹砖，东西向顺砖错缝平铺，沟纹朝上，南排铺砖均逐层叠涩，低于北排铺砖约 0.01 米，作"露龈造"。

中间矩形慢道的南缘与东西两边作"线道"，由两排侧立砖砌成，约 0.12 米宽。东西两侧的三角形慢道对称分布，以东侧为例。东侧慢道由南、北两个三角形坡道构成（图版一八〇，2）。北侧三角形慢道（小三角形）北缘沿墩台南壁斜坡向下，长约 3.2 米；东缘与矩形慢道平行，长约 3.34 米；斜边长约 4.7 米。南侧三角形慢道（大三角形）东南缘底边长约 4.7 米。

西侧慢道整体形制结构与东侧慢道相同（图版一八一，1）。慢道内地面铺砖的用砖和铺筑方式，与东侧慢道一样。慢道以南为黄土地面，土质不硬，未发现有路土面。经解剖发掘可知，黄土面下用小碎石块铺垫。

中门道外侧五瓣蝉翅慢道的铺设方式与东门道有所不同（图 3-1-11）。区别在于以下三点。一是慢道的中间踏道铺设方式不同。根据现存情况推测，中门道慢道中间的踏道，都是用长方形砖沟纹朝上平铺，与东门道中间踏道内用长方形砖侧立铺设为主、仅局部用平砖铺设方式不同。二是慢道四个侧面铺设方式不同。不同于

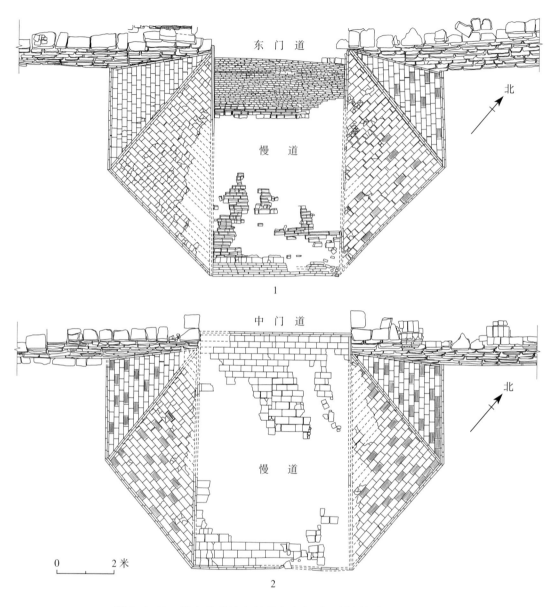

图 3-1-11 黑龙门遗址东门道和中门道五瓣蝉翅慢道平面图
1. 东门道五瓣蝉翅慢道平面图 2. 中门道五瓣蝉翅慢道平面图

东门道四个侧面是用长方形砖正反面交错铺设，中门道四个侧面几乎全部用长方形砖沟纹朝上的方式铺设。三是慢道中间踏道的宽度。中门道宽 5.2 米，东门道宽 4.6 米。由此再次证明，两门道在使用功能和性质上应该有所不同。

西门道因被现代道路占压和现代冲沟破坏，形制不详。

2010TG3 位于现代冲沟西坡，现代砂石路东侧。在 TG3 西北部清理出保存较好的铺地砖，范围约为南北长 4、东西宽 2 米。清理出来的铺地砖面，以偏北部的二行东西向侧立条砖（线砖）为界，分为南、北两部分（图版一八一，2）。侧立砖东西向延伸，大体与中门道内铺地砖的北侧侧立砖在同一直线上。东西向侧立砖的南部，铺方形砖，自南向北清理出 7 行方砖，白灰抹缝，错缝平砌。东西向侧立砖的北部呈斜坡状，铺长方形砖，现存 5 行，从西向东顺砖错缝斜铺。TG3 的铺地砖与 G4 东部的铺地砖相连。铺地方砖规格为边长 0.38、厚 0.06 米。长方形砖长 0.38、宽 0.17、厚 0.06 米。

探沟 TG5 西壁紧邻 TG3 西北部铺地砖。从 TG5 西壁剖面可知，铺地砖下有 0.05 米厚的粗砂，再下为夯土。铺地砖向东 3 米即为夯土边缘。夯土边东有宽约 0.5 米的石块堆积，残高约 0.7 米，似为包石。其下向东呈坡状延伸，夯土厚约 0.5 米。夯土下石层多有孔隙。西部石层堆积东西长约 5 米。根据 TG3 的铺地砖等遗迹现象推测，在现代冲沟的位置，可能曾设置有西门道。

（三）登门慢道

已发现东墩台登门慢道。西墩台疑似有登临慢道。

位于东门道内侧（北部）的折返慢道可登临陵门东墩台。

由于发掘条件所限，登门慢道西北端未能全部揭露，但根据已发掘的遗迹，基本可知慢道形制。登门慢道整体呈折返的曲尺形。先由南向北逐渐沿缓坡向上，至 5.2 米处抬高约 1 米。自此修筑转折休息平台，西低东高。从东部折返由北向南继续缓坡向上，直到登临东墩台顶部。长 14.6、抬高约 2.5 米。慢道可以分西段踏道、斜坡休息平台和东段慢道三部分（图版一八二，1）。

西段踏道的起点是从一号门道北端约 9.55 米处开始，由南向北逐级抬高，以砖砌出台阶状（图 3-1-12）。西段踏道南北长约 5.2、东西宽约 2、高差约 1 米（图版一八二，2）。每个台阶由两层砖砌成，下层砖为东西向顺砌，上层砖为南北向顺砌，用白灰黏合勾缝（图版一八二，3）。用砖皆为长方形沟纹砖，砖大部分素面朝上，规格为长 0.37、宽 0.19、厚 0.06 米；或长 0.36、宽 0.18、厚 0.06 米。

斜坡休息平台连接西段踏道和东段慢道，从西向东缓坡抬高，南北宽约 6.1 米。休息平台西端未清理到边，东北部为自然山体（图版一八三，1）。北端用石头垒砌挡土石墙，残长 2.95、残高 0.7 米。东端山体一侧有较多脱落的大石块，其内侧砌筑挡土砖墙，现仅存几块南北向顺砌的底层砌砖。南端转角处略呈弧形。地面铺砖，大部分为一层，局部地势较低用两层铺砖找齐。铺砖方向为东西向平铺，用白灰黏合勾缝。平台南部尚存一排南北向顺砌平砖和二排错缝砌筑的侧立砖，此应为斜坡休息平台的南边缘。

东段慢道顶面铺砖保存较差，夯土整体呈缓坡状，从休息平台抬高至东墩台顶

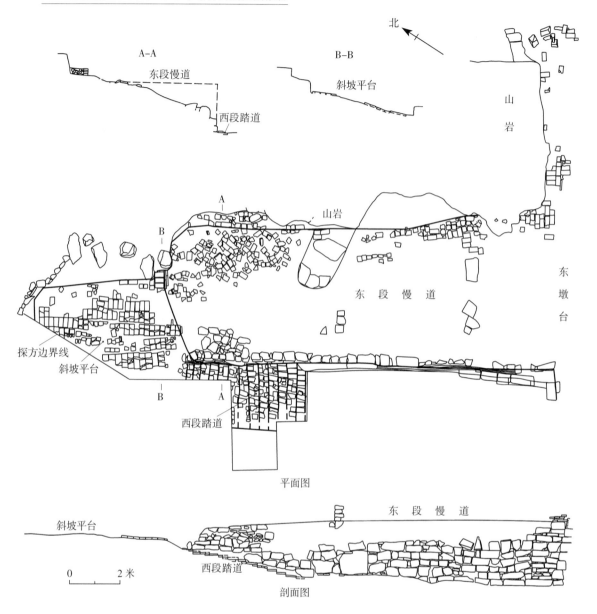

图 3-1-12　黑龙门遗址东侧登临慢道平、剖面图

面高度。慢道西壁包石，仅存底部几层。东端沿自然山体砖砌挡土墙，与自然山体之间缝隙处填砌碎砖。南北长约 15.3、东西宽约 5.4~6.4 米。东端挡土砖墙共残存二段。北段残长 2.25、残高 0.26 米，共 3 层，厚 0.5~0.65 米。南段残长 0.7、高 0.26、厚 0.16 米。挡土墙均为南北向单砖平砌，砖缝之间夹垫白灰。慢道地面铺砖扰乱严重，可见砖下叠压灰黄色垫土，夯土中夹有较多石块。值得注意的是，北距东墩台边缘约 9.5 米处，残存有二排整齐的东西向砌砖，砖面明显高于其北侧慢道，形成一个台阶。然后向南继续缓坡抬高直至东墩台顶面。

西墩台疑似有登临墩台的慢道。从平面图可以看出，西墩台南侧壁面与东墩台和两个隔墙呈一条直线；而北侧则明显宽出东、西隔墙的北壁。这宽出 6.3 米的部分，疑似存在登临慢道（图 3-1-5）。但因破坏严重，形制不详。

（四）门楼建筑遗迹

陵门墩台顶部现已不存。但是从墩台和隔墙顶部残存的台面、柱础、门道内炭化的木梁柱以及瓦当等建筑构件的出土情况看，陵门墩台上原应建有木构门楼建筑。根据原地面和倒塌堆积中炭化的残木构件与大量灰烬推定，该建筑毁于大火。

陵门东隔墙保存较好。东隔墙顶部尚存一个较为平坦的台面，残存范围长约 4.5、宽约 4 米，此应为夯土墩台的原始顶面。平面呈灰褐色，较坚硬，内含杂质，厚约 0.03~0.05 米，其下叠压隔墙夯土。其上仅存一个覆盆石柱础，嵌于台面中，覆盆底面与台面平齐（图版一五四；一五五，1），纹饰为八瓣宝装莲花。柱础底边长 0.75、覆盆径 0.54、高 0.07 米。

此外，陵门东墩台顶部台面保存基本完好，其上还存有一座建筑基址遗迹，编号为 2010DQF1（图 3-1-13）。F1 南部和西侧已被破坏，东部和北部保存较好（图版一八三，2）。F1 现存东西面阔三间，残长 13.6 米；南北进深三间，残长 11.8 米。面阔方向三开间宽度不一，从东向西分别为 2、4.6~4.8、4.1~4.3 米。现仅存北墙，为单层长方形砖由西向东倾斜状竖立，残长东西 10.4、残高 0.3、墙厚 0.18~0.2 米。东、西两侧未发现墙体。北墙内的四个柱础均为覆盆式，其中柱 2 为九瓣宝装莲瓣柱础。其余为方形或不规则形柱础。进深方向的每列柱础间都铺砌有条带状长方形砖或残砖，残宽 0.44~0.84 米。在最东侧一列石柱础之间的条状砌砖上，发现有三段已经烧毁的木构件残迹。F1 地面为夯土台面，没有铺地砖，且夯土台面低于四列石柱础及其间的条状砌砖。而 F1 外部的墩台顶面均做铺地砖。F1 东侧第二开间内有南、北两个灶坑。北灶坑为不规则椭圆形，呈东南西北向，南北长约 0.7、东西宽约 0.3~0.35、深约 0.35 米。南灶坑呈刀把形，长约 0.75、宽约 0.4~0.7、深约 0.25 米。灶坑内均填有草灰及木炭碎块。两灶坑均打破夯土台面，从坑壁可见夯土内夹有碎石块垫层。

F1 东墙外侧和北墙外东侧地面均有铺砖。东墙外侧铺砖范围南北残长 3.6~5.2、东西宽 2.12 米（图版一八四，2），东、西两侧略高，中间低，呈凹形，总趋势是北高南低，向南排水。在铺砖地面东侧有石块垒砌的挡土墙，在挡土墙和自然山体之间填砌碎青石块和土（图版一八四，1）。挡土墙南北残长 6.4、残高 1.5 米。北墙外东侧铺砖范围不规则，铺至与自然山体相接。东部铺地砖为南北向错缝平铺，西部为一横一竖错缝平铺，均用白灰垫底和填缝。铺地砖长 0.34~0.36、宽 0.16~0.18、厚 0.05~0.06 米。铺砖东部是东高西低，中部为南高北低，总体向西北方向排水。

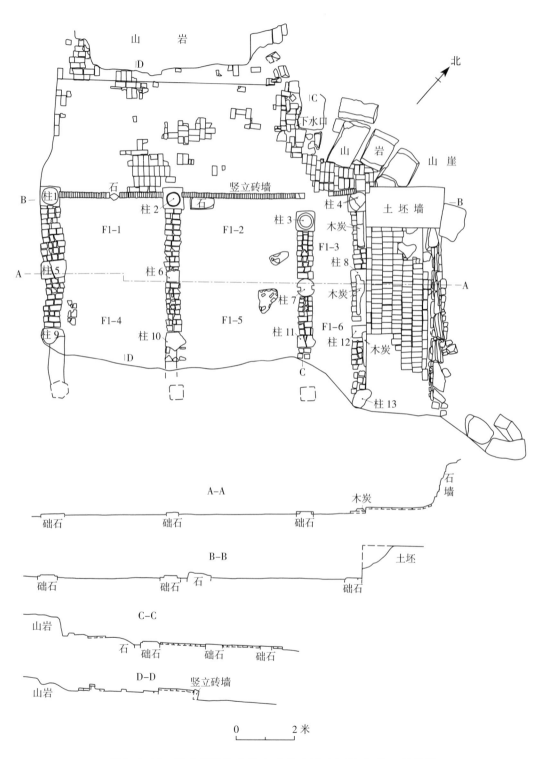

图 3-1-13 黑龙门遗址东墩台建筑（2010DQF1）平、剖面图

北侧铺砖地面中部有一宽约 0.1、长约 0.3、残深约 0.4 米的小孔，可能为地下排水孔。

F1 北墙东侧有一段土坯墙与东部自然山体的挡土墙相连，用以封堵 F1 和山崖之间的缝隙。土坯墙结构为底部砌一层竖砖，其上砌土坯，北壁抹白灰墙皮。墙厚1.34、残高 0.6~1 米。

从位置和建筑形制来看，F1 应和木构门楼的附属建筑基址相关。

结合东墩台和东隔墙顶部遗迹，我们发现陵门墩台顶部的室外台明铺砖；而无论是东隔墙的柱础台面，还是东墩台的 F1 地面，则均未铺砖。这为我们了解门楼建筑结构提供了新的认识。

（五）过水涵洞及相关遗迹

陵园内的排水设施是陵园内重要的附属设施之一。陵门西隔墙和西墩台之间，现有一条范围较大的冲沟穿过。由于发掘面积所限，在此仅布设 2010TG2、2010TG5等探沟进行试掘，初步确认陵门底部存在"过水涵洞"之类的排水设施。

这条冲沟不是现代人所为，可能是长期山水冲刷而成。冲沟上口东侧为西隔墙的西侧破坏面，西侧为现代土路的东侧坡壁。考古试掘发现，冲沟底边中部明显有一条较窄较深的"U"形沟，这条沟可能为从陵门夯土底部穿过的排水暗沟遗迹，和陵门、陵园的排水设施密切相关。

TG2 东部①层下发现两块人工安置的巨石，应与过水涵洞东侧边壁的开凿和垒砌相关。由于发掘条件所限，西侧倒塌的大石块难以清理，TG2 西侧未能发掘到基岩，因此涵洞西侧边壁对应的情况不详。

在 TG5 同样发现了过水涵洞东、西两侧边壁人工垒砌石块的迹象。东侧砌石边壁以东为灰白色质硬的夯土，包含有少量砖瓦。夯土下发现的黑色圆形石块较大。西侧砌石边壁不规整。两侧砌石之间的涵洞宽度约 3 米。由于涵洞内积水，且坍塌石块太大，难以清理到底，因此涵洞深度不详。

与此相关的遗迹现象还有，在中门道正北方约 7 米处，有两块规模很大的、裸露的自然基岩局部表面有凿琢痕迹（图版一八四，3）。值得注意的是，这两块基岩间有一条宽约 2 米的沟槽（图版一八五，1）。从沟槽的走向看，可与陵门墩台夯土下的过水涵洞连为一体，因此推定该沟槽应与陵园、陵门的排水沟相关。这或可作为陵门过水涵洞存在的旁证。

（六）其他遗迹现象

陵门内外的御道，是我们发掘一号门址时一直关注的重要问题。

2003 年以来，根据辽祖陵考古队的多次考古踏查可以确认，在祖州城西北门经
"太祖纪功碑楼"址和"圣踪殿"址之间，存在一条御道通往辽祖陵黑龙门址。
2009 年试掘时，辽祖陵考古队曾在门址中门道南侧布设一条东西向探沟 G11；在北
侧布设二条东西向探沟 G14、G15（图版一八五，2），目的都是寻找门址两侧的御
道。因为水土流失严重等原因，目前在这三条探沟内都未发现明确的御道遗迹。但是，
个别地方发现的裸露岩石上明显的凿平痕迹，为我们提供了推测御道的线索。需要
指出的是，在黑龙门门址中门道北侧排水沟的两侧各有一块巨石，巨石上有明显凿
平的痕迹（图版一八四，3）。这是中门道内御道的重要线索。

四　出土遗物

黑龙门遗址出土遗物较多。主要有三类。第一类是日常生活遗物，第二类是砖
瓦等建筑材料，第三类为壁画残块。需要说明的是，为了更好地认识黑龙门遗址的
年代和性质，这里将清理出的遗物分为两组：第一组是黑龙门门址遗物，第二组为
表土层及门址外遗物。

（一）门址出土遗物

1. 日常生活遗物

包括铁、陶、骨、石器和铜钱。

（1）铁器

共 147 件，以钉为大宗。部分铁器保存极差，难辨器形。

衔环门钹　1 件。

10MZ1MD1 ⑤：60，覆钵形，中间有圆孔，有铆钉从此穿过与衔环相连。衔环
呈圆环形，一侧有套环的扣合铆钉。门钹直径 32.9、厚 5.4、孔径 2.8~3.6、环外径
30.2、环宽 3.2~3.7、环厚 2.4~3.4、钉长 17.5 厘米（图 3-1-14，1；图版一八六，1）。

镞　1 件。

10MZ1MD1 ③B：87，三角形锋，双翼、扁体。铤呈长方体，稿作方锥体。长 8.6、
宽 1.75 厘米（图 3-1-14，2；图版一八六，2）。

钉　136 件（含残件）。依据形制的不同，可分为圆帽、扁帽、无帽、鼻钉四类。
另见残件若干。

圆帽钉　91 件。均锈蚀。钉帽圆形隆起，钉身渐细，截面呈长方形。残缺程度不同。

09G6 ②：1，钉尖弯成钩状。钉身长 13.9、钉帽直径 4.5 厘米（图 3-1-15，1；

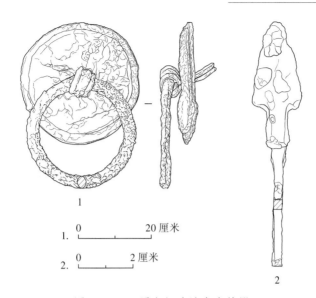

图 3-1-14　黑龙门遗址出土铁器

1.衔环门钹（10MZ1MD1 ⑤：60）　2.镞（10MZ1MD1 ③ B：87）

图版一八六，3）。

　　10MZ1MD1 ③ B：37-1，钉尖折成近直角。残长 22.3、钉帽直径 3.7 厘米（图 3-1-15，2；图版一八六，4）。

　　10MZ1MD1 ③ B：37-2，钉尖折成直角钩。残长 22.6、钉帽直径 3.9 厘米（图 3-1-15，3；图版一八六，5）。

　　10MZ1MD1 ③ B：37-3，钉尖弯成钩状。残长 15.1、钉帽直径 4.3 厘米（图 3-1-15，4；图版一八六，6）。

　　10MZ1MD1 ③ B：37-4，钉身弯曲。残长 15.1、钉帽直径 4 厘米（图版一八七，1）。

　　10MZ1MD1 ③ B：37-5，钉身残缺。残长 5.4、钉帽直径 3.7 厘米（图 3-1-15，5；图版一八七，2）。

　　10MZ1MD1 ③ B：37-6，钉帽已残，呈半圆形。残长 14.2 厘米（图版一八七，3）。

　　10MZ1MD1 ③ B：37-7，钉尖部分残缺。残长 3.4、钉帽直径 4.7 厘米（图版一八七，4）。

　　10MZ1MD1 ③ B：48，钉尖弯成钩状。残长 16.2、钉帽直径 4.5 厘米（图 3-1-15，6；图版一八七，5）。

　　10MZ1MD1 ③ B：49，钉身弯曲，钉尖折成直角钩。钉身残长 13.2、钉帽直径 4.1 厘米（图 3-1-15，7；图版一八七，6）。

　　10MZ1MD1 ③ B：50，钉尖弯成钩形。残长 14.9、钉帽直径 4.2 厘米（图 3-1-15，8；图版一八八，1）。

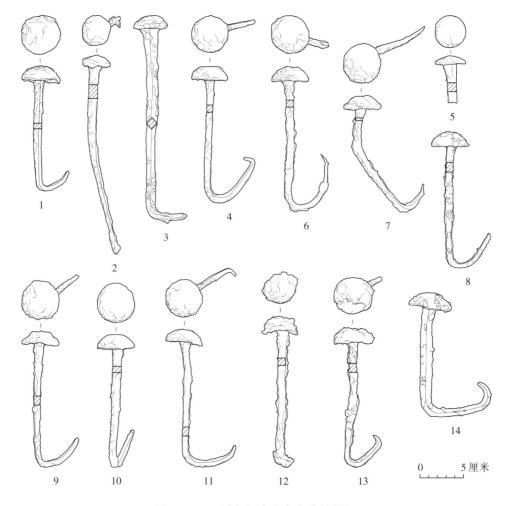

图 3-1-15 黑龙门遗址出土铁圆帽钉

1.09G6②：1 2.10MZ1MD1③B：37-1 3.10MZ1MD1③B：37-2 4.10MZ1MD1③B：37-3
5.10MZ1MD1③B：37-5 6.10MZ1MD1③B：48 7.10MZ1MD1③B：49 8.10MZ1MD1③B：50
9.10MZ1MD1③B：51 10.10MZ1MD1③B：52 11.10MZ1MD1③B：53 12.10MZ1MD1③B：54
13.10MZ1MD1③B：55 14.10MZ1MD1③B：56

10MZ1MD1③B：51，钉尖弯成钩形。残长 15.1、钉帽直径 4.3 厘米（图 3-1-15，9；图版一八八，2）。

10MZ1MD1③B：52，钉尖弯成钩形。残长 14.7、钉帽直径 4.5 厘米（图 3-1-15，10；图版一八八，3）。

10MZ1MD1③B：53，钉尖弯成直角钩。残长 15.4、钉帽直径 4.3 厘米（图 3-1-15，11；图版一八八，4）。

10MZ1MD1③B：54，钉身下部弯曲，钉尖残缺。残长 16.7、钉帽直径 4 厘米（图 3-1-15，12；图版一八八，5）。

10MZ1MD1③B：55，钉尖弯成钩状。残长 15.6、钉帽直径 4.3 厘米（图 3-1-15，13；图版一八八，6）。

10MZ1MD1③B：56，钉尖弯成直角钩。残长 13.8、钉帽直径 4.8 厘米（图 3-1-15，14；图版一八九，1）。

10MZ1MD1③B：57，钉身下部残缺。残长 14.1、钉帽直径 4.2 厘米（图 3-1-16，1；图版一八九，2）。

10MZ1MD1③B：58，钉尖弯成钩状。残长 16、钉帽直径 4.3 厘米（图 3-1-16，

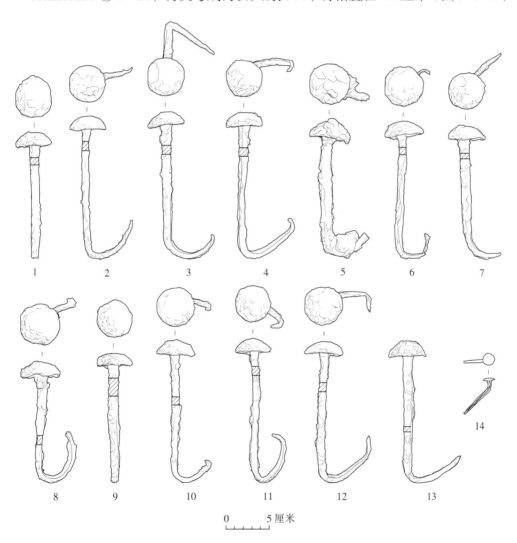

0　　5 厘米

图 3-1-16　黑龙门遗址出土铁圆帽钉

1. 10MZ1MD1③B：57　2. 10MZ1MD1③B：58　3. 10MZ1MD1③B：59　4. 10MZ1MD1③B：60
5. 10MZ1MD1③B：62　6. 10MZ1MD1③B：63　7. 10MZ1MD1③B：64　8. 10MZ1MD1③B：65
9. 10MZ1MD1③B：66　10. 10MZ1MD1③B：67　11. 10MZ1MD1③B：68　12. 10MZ1MD1③B：69
13. 10MZ1MD1③B：70　14. 10MZ1MD1③B：92

2；图版一八九，3）。

10MZ1MD1③B：59，钉尖弯成钩状。残长16.4、钉帽直径4.2厘米（图3-1-16，3；图版 ·八九，4）。

10MZ1MD1③B：60，钉尖弯成钩状。残长16.3、钉帽直径4.2厘米（图3-1-16，4；图版一八九，5）。

10MZ1MD1③B：62，钉身残且锈蚀，粘有炭块。钉尖弯成钩状。残长15、钉帽直径4.8厘米（图3-1-16，5；图版一八九，6）。

10MZ1MD1③B：63，钉尖弯成"U"形。残长15.4、钉帽直径4.4厘米（图3-1-16，6；图版一九〇，1）。

10MZ1MD1③B：64，钉尖弯曲。残长14.7、钉帽直径4.5厘米（图3-1-16，7；图版一九〇，2）。

10MZ1MD1③B：65，钉尖弯成钩状。残长13.3、钉帽直径4.5厘米（图3-1-16，8；图版一九〇，3）。

10MZ1MD1③B：66，钉尖残缺。残长14.3、钉帽直径4.1厘米（图3-1-16，9；图版一九〇，4）。

10MZ1MD1③B：67，钉尖弯成钩状。残长15.9、钉帽直径4.4厘米（图3-1-16，10；图版一九〇，5）。

10MZ1MD1③B：68，钉尖弯成钩状。残长16、钉帽直径4.1厘米（图3-1-16，11；图版一九〇，6）。

10MZ1MD1③B：69，钉尖弯成钩状。残长15.5、钉帽直径4.4厘米（图3-1-16，12；图版一九一，1）。

10MZ1MD1③B：70，钉尖弯成钩状。残长15.8、钉帽直径4.3厘米（图3-1-16，13；图版一九一，2）。

10MZ1MD1③B：92，钉身弯曲。残长4、钉帽直径1.4厘米（图3-1-16，14；图版一九一，3）。

10MZ1MD1⑤：1，钉尖向上弯曲。残长22、钉帽直径3.9厘米（图3-1-17，1；图版一九一，4）。

10MZ1MD1⑤：2，钉身弯曲。残长22、钉帽直径4.3厘米（图3-1-17，2；图版一九一，5）。

10MZ1MD1⑤：3，钉身粘附炭块，尖部缺失。残长6.9、钉帽直径4.6厘米（图3-1-17，8；图版一九一，6）。

10MZ1MD1⑤：5，钉身粘附炭块及小石块，钉尖缺失。残长14.2、钉帽直径4.4厘米（图3-1-17，4；图版一九二，1）。

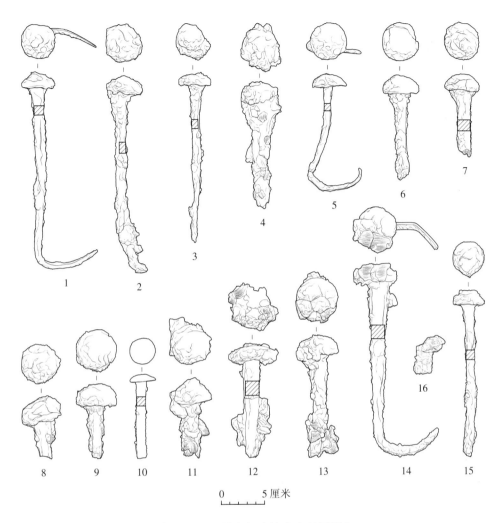

图 3-1-17 黑龙门遗址出土铁圆帽钉

1. 10MZ1MD1 ⑤：1　2. 10MZ1MD1 ⑤：2　3. 10MZ1MD1 ⑤：10　4. 10MZ1MD1 ⑤：5　5. 10MZ1MD1 ⑤：6
6. 10MZ1MD1 ⑤：7　7. 10MZ1MD1 ⑤：8　8. 10MZ1MD1 ⑤：3　9. 10MZ1MD1 ⑤：13-2　10. 10MZ1MD1 ⑤：15
11. 10MZ1MD1 ⑤：16　12. 10MZ1MD1 ⑤：9　13. 10MZ1MD1 ⑤：14　14. 10MZ1MD1 ⑤：17　15. 10MZ1
MD1 ⑤：18　16. 10MZ1MD1 ⑤：19-1

10MZ1MD1 ⑤：6，钉身下部向上弯曲。长 12.8、钉帽直径 4.4 厘米（图 3-1-17，5；图版一九二，2）。

10MZ1MD1 ⑤：7，钉尖缺失。残长 11.8、钉帽直径 4.3 厘米（图 3-1-17，6；图版一九二，3）。

10MZ1MD1 ⑤：8，钉尖缺失。残长 9.5、钉帽直径 4.2 厘米（图 3-1-17，7；图版一九二，4）。

10MZ1MD1 ⑤：9，钉身粘附炭块，下部残缺。残长 12.9、钉帽直径 5.5 厘米（图

3-1-17，12；图版一九二，5）。

10MZ1MD1⑤：10，帽残。残长 18.9、钉帽直径 3.5 厘米（图 3-1-17，3；图版一九二，6）。

10MZ1MD1⑤：13-2，钉身粘附炭块，钉尖缺失。残长 8.4、钉帽直径 4.6 厘米（图 3-1-17，9；图版一九三，1）。

10MZ1MD1⑤：14，钉身粘附炭块，钉尖缺失。残长 13.6、钉帽直径 4.9 厘米（图 3-1-17，13；图版一九三，2）。

10MZ1MD1⑤：15，钉身下部残缺。残长 9.4、钉帽直径 3 厘米（图 3-1-17，10；图版一九三，3）。

10MZ1MD1⑤：16，钉身下部残缺，粘附炭块。残长 9.1、钉帽直径 4.5 厘米（图 3-1-17，11；图版一九三，4）。

10MZ1MD1⑤：17，钉身粘附炭块，钉尖弯成钩状。残长 21.3、钉帽直径 4.9 厘米（图 3-1-17，14；图版一九三，5）。

10MZ1MD1⑤：18，尖部缺失。残长 18.6、钉帽直径 3.7 厘米（图 3-1-17，15；图版一九三，6）。

10MZ1MD1⑤：19-1，尖部缺失。残长 4.4 厘米（图 3-1-17，16；图版一九四，1）。

10MZ1MD1⑤：21，钉身残。残长 15.4、钉帽直径 4.6 厘米（图 3-1-18，4；图版一九四，2）。

10MZ1MD1⑤：22，钉身残。残长 13.2、钉帽直径 4.7 厘米（图 3-1-18，5；图版一九四，3）。

10MZ1MD1⑤：23，钉身残。残长 15.2、钉帽直径 4.7 厘米（图 3-1-18，3；图版一九四，4）。

10MZ1MD1⑤：24，钉身粘附炭块。残长 22.1、钉帽直径 4.1 厘米（图 3-1-18，1；图版一九四，5）。

10MZ1MD1⑤：25，钉身粘附土块和炭块。残长 16.5、钉帽直径 4.8 厘米（图 3-1-18，2；图版一九四，6）。

10MZ1MD1⑤：26，残长 11.2 厘米（图 3-1-18，6；图版一九五，1）。

10MZ1MD1⑤：27，残长 11.9、钉帽直径 4.5 厘米（图 3-1-18，7；图版一九五，2）。

10MZ1MD1⑤：28-1，残长 8、钉帽直径 5.3 厘米（图 3-1-18，8；图版一九五，3）。

10MZ1MD1⑤：29-1，残长 20.7、钉帽直径 4.6 厘米（图 3-1-18，14；图版

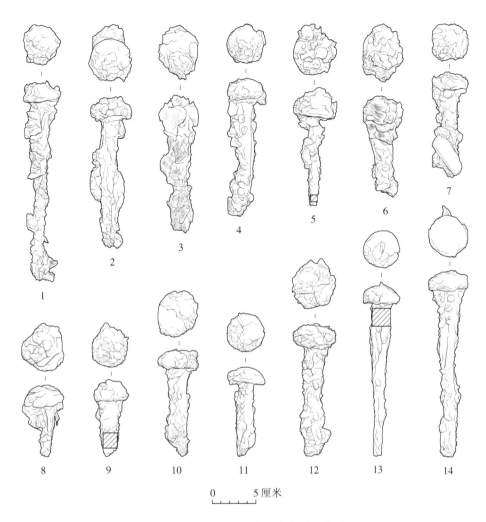

图 3-1-18　黑龙门遗址出土铁圆帽钉

1. 10MZ1MD1⑤：24　2. 10MZ1MD1⑤：25　3. 10MZ1MD1⑤：23　4. 10MZ1MD1⑤：21　5. 10MZ1MD1⑤：22
6. 10MZ1MD1⑤：26　7. 10MZ1MD1⑤：27　8. 10MZ1MD1⑤：28-1　9. 10MZ1MD1⑤：31　10. 10MZ1MD1⑤：30
11. 10MZ1MD1⑤：34　12. 10MZ1MD1⑤：33　13. 10MZ1MD1⑤：32　14. 10MZ1MD1⑤：29-1

一九五，4）。

　　10MZ1MD1⑤：30，残长 11.8、钉帽直径 4.9 厘米（图 3-1-18，10；图版一九五，5）。

　　10MZ1MD1⑤：31，钉身残。残长 8.7、钉帽直径 4.2 厘米（图 3-1-18，9；图版一九五，6）。

　　10MZ1MD1⑤：32，残长 19.2、钉帽直径 4.4 厘米（图 3-1-18，13；图版一九六，1）。

　　10MZ1MD1⑤：33，残长 14.7、钉帽直径 5.1 厘米（图 3-1-18，12；图版一九

六，2）。

10MZ1MD1⑤：34，钉帽粘附土块。残长 10.1、钉帽直径 4.5 厘米（图 3-1-18，11；图版一九六，3）。

10MZ1MD1⑤：35，钉身粘附黄土块及炭块。残长 16.3、钉帽直径 4.5 厘米（图 3-1-19，2；图版一九六，4）。

10MZ1MD1⑤：36，残长 8、钉帽直径 5.2 厘米（图 3-1-19，5；图版一九六，5）。

10MZ1MD1⑤：37，钉身残，粘附土块和炭块。残长 6.3、钉帽直径 4.2 厘米（图 3-1-19，6；图版一九六，6）。

10MZ1MD1⑤：39，钉尖弯成钩状。整体长 21.4、钉帽直径 4.1 厘米（图 3-1-19，

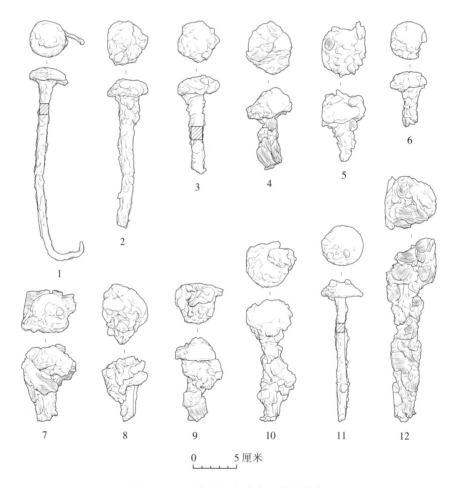

0 　　　5 厘米

图 3-1-19　黑龙门遗址出土铁圆帽钉

1. 10MZ1MD1⑤：39　2. 10MZ1MD1⑤：35　3. 10MZ1MD1⑤：41-1　4. 10MZ1MD1⑤：40　5. 10MZ1MD1⑤：36
6. 10MZ1MD1⑤：37　7. 10MZ1MD1⑤：48　8. 10MZ1MD1⑤：47-1　9. 10MZ1MD1⑤：43　10. 10MZ1MD1⑤：42　11. 10MZ1MD1⑤：45　12. 10MZ1MD1⑤：49-1

1；图版一九七，1）。

　　10MZ1MD1⑤：40，钉身残缺并粘附炭块。残长9.2、钉帽直径5厘米（图3-1-19，4；图版一九七，2）。

　　10MZ1MD1⑤：41-1，钉尖弯成直角状。残长10.9、钉帽直径4.2厘米（图3-1-19，3；图版一九七，3）。

　　10MZ1MD1⑤：42，钉身残缺，粘附炭块。残长13.2、钉帽直径5.1厘米（图3-1-19，10；图版一九七，4）。

　　10MZ1MD1⑤：43，钉身粘附炭块，钉尖残缺。残长9.4、钉帽直径4.5厘米（图3-1-19，9；图版一九七，5）。

　　10MZ1MD1⑤：44-1，钉身粘附炭块，钉尖弯成直角。残长17、钉帽直径5.4厘米（图版一九七，6）。

　　10MZ1MD1⑤：45，残长15.9、钉帽直径4.8厘米（图3-1-19，11；图版一九八，1）。

　　10MZ1MD1⑤：47-1，钉身粘附土块，钉尖残缺。残长7.5、钉帽直径5.3厘米（图3-1-19，8；图版一九八，2）。

　　10MZ1MD1⑤：48，钉身粘附炭块，钉尖残缺。残长8.6、钉帽直径4.2厘米（图3-1-19，7；图版一九八，3）。

　　10MZ1MD1⑤：49-1，钉身粘附炭块，钉尖残缺。残长20、钉帽直径5.7厘米（图3-1-19，12；图版一九八，4）。

　　10MZ1MD1⑤：49-2，钉帽粘附炭块，钉身缺失。残长4、钉帽直径5.5厘米（图版一九八，5）。

　　10MZ1MD1⑤：49-3，钉帽粘附炭块，钉身缺失。残长6.3、钉帽直径5.1~5.6厘米（图版一九八，6）。

　　10MZ1MD1⑤：50，钉身粘附大量炭块，钉尖残缺。残长12、钉帽直径4.2厘米（图3-1-20，3；图版一九九，1）。

　　10MZ1MD1⑤：51，钉身粘附土块及炭块，钉尖残缺。残长25.6厘米（图3-1-20，1；图版一九九，2）。

　　10MZ1MD1⑤：52-1，残长25.8、钉帽直径4.6厘米（图3-1-20，2；图版一九九，3）。

　　10MZ1MD1⑤：53-1，钉身粘附炭块，钉尖残缺。残长13.2、钉帽直径4.8厘米（图3-1-20，4；图版一九九，4）。

　　10MZ1MD1⑤：56，钉身粘附土块和炭块，钉尖残缺。残长12.3、钉帽直径5厘米（图3-1-20，5；图版一九九，5）。

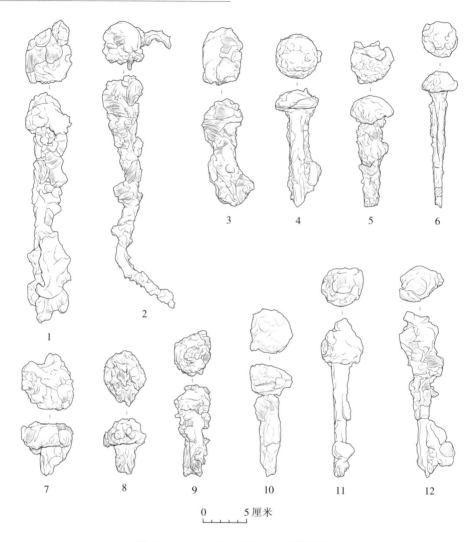

图 3-1-20 黑龙门遗址出土铁圆帽钉

1. 10MZ1MD1 ⑤：51 2. 10MZ1MD1 ⑤：52-1 3. 10MZ1MD1 ⑤：50 4. 10MZ1MD1 ⑤：53-1 5. 10MZ1MD1 ⑤：56 6. 10MZ1MD1 ⑤：57 7. 10MZ1MD1 ⑤：59 8. 10MZ1MD1 ⑤：62 9. 10MZ1MD1 ⑤：58 10. 10MZ1MD2 ③ B：32 11. 10MZ1MD2 ③ B：5 12. 10MZ1MD2 ③ B：33

　　10MZ1MD1 ⑤：57，钉尖残缺。残长 15.3、钉帽直径 3.9 厘米（图 3-1-20，6；图版一九九，6）。

　　10MZ1MD1 ⑤：58，钉身粘附土块和炭块，钉尖残缺。残长 10.4、钉帽直径 5 厘米（图 3-1-20，9；图版二〇〇，1）。

　　10MZ1MD1 ⑤：59，钉尖残缺。残长 5.8 厘米（图 3-1-20，7；图版二〇〇，2）。

　　10MZ1MD1 ⑤：62，钉尖残缺。残长 6.2 厘米（图 3-1-20，8；图版二〇〇，3）。

　　10MZ1MD2 ③ B：5，钉身粘附炭块，钉尖残缺。残长 17.6、钉帽直径 4.8 厘米（图

3-1-20，11；图版二〇〇，4）。

10MZ1MD2③B：32，钉身粘附炭粒，钉尖残缺。残长 12.3、钉帽直径 4.7 厘米（图 3-1-20，10；图版二〇〇，5）。

10MZ1MD2③B：33，近帽端钉身粗壮，粘附炭块。钉尖残缺。残长 18.2、钉帽直径 4 厘米（图 3-1-20，12；图版二〇〇，6）。

10MZ1MD2③B：34，钉身大部分已变形。残长 22.3 厘米（图 3-1-21，1；图版二〇一，1）。

10MZ1MD2③B：35，钉尖残缺。残长 4.6、钉帽直径 3.9~4.7 厘米（图 3-1-21，2；图版二〇一，2）。

10MZ1MD2③B：36，钉尖残缺。残长 15.9、钉帽直径 3.8 厘米（图 3-1-21，3；图版二〇一，3）。

扁帽钉 13 件。钉帽由钉身打制作扁平状。

09G1④：2-1，钉身为四棱锥状，弧状弯曲。长 19.7 厘米（图 3-1-21，4；图版二〇一，4）。

09G1④：2-2，钉身为四棱锥状，下部弧状折弯。长 15.6、钉帽宽 2.5 厘米（图 3-1-22，1；图版二〇一，5）。

09G1④：2-3，钉身为四棱锥状，向一侧弯曲。长 15.2、钉帽宽 2.2 厘米（图 3-1-22，2；图版二〇一，6）。

10MZ1F1①：27，钉身截面呈长方形。残长 12.9、钉帽宽 2 厘米（图 3-1-22，3；

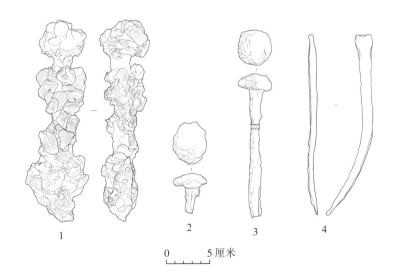

0   5 厘米

图 3-1-21 黑龙门遗址出土铁钉

1. 圆帽钉（10MZ1MD2③B：34） 2. 圆帽钉（10MZ1MD2③B：35） 3. 圆帽钉（10MZ1MD2③B：36）
4. 扁帽钉（09G1④：2-1）

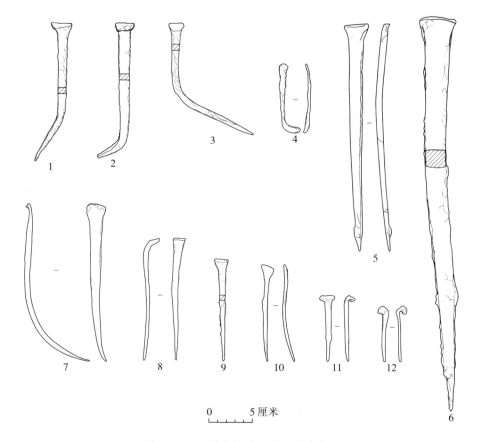

图 3-1-22　黑龙门遗址出土铁扁帽钉

1. 09G1④：2-2　2. 09G1④：2-3　3. 10MZ1F1①：27　4. 10MZ1MD1②：28　5. 10MZ1MD1③B：85
6. 10MZ1MD1③B：24　7. 10MZ1MD1③B：86　8. 10MZ1MD1③B：88　9. 10MZ1MD1③B：130
10. 10MZ1MD1③B：89　11. 10MZ1MD1③B：90　12. 10MZ1MD1③B：91

图版二〇二，1）。

　　10MZ1MD1②：28，钉身截面呈长方形，尖部弯成钩状。残长 7.7 厘米（图 3-1-22，4；图版二〇二，2）。

　　10MZ1MD1③B：24，钉身截面呈长方形，一端扁且宽，一端较尖。残长 43.6、最宽 4.1 厘米（图 3-1-22，6；图版二〇二，3）。

　　10MZ1MD1③B：85，钉身渐细。整体残长 25.1、钉帽宽 2.8 厘米（图 3-1-22，5；图版二〇二，4）。

　　10MZ1MD1③B：86，钉身弯曲、渐细。残长 16.9、钉帽宽 2.4 厘米（图 3-1-22，7；图版二〇二，5）。

　　10MZ1MD1③B：88，钉身渐细，截面呈长方形。整体残长 13.7、钉帽宽 1.5 厘米（图 3-1-22，8；图版二〇二，6）。

10MZ1MD1③B：89，钉身渐细，截面呈长方形。整体残长 10.8、钉帽宽 1.6 厘米（图 3–1–22，10；图版二〇三，1）。

10MZ1MD1③B：90，钉帽捶扁，整体呈"L"形。钉身渐细，截面呈长方形。残长 7.4、钉帽宽 1.8 厘米（图 3–1–22，11；图版二〇三，2）。

10MZ1MD1③B：91，钉帽捶扁，整体呈"L"形，钉身渐细，截面呈长方形。整体残长 6.3、钉帽宽 1.3 厘米（图 3–1–22，12；图版二〇三，3）。

10MZ1MD1③B：130，钉帽锤扁，向一侧卷曲。钉身渐细，截面呈长方形。长 11.5、钉帽宽 1.6 厘米（图 3–1–22，9；图版二〇三，4）。

无帽钉　4 件。

09G13③：9，方头，钉身渐细、弯曲，截面呈长方形。残长 14.4、头宽 1.2 厘米（图 3–1–23，1；图版二〇三，5）。

10MZ1MD1②：27，方头，钉身渐细、弯曲，截面呈长方形。残长 17.3 厘米（图 3–1–23，2；图版二〇三，6）。

10MZ1MD1②：29，方头，钉身渐细、弯曲，截面呈长方形。残长 15.4、钉帽直径 1.6 厘米（图 3–1–23，3；图版二〇四，1）。

10MZ1MD1②：33，方头，有锤击痕。钉身四棱、渐细，表面有一层碱壳。长 8.8、

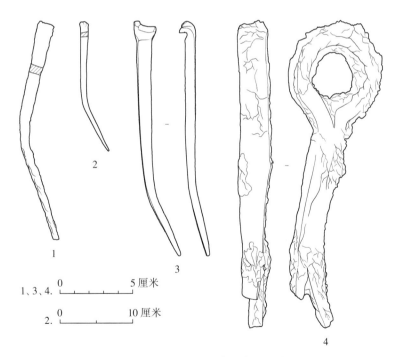

图 3–1–23　黑龙门遗址出土铁钉

1. 无帽钉（09G13③：9）　2. 无帽钉（10MZ1MD1②：27）　3. 无帽钉（10MZ1MD1②：29）　4. 鼻钉（10MZ1MD1⑤：54）

头宽 1.1 厘米（图版二〇四，2）。

鼻钉　1 件。

10MZ1MD1⑤：54，残，顶部有圆孔，下部分叉。钉身粘附土块及炭块，横截面呈长方形。残长 20.9 厘米（图 3-1-23，4；图版二〇四，3）。

钉残块　27 件。残且锈蚀。

10MZ1MD1③B：61，钉身粘有木炭，已辨认不出形状。残长 12.4 厘米（图 3-1-24，1；图版二〇四，4）。

10MZ1MD1③B：131，钉帽缺失，钉身渐细，钉尖略弯，截面呈方形。残长 14 厘米（图版二〇四，5）。

10MZ1MD1⑤：4-1，钉身截面呈长方形。残长 13.4 厘米（图 3-1-24，3；图版二〇四，6）。

10MZ1MD1⑤：4-2，钉帽与钉尖缺失。钉身粘附石块，略弯曲，截面呈长方形。残长 9.6 厘米（图版二〇五，1）。

10MZ1MD1⑤：4-3，钉帽与钉尖缺失。钉身粘附石块，略弯曲，截面呈长方形。残长 7.5 厘米（图版二〇五，2）。

10MZ1MD1⑤：4-4，钉帽及钉身上部缺失。钉身弯曲、渐细。残长 1.9 厘米（图版二〇五，3）。

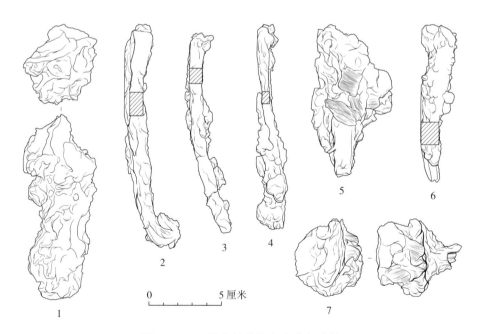

0　　　　5 厘米

图 3-1-24　黑龙门遗址出土铁钉残块

1. 10MZ1MD1③B：61　2. 10MZ1MD1⑤：20　3. 10MZ1MD1⑤：4-1　4. 10MZ1MD1⑤：11　5. 10MZ1MD1⑤：12
6. 10MZ1MD1⑤：38　7. 10MZ1MD1⑤：46-2

10MZ1MD1 ⑤：4-5，钉帽与钉尖缺失。钉身粘附炭块和石块，截面呈长方形。残长 4.2 厘米（图版二〇五，4）。

10MZ1MD1 ⑤：11，断成若干块。钉身截面呈长方形。残长 13.6 厘米（图 3-1-24，4；图版二〇五，5）。

10MZ1MD1 ⑤：12，钉身粘附大量炭块，已看不清原貌。残长 10.2 厘米（图 3-1-24，5；图版二〇五，6）。

10MZ1MD1 ⑤: 13-1，钉帽残缺。钉身粘附炭块，截面呈长方形。残长 11.7、钉身厚 0.9~1.4 厘米（图版二〇六，1）。

10MZ1MD1 ⑤：19-2，钉帽与钉尖缺失。钉身粘附石块，钉截面呈长方形，严重锈蚀。残长 6.7 厘米（图版二〇六，2）。

10MZ1MD1 ⑤：20，钉帽残缺，钉尖弯成钩状。钉身渐细，截面呈长方形。残长 15 厘米（图 3-1-24，2；图版二〇六，3）。

10MZ1MD1 ⑤：28-2，钉帽与钉尖缺失。钉身粘附炭块，截面呈长方形。残长 4.6 厘米（图版二〇六，4）。

10MZ1MD1 ⑤：29-2，钉帽与钉尖缺失。钉身粘附炭块，截面呈长方形。残长 6.5 厘米（图版二〇六，5）。

10MZ1MD1 ⑤：38，钉帽残缺。钉身略向一侧弯曲，截面呈长方形。残长 10.5 厘米（图 3-1-24，6；图版二〇六，6）。

10MZ1MD1 ⑤：41-2，钉帽与钉尖缺失。钉身粘附石块，截面呈长方形。残长 6.2 厘米（图版二〇七，1）。

10MZ1MD1 ⑤：41-3，钉帽与钉尖缺失。钉身渐细，粘附石块并弯成直角。残长 6.6 厘米（图版二〇七，2）。

10MZ1MD1 ⑤：44-2，钉帽与钉尖缺失。钉身略弯曲，粘附有石块，截面呈长方形。残长 9.6 厘米（图版二〇七，3）。

10MZ1MD1 ⑤：44-3，钉帽缺失，钉尖略残。钉身渐细，弯成直角并粘附有炭块和石块。残长 9.9 厘米（图版二〇七，4）。

10MZ1MD1 ⑤：46-1，钉帽与钉尖缺失。钉身粘附炭块和石块，截面呈长方形。残长 10.7 厘米（图版二〇七，5）。

10MZ1MD1 ⑤：46-2，钉帽残缺，钉身渐细。钉身粘附土块和炭块，截面呈长方形。残长 5.9 厘米（图 3-1-24，7；图版二〇七，6）。

10MZ1MD1 ⑤：46-3，钉帽与钉尖缺失。钉身略弯曲，截面呈长方形并粘附有炭块和石块。残长 6.4 厘米（图版二〇八，1）。

10MZ1MD1 ⑤：46-4，钉帽与钉尖缺失。钉身略弯曲，截面呈长方形并粘附有炭块。残长 6.7 厘米（图版二〇八，2）。

10MZ1MD1⑤：47-2，钉帽与钉尖缺失。钉身粘附炭块和石块，截面呈长方形。残长 5.5 厘米（图版二〇八，3）。

10MZ1MD1⑤：52-2，钉帽与钉尖缺失。钉身粘附炭块，截面呈长方形。残长 8.6 厘米（图版二〇八，4）。

10MZ1MD1⑤：53-2，断成两块。钉帽缺失，钉身渐细、弯曲，粘附有炭块。残长 7.7 厘米（图版二〇八，5）。

10MZ1MD1⑤：53-3，钉帽与钉尖缺失，钉身截面呈长方形。残长 6.3 厘米（图版二〇八，6）。

片 9 件。残且锈蚀。

10MZ1MD1⑤：55，平面近长方形。边缘有两排钉孔，残存一枚铁帽钉。长 60.8、宽 11.3~14.2、厚 0.3 厘米（图 3-1-25，1；图版二〇九，1）。

10MZ1MD2③B：6-1，铁片已弯曲，平面呈不规则形。边缘齐整，两角各有一长方形钉孔，并残存一枚折帽钉。残长 17.1、宽 15.2、钉长 5.7 厘米（图 3-1-25，2；

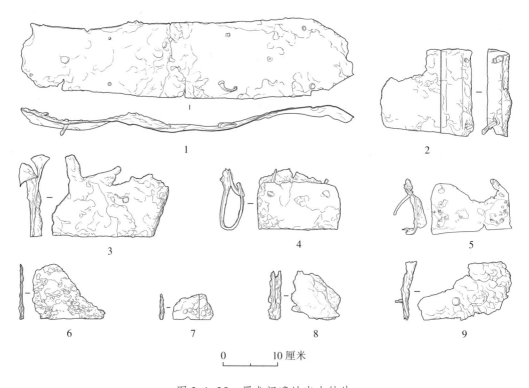

图 3-1-25 黑龙门遗址出土铁片

1.10MZ1MD1⑤：55 2.10MZ1MD2③B：6-1 3.10MZ1MD2③B：6-2 4.10MZ1MD2③B：6-3
5.10MZ1MD1③B：33-1 6.10MZ1MD1③B：33-2 7.10MZ1MD1③B：33-3 8.10MZ1MD1③B：71
9.10MZ1MD1③B：72

图版二〇九，2）。

10MZ1MD2③B：6-2，铁皮局部略弯曲。一边直，另三边均残。中部有一长方形钉孔。残长21.8、残宽14.7厘米（图3-1-25，3；图版二〇九，3）。

10MZ1MD2③B：6-3，平面近长方形，中部弯曲。一边完整，另一边残。完整边的两角各存一根折帽钉。残长10.7、宽15.1厘米（图3-1-25，4；图版二〇九，5、6）。

10MZ1MD1③B：33-1，碎成若干块。残存四个钉孔及一枚铁钉。残长14.8、残宽10厘米（图3-1-25，5；图版二〇九，4）。

10MZ1MD1③B：33-2，碎成若干块。残长13.6、残宽9.9、铁钉残长4.4厘米（图3-1-25，6；图版二一〇，1）。

10MZ1MD1③B：33-3，不规则形，粘有泥土。残长7.6、宽4.8、厚0.5厘米（图3-1-25，7；图版二一〇，2）。

10MZ1MD1③B：71，碎成若干块。残存有铁钉。残长9、宽8.8厘米（图3-1-25，8；图版二一〇，3）。

10MZ1MD1③B：72，碎成若干块。有钉孔，并残存铁钉。最大块残长17.1、宽10.5厘米（图3-1-25，9；图版二一〇，4）。

（2）陶器

共14件。

刻花构件　1件。

10MZ1MD1③B：4，泥质灰陶，黑色。残存平面呈"L"形。平面饰三条阴刻线纹，形成一界格，内阴刻一朵花。侧面还存有阴刻折线纹。残长5.3、残宽2.6~4、厚1.8~1.9厘米（图3-1-26，1；图版二一〇，5）。

饼形器　1件。

10MZ1MD1③B：93，泥质灰陶。模制。现存部分呈扇形，一面有一道较深的沟纹及线划纹。残径6.8、厚1.7厘米（图3-1-26，2；图版二一〇，6）。

口沿　8件。

09G3⑤：1-1，泥质灰胎黑皮陶。器表磨光，呈灰黑色。

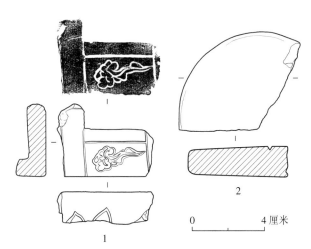

图3-1-26　黑龙门遗址出土陶器

1.刻花构件（10MZ1MD1③B：4）　2.饼形器（10MZ1MD1③B：93）

圆唇，杯口微束。领与肩间饰一周凸棱，肩部存有三道竖向瓜楞纹。领下部一侧有近"个"字刻划符号。残长 12.1、宽 10.6、胎厚 0.6 厘米（图 3-1-27，1；图版二一一，1）。

10MZ1F1 ①：29，泥质灰陶。圆唇，微侈口矮领。轮修痕明显，口部有变形。残长 9.1、宽 3.6、厚 0.6 厘米（图 3-1-27，2；图版二一一，2）。

10MZ1MD1③B：123，泥质，红褐胎。大卷沿，有轮修痕。残长 30、宽 5.2 厘米（图 3-1-27，3；图版二一一，3）。

10MZ1MD1③B：124，泥质红陶。圆唇，微侈口，高斜领，弧腹。轮修痕明显。残长 13.4、宽 9.8、厚 0.3~0.6 厘米（图 3-1-27，4；图版二一一，4）。

10MZ1MD1③B：125，泥质红陶。圆唇，微侈口，凸缘，高领，鼓肩，斜腹。轮修痕明显。残长 10.2、宽 8.8、厚 0.6 厘米（图 3-1-27，5；图版二一一，5）。

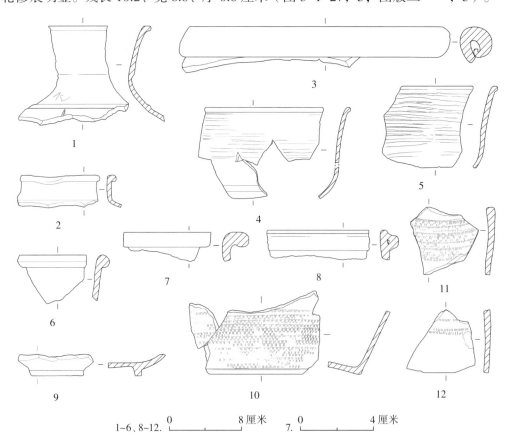

图 3-1-27　黑龙门遗址出土陶器

1. 口沿（09G3 ⑤：1-1）　2. 口沿（10MZ1F1 ①：29）　3. 口沿（10MZ1MD1 ③B：123）　4. 口沿（10MZ1MD1 ③B：124）　5. 口沿（10MZ1MD1 ③B：125）　6. 口沿（10MZ1MD1 ③B：126）　7. 口沿（10MZ1MD1 ③B：127）　8. 口沿（10MZ1MD1 ③B：128）　9. 器底（10MZ1MD2 ②A：1）　10. 器底（09G3 ④：3）　11. 篦点纹片（09G3 ⑤：2-1）　12. 篦点纹片（09G3 ⑤：2-2）

10MZ1MD1 ③ B：126，泥质红陶。圆唇，凸缘。有轮修痕。残长 7.5、宽 5.3、口沿厚 1.5 厘米（图 3-1-27，6；图版二一一，6）。

10MZ1MD1 ③ B：127，泥质红陶。卷沿。长 4.9、宽 1.6 厘米（图 3-1-27，7；图版二一二，1）。

10MZ1MD1 ③ B：128，泥质红褐陶。叠唇，敛口。口沿外有一周凸弦纹，中部有一三角形贯通口。长 11.3、宽 3.2、厚 0.8 厘米（图 3-1-27，8；图版二一二，2）。

器底　2 件。

10MZ1MD2 ② A：1，泥质红陶。斜腹，圈足。内外壁均有轮修痕。残长 8.4、高 2.5、底厚 0.7、腹厚 0.7 厘米（图 3-1-27，9；图版二一二，3）。

09G3 ④：3，灰胎，夹细砂。内底略鼓，外凹底。器外壁近底部饰篦点纹。残长 14.4、高 8.9、胎厚 0.5 厘米（图 3-1-27，10；图版二一二，4）。

篦点纹片　2 片。

09G3 ⑤：2-1，泥质灰陶。器表局部饰篦点纹，仅上下两侧为素面。残长 7.4、宽 7.5、厚 0.5~0.9 厘米（图 3-1-27，11；图版二一二，5）。

09G3 ⑤：2-2，一部分饰篦点纹，一部分为素面。残长 7、宽 7.4、厚 0.5~0.6 厘米（图 3-1-27，12；图版二一二，6）。

（3）骨器

共 2 件。包括骨簪 1 件，骨器 1 件。

簪　1 件。

10MZ1MD1 ③ B：40，圆柱形，残缺且断裂为两段。已炭化。一段残长 1.5、直径 0.7 厘米；一段残长 1.8、直径 0.7 厘米（图 3-1-28，1；图版二一三，1）。

骨器　1 件。

10MZ1MD1 ②：32，牛距骨，稍残。白色泛黄。长 6.2、宽 4.7、厚 3.5 厘米（图 3-1-28，2；图版二一三，2、3）。

（4）石制品

共 1 件。

夯头　1 件。

09G4：1，青砂岩质。残缺。一端为一平面，可见凿痕。上有一孔。孔径 4.9、深 8.3、残宽 18、厚 15 厘米（图 3-1-28，3；图版二一三，4）。

（5）玉器

共 1 件。

玉册　1 件。

10MZ1F1 ①：24，汉白玉质，受火后局部泛黑。磨制，现存平面为长方形，一

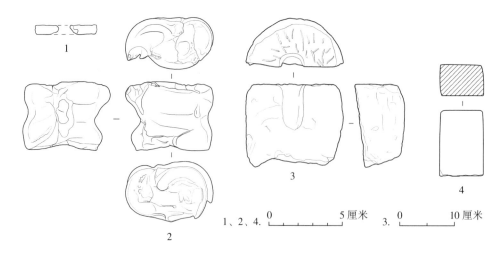

图 3-1-28　黑龙门遗址出土骨器、石制品、玉器

1.骨簪（10MZ1MD1③B：40）　2.骨器（10MZ1MD1②：32）　3.石夯头（09G4：1）　4.玉册（10MZ1F1①：24）

端完整，一端残缺。残缺部位见钻孔。残长 4.5、宽 3、厚 2.2 厘米（图 3-1-28，4；图版二一三，5）。

（6）铜钱

共 8 枚。包括开元通宝 2 枚，淳化元宝 1 枚，景德元宝 1 枚，天禧通宝 1 枚，至和元宝 1 枚，不识款铜钱 2 枚。

开元通宝　2 枚。钱文楷书，对读。

10MZ1MD2③B：27，背上有月牙纹。钱径 2.5、穿宽 0.7 厘米（图 3-1-29，1；图版二一三，6）。

10MZ1MD1③B：38，光背。钱径 2.5、穿宽 0.6 厘米（图 3-1-29，2；图版二一三，7）。

淳化元宝　1 枚。

10MZ1MD2③B：1，钱文楷书，右旋读，光背。钱径 2.4、穿宽 0.6 厘米（图 3-1-29，3；图版二一四，1）。

景德元宝　1 枚。

10MZ1MD1③B：39，钱文楷书，右旋读，光背。钱径 2.5、穿宽 0.6 厘米（图 3-1-29，4；图版二一四，2）。

天禧通宝　1 枚。

10MZ1F1①：21，钱文楷书，右旋读，光背。钱径 2.6、穿宽 0.6 厘米（图 3-1-29，5；图版二一四，3）。

至和元宝　1 枚。

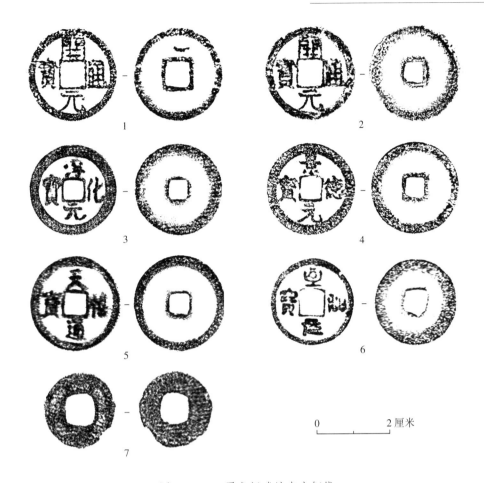

图 3-1-29　黑龙门遗址出土铜钱

1. 开元通宝（10MZ1MD2③B：27）　　2. 开元通宝（10MZ1MD1③B：38）　　3. 淳化元宝（10MZ1MD2③B：1）
4. 景德元宝（10MZ1MD1③B：39）　　5. 天禧通宝（10MZ1F1①：21）　　6. 至和元宝（10MZ1 东北坡道②：1）
7. 铜钱（10MZ1MD2③B：24）

　　10MZ1 东北坡道②：1，钱文篆书，右旋读，光背。钱径 2.3、穿宽 0.7 厘米（图 3-1-29，6；图版二一四，4）。

　　其他铜钱　2 枚。

　　10MZ1MD2③B：24，残且锈蚀，圆形方孔。钱径 2、穿宽 0.8 厘米（图 3-1-29，7；图版二一四，5）。

　　10MZ1MD2③B：25，钱文模糊，表面有铁锈。钱径 2.3、穿宽 0.7 厘米（图版二一四，6）。

2. 建筑材料

　　包括板瓦、筒瓦、瓦当、滴水、垒脊瓦、鸱兽、砖、土坯。

（1）板瓦

共 15 件。均为陶质，灰胎。平面呈隆起的梯形，宽端瓦缘斜直，窄端瓦缘圆滑。凸面整体呈素面，凹面保留布纹。

鸟纹板瓦　1 件。

10MZ1F1 ①：10，凸面刻划一鸟纹。鸟纹长 19.1、宽 15.9、腿高 9.7 厘米。图案左上方刻有一记号，难以辨认。侧缘存有内侧切割痕。残长 31、残宽 33.8、厚 2.5~2.9 厘米（图 3-1-30，1；图版二一五，1~3）。

刻划纹板瓦　1 件。

10MZ1F1 ①：23，凸面刻划图案，内容不详。侧缘存有内侧切割痕。残长 17.4、

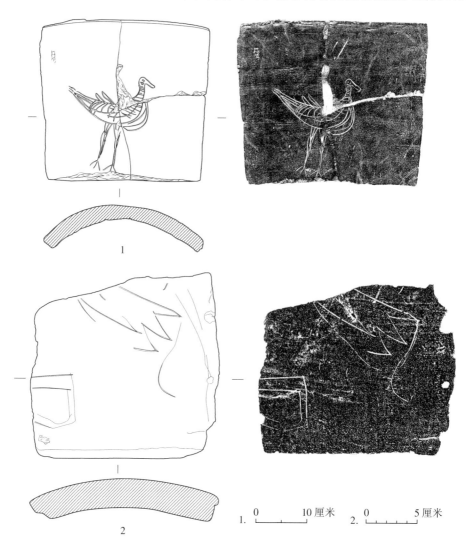

图 3-1-30　黑龙门遗址出土板瓦

1. 鸟纹板瓦（10MZ1F1 ①：10）　2. 刻划纹板瓦（10MZ1F1 ①：23）

残宽 19、厚 2.6~3.2 厘米（图 3-1-30，2；图版二一六，1、2）。

普通板瓦　11 件。侧缘均存有内侧切割痕。

10MZ1F1 ①：2-1，长 49.6、宽 34.6、厚 1.5~3.2 厘米（图 3-1-31，1；图版二一五，4~6）。

10MZ1F1 ①：2-2，残长 26.8、残宽 30.8、厚 1.8~2.7 厘米（图 3-1-31，2；图版二一六，3、4）。

10MZ1F1 ①：6-1，长 48.9、残宽 33.8、厚 2~2.9 厘米（图 3-1-31，3；图版二一六，5、6）。

10MZ1F1 ①：6-2，残长 39.6、宽 33.6、厚 1.9~3.1 厘米（图 3-1-31，4；图版二一七，1、2）。

10MZ1F1 ①：6-3，残长 38.9、残宽 26.8、厚 2.2~3.2 厘米（图 3-1-31，5；图版二一七，3、4）。

10MZ1F1 ①：14，长 49、宽 33.5、厚 1.7~2.8 厘米（图 3-1-31，6；图版二一七，5、6）。

10MZ1F1 ①：17-1，长 49.2、残宽 30.9、窄端宽 26、厚 1.9~2.7 厘米（图 3-1-32，1；图版二一八，1、2）。

10MZ1F1 ①：17-2，残长 46.8、残宽 29.8、厚 2~2.9 厘米（图 3-1-32，2；图版二一八，3、4）。

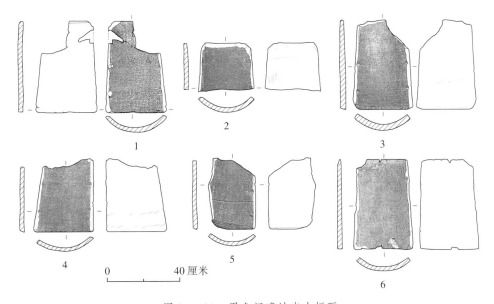

图 3-1-31　黑龙门遗址出土板瓦

1. 10MZ1F1 ①：2-1　2. 10MZ1F1 ①：2-2　3. 10MZ1F1 ①：6-1　4. 10MZ1F1 ①：6-2　5. 10MZ1F1 ①：6-3
6. 10MZ1F1 ①：14

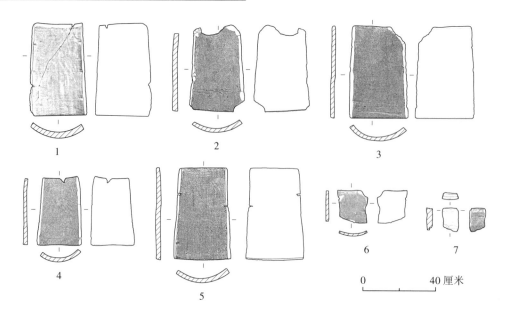

图 3-1-32 黑龙门遗址出土板瓦

1. 10MZ1F1 ① : 17-1 2. 10MZ1F1 ① : 17-2 3. 10MZ1F1 ① : 18 4. 10MZ1F1 ① : 48 5. 10MZ1F1 ① : 49
6. 10MZ1F1 ① : 17-3 7. 10MZ1F1 ① : 54

10MZ1F1 ① : 18，长 49.4、宽 32.5、厚 2.2~2.7 厘米（图 3-1-32，3；图版
二一八，5、6）。

10MZ1F1 ① : 48，长 36.8、宽 24.2、窄端宽 19.3、厚 1.7~2.4 厘米（图 3-1-32，
4；图版二一九，1、2）。

10MZ1F1 ① : 49，长 49、宽 31.2、窄端残宽 26.8、厚 1.8~2.9 厘米（图 3-1-32，
5；图版二一九，3、4）。

板瓦残块 2 件。

10MZ1F1 ① : 17-3，残长 17.8、残宽 16.7、厚 1.5~2 厘米（图 3-1-32，6；图
版二一九，5、6）。

10MZ1F1 ① : 54，侧缘有内侧切割痕。瓦缘一端有两道凹弦纹。残长 12.8、残宽
9.5、厚 2.9~3.5 厘米（图 3-1-32，7；图版二二〇，1、2）。

（2）筒瓦

共 24 件。均为陶质，灰胎。凸面整体呈素面，凹面保留布纹。凹面近下缘一侧
保存完好者多经过刮削，呈斜面状。

拍印纹筒瓦 5 件。凸面存有较明显的拍印纹，无说明者侧缘均存有内侧切割痕
迹。

10MZ1F1 ① : 1，拍印痕迹近 "不" 字形。侧缘残缺。残长 7.6、残宽 8.5、厚 2.2

厘米（图 3-1-33，1；图 3-1-34，1；图版二二○，3）。

10MZ1F1 ①：4，拍印痕迹近"禾"字形。残长 10.6、残宽 10.6、厚 2.1~2.2 厘米（图 3-1-33，2；图 3-1-34，2；图版二二○，4）。

10MZ1F1 ①：5，拍印痕迹近"王"字形。残长 6.4、残宽 10.5、厚 2.1~2.4 厘米（图 3-1-33，3；图 3-1-34，3；图版二二○，5）。

10MZ1F1 ①：20，拍印痕迹近"木"字形。残长 33、宽 16.8~17.2、厚 2.3~2.5 厘米（图 3-1-33，4；图 3-1-34，5；图版二二一，1、2）。

10MZ1F1 ①：42，拍印痕迹不清晰，近"爪"字形。残长 10.1、残宽 11.5、厚 2.5 厘米（图 3-1-33，5；图 3-1-34，4；图版二二○，6）。

普通筒瓦　9 件。侧缘均有内侧切割痕迹。

10MZ1MD1 ③ B：95，残长 24.5、宽 16.5、厚 2~2.8、瓦舌长 2.5 厘米（图 3-1-35，1；图版二二一，3、4）。

10MZ1F1 ①：8，侧缘内侧切割痕迹呈全切状，侧缘近凸面一侧断裂面基本不存，近凹面一侧被二次加工的斜向刮削面打破。下缘平直。长 36.1、宽 15.4~16、厚 1.7~2、

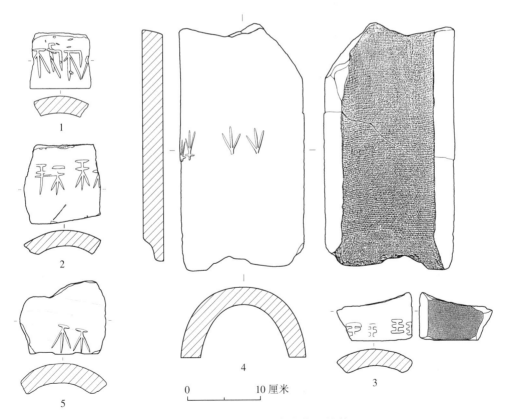

图 3-1-33　黑龙门遗址出土拍印纹筒瓦

1. 10MZ1F1 ①：1　2. 10MZ1F1 ①：4　3. 10MZ1F1 ①：5　4. 10MZ1F1 ①：20　5. 10MZ1F1 ①：42

图 3-1-34　黑龙门遗址出土拍印纹筒瓦拓片

1. 10MZ1F1 ①：1　2. 10MZ1F1 ①：4　3. 10MZ1F1 ①：5　4. 10MZ1F1 ①：42　5. 10MZ1F1 ①：20

瓦舌长 2 厘米（图 3-1-35，2；图版二二一，5、6）。

10MZ1F1 ①：30，长 32.6、宽 15.2~16、厚 1.9~3、瓦舌长 0.9 厘米（图 3-1-35，3；图版二二二，1、2）。

10MZ1F1 ①：31，残长 26.7、宽 16.7~17、厚 1.5~2.7、瓦舌长 1.7 厘米（图 3-1-35，4；图版二二二，3、4）。

10MZ1F1 ①：32，残长 30.7、宽 16.8~17.1、厚 2.4~2.7 厘米（图 3-1-35，5；图版二二二，5、6）。

10MZ1F1 ①：34，凸面存有拍印痕。残长 32.1、宽 16.5、厚 2.1~2.3 厘米（图 3-1-35，6；图版二二三，1、2）。

10MZ1F1 ①：36，残长 37.6、残宽 18.3、厚 2~2.3、瓦舌长 2 厘米（图 3-1-36，1；图版二二三，3、4）。

10MZ1F1 ①：39，长 34、宽 16.4~16.9、厚 2~2.7、瓦舌长 0.9 厘米（图 3-1-36，2；图版二二三，5、6）。

10MZ1F1 ①：50，残长 22.2、宽 17、厚 2~2.5、瓦舌长 1.5 厘米（图 3-1-36，3；图版二二四，1、2）。

筒瓦残块　10 件。侧缘内侧、外侧切割标本均有。

10MZ1F1 ①：33，瓦舌凸面中部下凹。侧缘存有内侧切割痕迹。残长 16.7、残宽 14.8、厚 2.4~3.9、瓦舌长 5.5 厘米（图 3-1-37，1；图版二二四，3、4）。

10MZ1F1 ①：41，瓦舌凸面中部下凹。侧缘存有内侧切割痕迹。残长 14、残宽

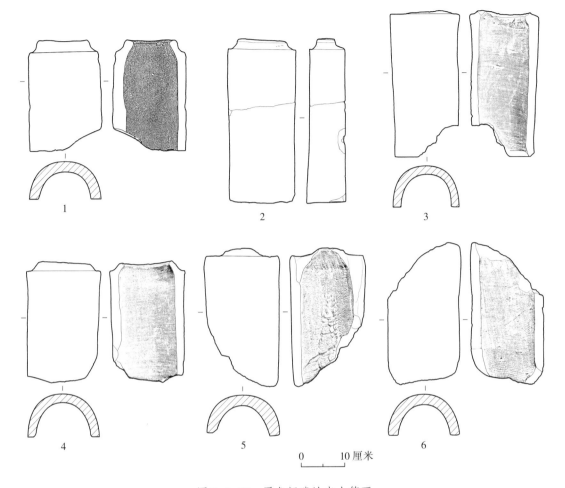

0 　　　10 厘米

图 3-1-35　黑龙门遗址出土筒瓦

1. 10MZ1MD1 ③ B：95　2. 10MZ1F1 ①：8　3. 10MZ1F1 ①：30　4. 10MZ1F1 ①：31　5. 10MZ1F1 ①：32
6. 10MZ1F1 ①：34

13.8、厚 2.2~3.5、瓦舌长 4.7 厘米（图 3-1-37，2；图版二二四，5、6）。

　　10MZ1F1 ①：61，瓦舌凸面中部下凹。侧缘存有外侧切割痕迹。残长 16.4、残宽 10.3、厚 2.1~3.2、瓦舌长 5.4 厘米（图 3-1-37，3；图版二二五，1、2）。

　　10MZ1F1 ①：35，残长 16.8、残宽 13.5、厚 2.5~3.4、瓦舌长 3.4 厘米（图 3-1-37，4；图版二二五，3、4）。

　　10MZ1F1 ①：37，残长 19.1、残宽 16、厚 2.5~3.5、瓦舌长 2.8 厘米（图 3-1-37，5；图版二二五，5、6）。

　　10MZ1F1 ①：38，残长 20.5、残宽 12、厚 1.9~2.8、瓦舌长 3.5 厘米（图 3-1-37，7；图版二二六，1）。

　　10MZ1F1 ①：40，侧缘内侧切割痕迹呈全切状，近凸面一侧断裂面基本不见。

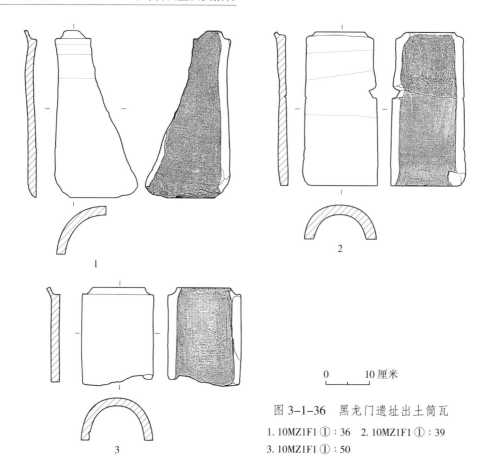

图 3-1-36　黑龙门遗址出土筒瓦
1. 10MZ1F1 ①：36　2. 10MZ1F1 ①：39
3. 10MZ1F1 ①：50

侧缘近凹面一侧被二次加工的斜向刮削面打破。残长 21.2、残宽 11、厚 2.3~2.6、瓦舌长 2.2 厘米（图 3-1-37，8；图版二二六，3、4）。

10MZ1F1 ①：43，残长 7.8、残宽 14、厚 2.7~3.4、瓦舌长 2.3 厘米（图 3-1-37，9；图版二二六，2）。

10MZ1F1 ①：44，瓦舌上缘略突出。残长 7.2、残宽 5.7、厚 3.5、瓦舌长 3.1 厘米（图版二二六，5）。

10MZ1F1 ①：45，残长 7.5、残宽 14.6、厚 2.4~2.8、瓦舌长 4 厘米（图 3-1-37，6；图版二二六，6）。

（3）瓦当

共 48 件。均为陶质，灰胎为主。包括兽面、人面、莲花纹、几何纹四大类。瓦当背面多见细线刻划，抹泥多经过修整。部分标本上存有白灰。

兽面瓦当　1 件。

10MZ1F1 ①：16，完整。当面饰一狮面形象。顶部饰一对叶形小耳，额头饰一圆形纹，眉脊细长，略呈倒"八"字形。圆眼，有眼睑。平椭圆形鼻。嘴微咧而平，

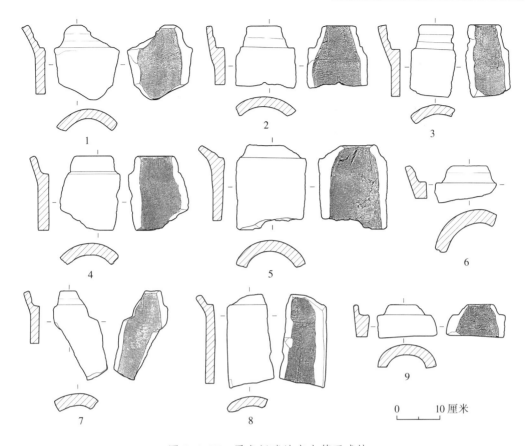

图 3-1-37　黑龙门遗址出土筒瓦残块

1. 10MZ1F1 ① : 33　2. 10MZ1F1 ① : 41　3. 10MZ1F1 ① : 61　4. 10MZ1F1 ① : 35　5. 10MZ1F1 ① : 37　6.
10MZ1F1 ① : 45　7. 10MZ1F1 ① : 38　8. 10MZ1F1 ① : 40　9. 10MZ1F1 ① : 43

两端略上扬。无排齿。下颌饰一缕须，四周用短线纹饰鬃、鬣、须等。边轮与兽面之间饰两圈凸弦纹夹一圈联珠纹。边轮较低平。瓦当直径 14.6~14.7、边轮宽 1.6~2、厚 1.2~1.7 厘米。瓦当背面保存有一段对接筒瓦，凸面素面，凹面保留布纹。左侧缘残缺，右侧缘为内切，呈全切状，近凹面一侧保留有切割面，近凸面一侧断裂面基本不存。右侧缘被二次加工的斜向刮削面打破。筒瓦残长 5.7、厚 2.2 厘米（图 3-1-38，1；图版二二七，1、2）。

人面瓦当　1 件。

10MZ1MD1 ② : 14，大部分残缺。当面饰一人面，仅存嘴部，平弧而微咧，露双排齿。边轮与人面间饰一周凸弦纹，其内饰一周乳丁纹。残径 8.9、边轮宽 1.8~2.6、边轮厚 1.6~1.8 厘米（图 3-1-38，2；图版二二七，3）。

莲花纹瓦当　30 件。可分为三类。

第一类，12 件。饰倒心形花瓣及其变体。可分为五种。

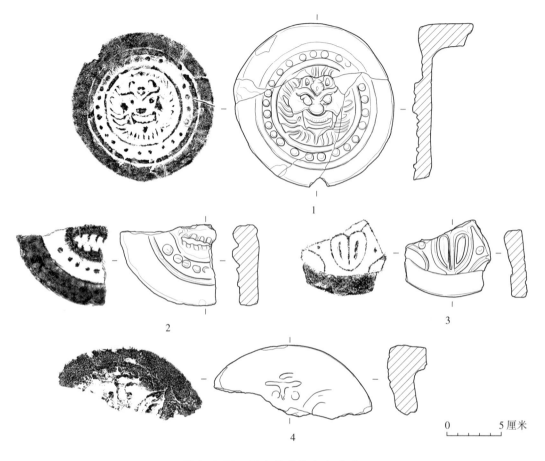

图 3-1-38　黑龙门遗址出土瓦当

1. 兽面瓦当（10MZ1F1 ①：16）　2. 人面瓦当（10MZ1MD1 ②：14）　3. 莲花纹瓦当（10MZ1MD1 ③ B：29）
4. 莲花纹瓦当（10MZ1MD1 ②：1）

第一种，1 件。

10MZ1MD1 ③ B：29，大部分残缺。当面饰一朵莲花图案，花瓣为倒心形，仅残留一瓣，对称复原后应为四瓣。花瓣尖头向外，由凸弦纹构成外廓，内含两片花肉，花肉之间有凸弦纹间隔。花瓣两侧有间饰，仅存小乳丁和一段弧形凸弦纹。边轮较突出。瓦当残径 7.9、边轮宽 1.7~2、厚 1.5 厘米（图 3-1-38，3；图版二二七，4）。

第二种，1 件。

10MZ1MD1 ②：1，大部分残缺。当面纹饰磨损严重，花瓣为倒心形，仅残存一片花瓣轮廓，对称复原后应为四瓣。花瓣尖头向外。边轮基本磨平，与纹饰无明显界限。花瓣旁边有两个小乳丁和三条凸弦纹组成的近"干"字形间饰。瓦当残径 14.6、边轮厚 1.6~1.7 厘米。瓦当背面保存有一小段对接筒瓦，凸面素面，凹面保留布纹。筒瓦厚 2.2 厘米（图 3-1-38，4；图版二二七，5、6）。

第三种，5件。当面饰一朵莲花图案。花瓣呈倒心形，共六瓣，朝外一侧略内凹，朝当心一侧略尖。花瓣内两片花肉相连，呈"U"形。花瓣之间有四个小乳丁和凸弦纹构成的十字形间饰。当心饰一较大乳突，其外依次环绕一周小乳丁和一周凸弦纹。边轮与当面之间饰一周凸弦纹。边轮较低平。

10MZ1MD1②：11，残，花瓣存三瓣。瓦当残径13.8、边轮宽1.4~1.6、边轮厚1.2~1.4厘米（图3-1-39，1；图版二二八，1、2）。

10MZ1MD1②：15，大部分残缺，花瓣存两瓣。瓦当残径8.5、边轮宽1.2~1.7、边轮厚1.6~1.7厘米（图3-1-39，2；图版二二八，3）。

10MZ1MD1②：16，大部分残缺。花瓣存三瓣，仅一瓣保存较好。瓦当残径9.9、

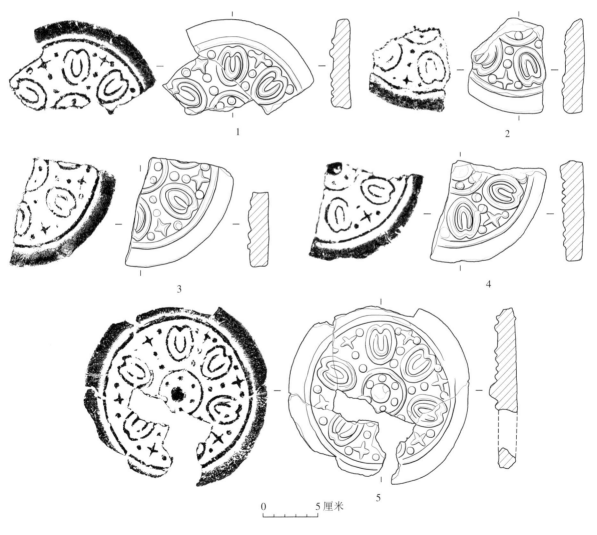

0 5厘米

图3-1-39 黑龙门遗址出土莲花纹瓦当

1.10MZ1MD1②：11 2.10MZ1MD1②：15 3.10MZ1MD1②：16 4.10MZ1MD1③B：82 5.10MZ1F1①：11

边轮宽 1.4~1.6、边轮厚 1.4~1.6 厘米（图 3-1-39，3；图版二二八，4）。

10MZ1MD1③B：82，红胎。大部分残缺。瓦当残径 10.8、边轮宽 1.1~1.6、边轮厚 1.4~1.5 厘米（图 3-1-39，4；图版二二八，5）。

10MZ1F1①：11，砖红胎。较完整，五瓣保存较好。瓦当直径 16.6~16.8、边轮宽 1.5~1.9、边轮厚 1.3~1.6 厘米。瓦当背面保存有一小段对接筒瓦。筒瓦宽 16.6、厚 2~2.2 厘米（图 3-1-39，5；图版二二九，1、2）。

第四种，1件。

09G10②：1，残。当面饰一朵莲花图案，花瓣为变体倒心形，残存两瓣，对称复原后应为六瓣。花瓣呈长椭圆状，由四条凸弦纹勾勒出外廓和两片花肉。花瓣之间由小乳丁和凸弦纹组成近"T"形间饰。边轮与花瓣之间饰一周凸弦纹。边轮低平。瓦当残径 10.9、边轮宽 1.3~1.7、厚 1.3~1.6 厘米。瓦当背面保存一段对接筒瓦。筒瓦凸面素面，凹面保留布纹，左侧缘残缺，右侧缘为内切，近凹面一侧保留有较宽的切割面，近凸面一侧保留较窄的断裂面。筒瓦残长 12.4、厚 1.9~2.2 厘米（图 3-1-40，5；图版二二八，6）。

第五种，4件。当面饰一朵莲花图案。花瓣呈倒心形，共七瓣。花瓣尖头向外，每瓣均由凸弦纹勾勒出外廓，内有两片短凸棱带构成的花肉，其间有凸弦纹分隔。花瓣之间有十字形间饰。当心饰一较大乳突，周围依次环绕放射线、凸弦纹和小乳丁各一周。边轮较突出。

10MZ1MD1①：1，残，仅两瓣保存较好，当心仅存一周联珠纹。瓦当边轮略呈坡状。瓦当残径 13.1、边轮厚 1.4 厘米（图 3-1-40，1；图版二二九，3、4）。

10MZ1MD1③B：83，残，保存有四瓣，其中两瓣完整。瓦当背面中部有一道记号线。瓦当残径 12.6、边轮宽 1.7~2、边轮厚 1.6 厘米（图 3-1-40，3；图版二二九，5）。

10MZ1MD1③B：129，大部分残缺，花瓣仅存两瓣。瓦当背面中部有一道记号线。瓦当残径 8、边轮宽 1.9~2.1、边轮厚 1.5~1.7 厘米（图 3-1-40，2；图版二二九，6）。

10MZ1MD2④：1，残，花瓣保存四瓣。瓦当残径 16.8、边轮宽 1.8~2.4、边轮厚 1.4~1.8 厘米。瓦当背面保存有一小段对接筒瓦，筒瓦厚 2 厘米（图 3-1-40，4；图版二三〇，1、2）。

第二类，3件。饰较大的椭圆形花瓣。可分两种。

第一种，2件。当面饰一朵莲花图案，莲瓣呈长椭圆形，共六瓣。花瓣之间饰"T"字形间饰，并与当心乳突相连。边轮与当面之间饰两圈凸弦纹夹一圈联珠纹。边轮较低平。

09G13③：8，完整。瓦当背面对接筒瓦处存有印痕。瓦当直径 16.4~16.7、边轮

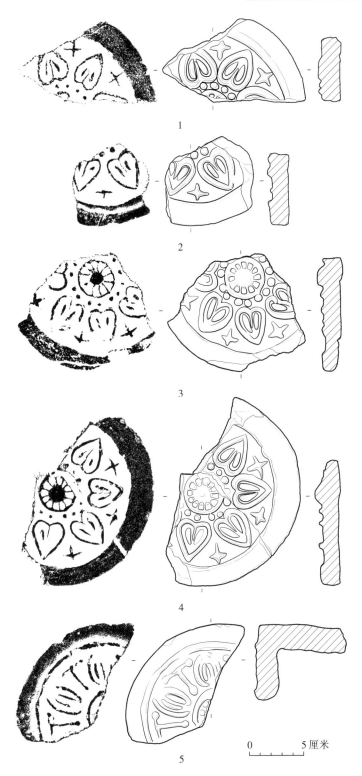

0   5厘米

图 3-1-40 黑龙门遗址出土莲花纹瓦当

1. 10MZ1MD1 ① : 1   2. 10MZ1MD1 ③ B : 129   3. 10MZ1MD1 ③ B : 83   4. 10MZ1MD2 ④ : 1   5. 09G10 ② : 1

宽 2.1~2.5、边轮厚 1.1~1.9 厘米（图 3-1-41，1；图版二三○，3、4）。

10MZ1MD1③B：80，大部分残缺，花瓣仅存两瓣。瓦当残径 10.5、边轮宽 2.2~2.6、边轮厚 1.1~1.3 厘米（图 3-1-41，2；图版二三○，5）。

第二种，1 件。

10MZ1MD2③B：26，残，当面纹饰保存较好，边轮大部分残损。当面饰一朵莲花纹图案。花肉呈凸起的椭圆形，其外有凸弦纹构成的外廓，共八瓣。花瓣之间有小乳丁构成的间饰。当心饰一个较大的乳突，周围依次环绕一周小乳丁和一周凸弦纹，共同构成莲心。花瓣和边轮之间有一周凸弦纹。边轮较低平。瓦当残径 12.9 厘米（图 3-1-41，3；图版二三○，6）。

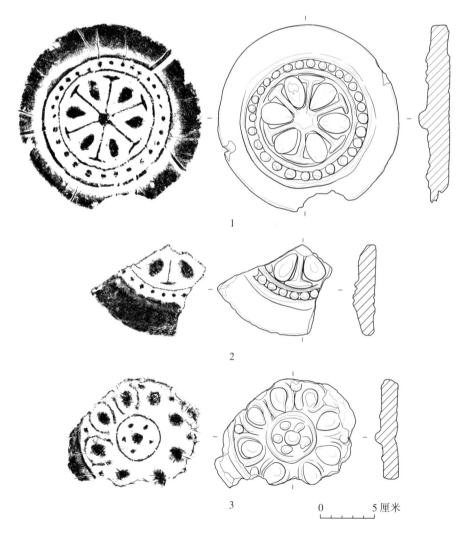

图 3-1-41　黑龙门遗址出土莲花纹瓦当

1. 09G13③：8　2. 10MZ1MD1③B：80　3. 10MZ1MD2③B：26

第三类，15 件，饰密集的小椭圆形花瓣。可分为三种。

第一种，1 件。

10MZ1MD1 ③ B：112，大部分残缺。当面饰莲花图案，莲瓣较小，呈突出的细长椭圆形，残存三瓣。瓣间饰细长的"T"形饰。边轮与花瓣之间饰两周凸弦纹夹一周联珠纹。边轮低平。瓦当残径 7.2、边轮宽 2.2、边轮厚 1.5~1.6 厘米（图 3-1-42，1；图版二三一，1）。

第二种，12 件。当面饰一朵莲花图案。当心饰一稍大的乳丁，周边环绕四个小乳丁和一圈凸弦纹，共同构成莲心。四周莲瓣由凸弦纹勾勒出长椭圆形外廓，其内有突出的花肉，共十二瓣。各莲瓣之间饰一小乳丁。边轮与当面之间饰一周凸弦纹。边轮较低平。

09G3 ④：4-1，残，花瓣有六瓣保存完好。瓦当残径 12、边轮宽 2.5、边轮厚 1.1 厘米（图 3-1-42，2；图版二三一，2）。

09G3 ④：4-2，残，花瓣有五瓣保存完好。瓦当背面对接筒瓦处存有印痕。瓦当残径 11、边轮宽 2~2.5、边轮厚 0.8~1.1 厘米（图 3-1-42，3；图版二三一，3、4）。

09G5 ②：1，残，花瓣有四瓣保存完好。瓦当残径 11.1、边轮宽 2~2.3、边轮厚 0.8~1 厘米（图 3-1-43，1；图版二三一，5）。

09G5 ②：2，残，花瓣有五瓣保存完好。瓦当残径 10.1、边轮宽 2、边轮厚 1.6~1.7 厘米（图 3-1-43，2；图版二三一，6）。

09G13 ④：1，残，花瓣有四瓣保存完好。瓦当残径 13.9、边轮宽 2.1~2.3、边轮厚 1.4~1.6 厘米（图 3-1-43，3；图版二三二，1）。

09G13 ④：2，残，共十二瓣。瓦当残径 13.1、边轮宽 2.1、边轮厚 1.2~1.3 厘米（图

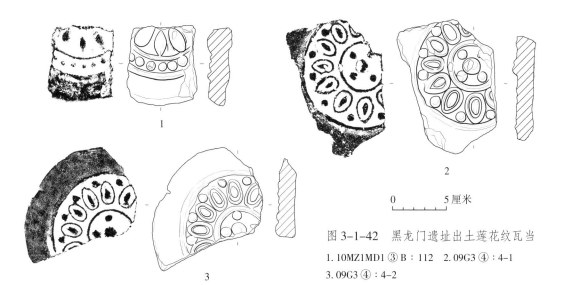

0　　　5 厘米

图 3-1-42　黑龙门遗址出土莲花纹瓦当
1. 10MZ1MD1 ③ B：112　2. 09G3 ④：4-1
3. 09G3 ④：4-2

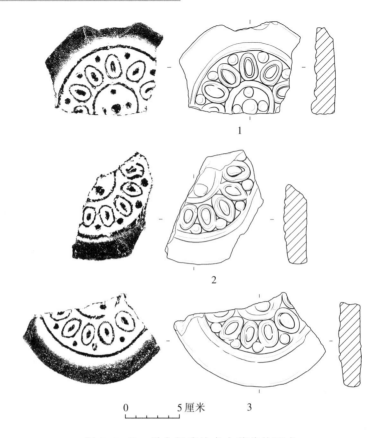

0   5厘米

图 3-1-43 黑龙门遗址出土莲花纹瓦当

1.09G5 ②：1   2.09G5 ②：2   3.09G13 ④：1

3-1-44，1；图版二三二，2）。

10MZ1MD1 ②：30，较完整，共十二瓣。瓦当残径 13.7、边轮宽 2~2.5、边轮厚 1.3~1.6 厘米（图 3-1-44，2；图版二三二，3）。

10MZ1MD1 ③ B：17，较完整，花瓣中有八瓣保存完好。瓦当直径 15.6~16、边轮宽 2.1~2.4、边轮厚 0.8~1 厘米。瓦当背面保存有一小段对接筒瓦。筒瓦凸面素面，凹面保留布纹。左侧缘残缺，右侧缘为内切，呈全切状，近凹面一侧保留有切割面，近凸面一侧断裂面基本不存。右侧缘被二次加工的斜向刮削面打破。筒瓦宽 15.6、厚 2.1~2.5 厘米（图 3-1-44，3；图版二三二，4）。

10MZ1F1 ①：3，完整，共十二瓣。瓦当直径 15.5~16.7、边轮宽 1.6~2.6、边轮厚 1.3~1.5 厘米。当背保存一小段对接筒瓦，凸面素面，凹面保留布纹。右侧缘残缺，左侧缘被二次加工的斜向刮削面打破。筒瓦厚 2 厘米（图 3-1-45，1；图版二三二，5、6）。

10MZ1F1 ①：13，较完整，花瓣中有九瓣保存较好。瓦当直径 15.7~16.1、边轮

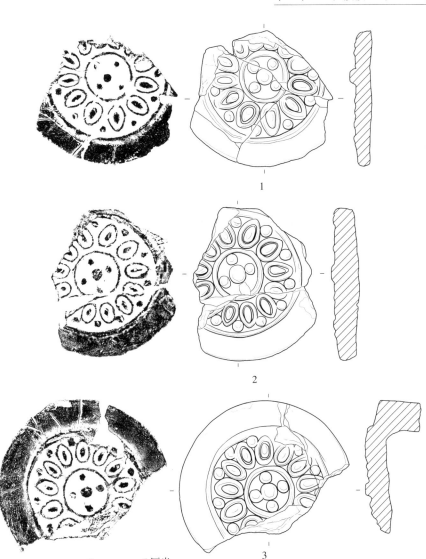

图 3-1-44　黑龙门遗址出土莲花纹瓦当

1.09G13 ④：2　2.10MZ1MD1 ②：30　3.10MZ1MD1 ③B：17

宽 1.9~2.5、边轮厚 1.2~1.4 厘米。瓦当背面保存一段对接筒瓦。筒瓦凸面素面，与瓦当对接处内凹。凹面保留布纹，凹面下缘有内凹痕迹。左侧缘残缺，右侧缘内切，呈全切状，近凹面一侧保留有切割面，断裂面基本不存。右侧缘被二次加工的斜向刮削面打破。筒瓦残长 9.5、厚 2.2~2.4 厘米（图 3-1-45，2；图版二三三，1~3）。

10MZ1F1 ①：19，较完整，共十二瓣。瓦当直径 15.7~16、边轮宽 2.3~2.8、边轮厚 1.5~1.7 厘米（图 3-1-45，3；图版二三三，4）。

10MZ1F1 ①：26，残，存九瓣。瓦当背面中部有一道浅凹槽。瓦当残径 11.3、

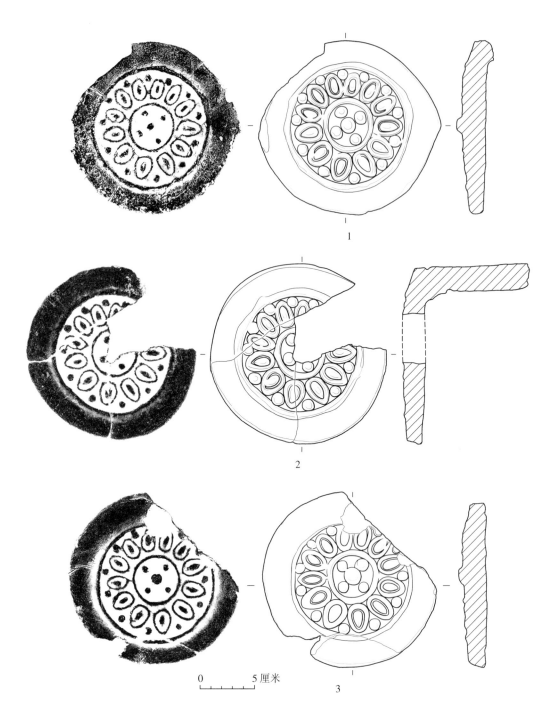

图 3-1-45 黑龙门遗址出土莲花纹瓦当

1. 10MZ1F1 ① : 3 2. 10MZ1F1 ① : 13 3. 10MZ1F1 ① : 19

边轮宽 2.2、边轮厚 1.6 厘米（图 3-1-46，1；图版二三三，5）。

第三种，2 件。当面饰一朵莲花图案。当心饰一稍大的乳丁，周边环绕六个小乳丁和一圈凸弦纹，共同构成莲心。四周莲瓣由凸弦纹勾勒出椭圆形外廓，朝外一侧为尖头，其内有突出的花肉。边轮与当面之间饰一周凸弦纹。边轮较低平。

09G1④：1，残，存四瓣。瓦当残径 12.5、边轮宽 1.7~2.1、边轮厚 1~1.5 厘米（图 3-1-46，2；图版二三三，6）。

10MZ1F1①：7，完整，共十一瓣。瓦当背面中部有一道印迹，与对接筒瓦的范围基本契合。瓦当直径 15.2、边轮宽 1.1~1.6、边轮厚 1.2~1.4 厘米。瓦当背面保存有完整的对接筒瓦。筒瓦由瓦身和瓦舌两部分组成。瓦身和瓦舌凸面均为素面，凹面均保留布纹，瓦身凹面下缘有一道内凹痕迹。瓦身的左右侧缘均为内切，呈全切状，近凹面一侧有切割面，近凸面一侧断裂面基本不存。两侧缘均被二次加工的斜向刮削面打破。瓦身、瓦舌上缘均经过修整。瓦舌略呈弧状。筒瓦长 35.3 厘米，其中瓦身长 33.2、宽 14.6~16、厚 1.8~2.2 厘米，瓦舌长 2.1 厘米（图 3-1-46，3；图版

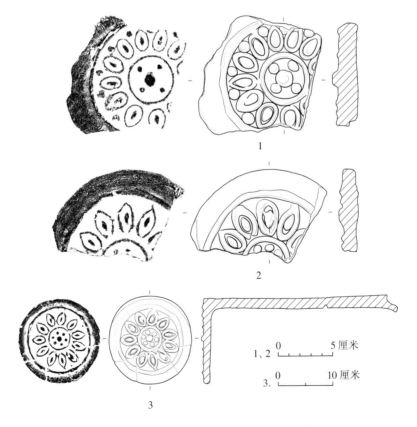

图 3-1-46　黑龙门遗址出土莲花纹瓦当

1.10MZ1F1①：26　2.09G1④：1　3.10MZ1F1①：7

二三四，1、2）。

几何纹瓦当　共16件。可分为两类。

第一类，3件，饰多角形图案。当面饰一五角形，由外向内依次为五角折线纹、一周低矮的弦纹和一个较扁平的当心乳丁。各角之间有小乳丁和弧线构成的间饰。五角形和边轮之间饰两周凸弦纹夹一周短线纹，构成一圈方格纹饰带。边轮宽而低平。

09G3④：4-3，残。瓦当背面偏离中部的位置有一道记号线。瓦当残径10.4、边轮宽2.6~2.8、边轮厚1.1~1.2厘米（图3-1-47，1；图版二三四，3、4）。

09G6②：2，较完整。瓦当背面偏离中部的位置有一道记号线。瓦当残径14、边轮宽2.7~3.1、边轮厚1.1~1.3厘米（图3-1-47，2；图版二三四，5、6）。

10MZ1MD1②：17，大部分残缺。瓦当残径11.7、边轮宽2.8~3、边轮厚1.3~1.4厘米。当背保存一小段对接筒瓦，凸面为素面，凹面残存部分保留少量布纹。筒瓦厚2.1~2.6厘米（图3-1-47，3；图版二三五，1）。

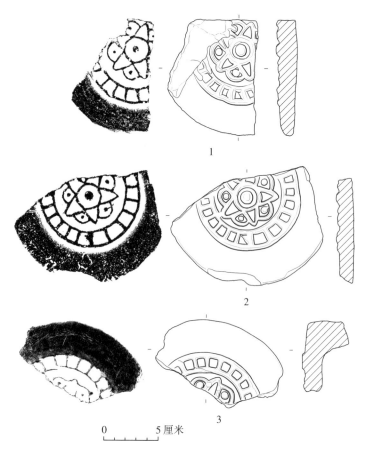

0 ____ 5厘米

图3-1-47　黑龙门遗址出土几何纹瓦当

1.09G3④：4-3   2.09G6②：2   3.10MZ1MD1②：17

第二类，13件，饰较大的圆形乳丁。可分为四种。

第一种，5件。当面主题纹饰为六个较大的圆形乳丁，有十字形间饰相隔。当心为一个较大乳突，其外依次环绕一周小乳丁和一周凸弦纹。边轮与主题纹饰之间有一周凸弦纹。边轮低平。

10MZ1MD1 ②：4，残，主题纹饰仅存两个大乳丁，当心基本不存。瓦当残径11.4、边轮宽1.8~2、边轮厚1.6~1.8厘米（图3-1-48，1；图版二三五，2）。

10MZ1MD1 ②：18，残，主题纹饰仅存两个大乳丁。瓦当残径13.1、边轮宽1.7~2.1、边轮厚1.6~1.8厘米（图3-1-48，2；图版二三五，3）。

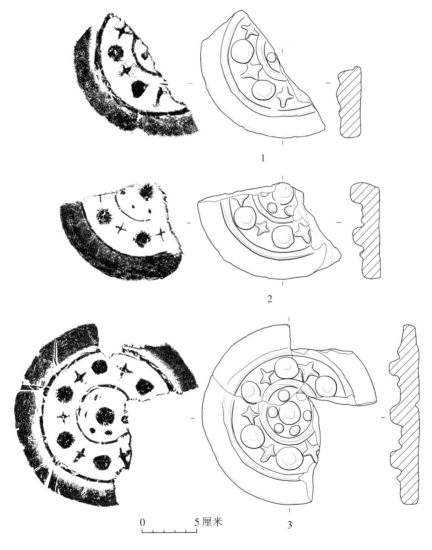

图3-1-48　黑龙门遗址出土几何纹瓦当

1. 10MZ1MD1 ②：4　2. 10MZ1MD1 ②：18　3. 10MZ1MD1 ③B：81

10MZ1MD1 ③ B：81，砖红胎。较完整。瓦当直径 16~16.1、边轮宽 1.8~2.1、边轮厚 1.4~1.6 厘米（图 3-1-48，3；图版二三五，4）。

10MZ1MD1 ③ B：84，较完整，主题纹饰保存四个大乳丁。瓦当直径 15.4~15.6、边轮宽 1.9~2、边轮厚 1~1.4 厘米（图 3-1-49，2；图版二三五，5）。

10MZ1MD1 ③ B：111，砖红胎。较完整，主题纹饰中有三个大乳丁保存较好，当心残缺。瓦当直径 15.5~15.8、边轮宽 1.8~2、边轮厚 1.2~1.6 厘米。瓦当背面保存

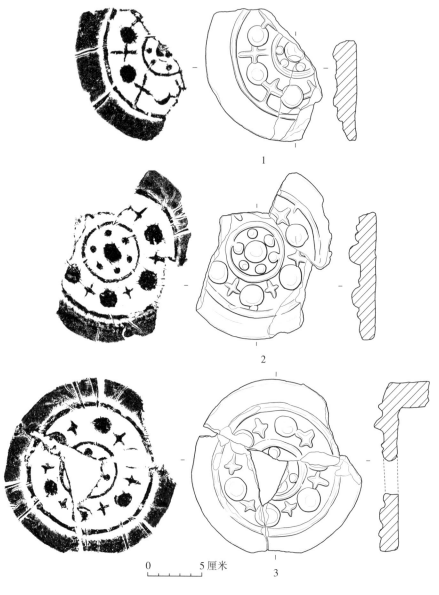

图 3-1-49　黑龙门遗址出土几何纹瓦当

1. 09G3 ④：2　2. 10MZ1MD1 ③ B：84　3. 10MZ1MD1 ③ B：111

有一小段对接筒瓦，凸面素面，凹面残存部分为抹泥覆盖，不见明显的布纹。筒瓦厚2.2厘米（图3-1-49，3；图版二三五，6）。

第二种，6件。当面主题纹饰为六个较大的圆形乳丁，有十字形间饰相隔。十字形饰较细长。当心为一个较大乳突，其外依次环绕一周小乳丁和一周凸弦纹。边轮与主题纹饰之间有一周凸弦纹。边轮低平。

09G3④：2，残，主题纹饰存三个大乳丁。瓦当残径11.8、边轮宽2.1~2.3、边轮厚1~1.5厘米（图3-1-49，1；图版二三六，1）。

09G13③：1，残。瓦当残径13.4、边轮宽2~2.2、边轮厚1.4~1.6厘米。瓦当背面残存一小段对接筒瓦，筒瓦厚2.2厘米（图3-1-50，1；图版二三六，3、4）。

10MZ1MD1②：3，大部分残缺，主题纹饰存两个大乳丁。瓦当残径7.6、边轮宽2.2~2.3、边轮厚1.2~1.3厘米（图3-1-50，2；图版二三六，2）。

10MZ1MD1②：19，残，主题纹饰存三个大乳丁。瓦当残径13、边轮宽2~2.2、边轮厚1.3厘米。瓦当背面保存一小段筒瓦，筒瓦厚2.5~2.6厘米（图3-1-50，3；图版二三六，5）。

10MZ1MD1③B：114，大部分残缺，主题纹饰存一个大乳丁。瓦当背面有起伏，有疑似手印痕迹。瓦当残径11.6、边轮宽1.9、边轮厚1.4厘米（图3-1-50，4；图版二三六，6）。

10MZ1F1①：25，残，主题纹饰存三个大乳丁。瓦当残径10.5、边轮宽2.1~2.2、边轮厚1.3~1.5厘米（图3-1-51，1；图版二三七，1）。

第三种，1件。

10MZ1MD1④：1，较完整。当面主题纹饰为六个较大的圆形乳丁，有十字形间饰相隔。十字形饰较细长。当心为一个较大乳突，其外环绕一周小乳丁。边轮与主题纹饰之间有一周凸弦纹。边轮低平。瓦当直径15~15.1、边轮宽1.7~2、边轮厚1.1~1.7厘米（图3-1-51，2；图版二三七，3、4）。

第四种，1件。

10MZ1MD1③B：113，残。当面主题纹饰为较大的圆形乳丁，残存四个，对称复原后应为六个。大乳丁之间由较小的十字形饰和两个小乳丁组成间饰。当心为一个较大乳突，其外依次环绕一周小乳丁和一周凸弦纹。边轮与主题纹饰之间有一周凸弦纹。边轮低平。瓦当残径15.5、边轮宽2.1~2.3、边轮厚0.9~1.3厘米（图3-1-51，3；图版二三七，2）。

（4）滴水

共43件。皆为陶质，灰胎。个别标本上存有白灰。均为分层式布局，根据端面底部装饰的差异可分为三类。

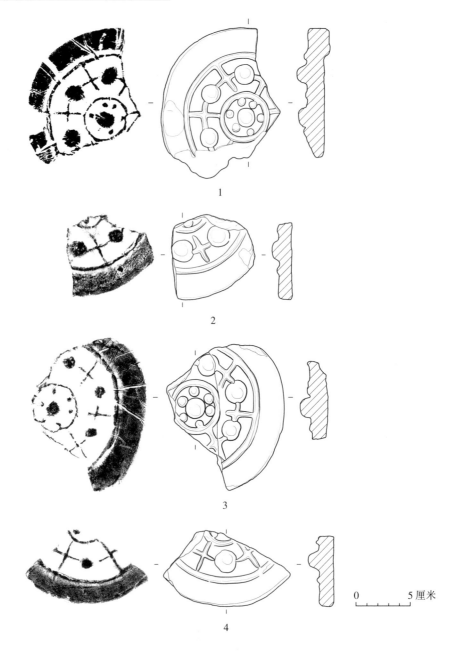

图 3-1-50　黑龙门遗址出土几何纹瓦当

1. 09G13③：1　2. 10MZ1MD1②：3　3. 10MZ1MD1②：19　4. 10MZ1MD1③B：114

第一类，30 件。端面底部为素面。

09G1②：1-1，滴水端面与瓦身呈钝角相接，分六层，纹饰位于第二、四层，第六层呈波浪状。侧缘保存有内侧切割痕迹。残长 12、残宽 16.4、瓦身厚 2.5~3.5、滴水端面宽 5.1 厘米（图 3-1-52，1；图版二三八，1~3）。

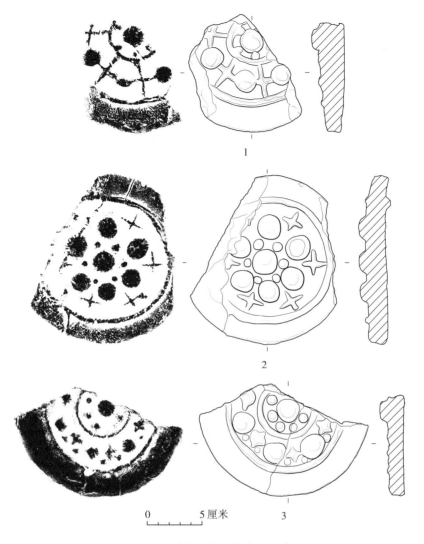

图 3-1-51　黑龙门遗址出土几何纹瓦当

1. 10MZ1F1 ① : 25　2. 10MZ1MD1 ④ : 1　3. 10MZ1MD1 ③ B : 113

09G2 ③ : 1，滴水端面与瓦身呈直角相接，分四层，纹饰位于第一、三层，第四层呈波浪状。侧缘保存有内侧切割痕迹。残长 14.5、残宽 11.2、瓦身厚 1.9~2.3、滴水端面宽 3.6 厘米（图 3-1-52，2；图版二三八，4~6）。

09G2 ③ : 2，滴水端面与瓦身呈钝角相接，分六层，纹饰位于第二、四层，第六层呈波浪状。残长 8.1、残宽 11.5、瓦身厚 3.2~3.4、滴水端面宽 5.5 厘米（图 3-1-52，3；图版二三七，5）。

09G3 ④ : 1，滴水端面与瓦身呈直角相接，分六层，纹饰位于第二、四层，第六层呈波浪状。残长 7、残宽 12.5、瓦身厚 2~2.6、滴水端面宽 5.4 厘米（图 3-1-52，

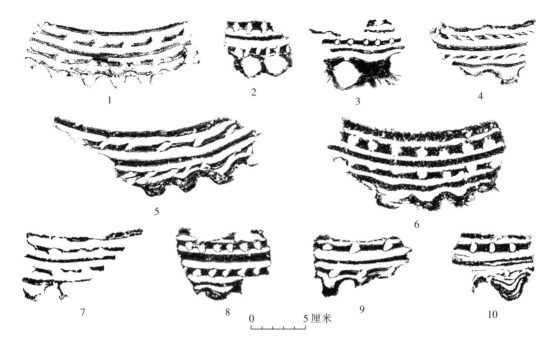

图 3-1-52　黑龙门遗址出土滴水

1.09G1②：1-1　2.09G2③：1　3.09G2③：2　4.09G3④：1　5.09G5②：3　6.09G13③：2　7.09G13③：3　8.
09G13③：4　9.09G13③：6　10.09G13③：7

4；图版二三七，6）。

09G5②：3，滴水端面与瓦身呈直角相接，分五层，纹饰位于第二、四层，第五层呈波浪状。残长 3.8、残宽 20.5、瓦身厚 2.5~2.8、滴水端面宽 5 厘米（图 3-1-52，5；图版二三九，1）。

09G13③：2，滴水端面与瓦身呈钝角相接，分六层，纹饰位于第二、四层，第六层呈波浪状。侧缘保存有内侧切割痕迹。残长 8、残宽 18.4、瓦身厚 2.9、滴水端面宽 6.6 厘米（图 3-1-52，6；图版二三九，2）。

09G13③：3，滴水端面与瓦身呈直角相接，分六层，纹饰位于第二、四层，第六层呈波浪状。残长 5.5、残宽 14、厚 2.6、滴水端面宽 5.5 厘米（图 3-1-52，7；图版二三九，3）。

09G13③：4，滴水端面与瓦身呈直角相接，分六层，纹饰位于第二、四层，第六层呈波浪状。残长 5.4、残宽 9.5、瓦身厚 2.6、滴水端面宽 5.9 厘米（图 3-1-52，8；图版二三九，4）。

09G13③：6，滴水端面与瓦身呈钝角相接，分五层，纹饰位于第二、四层，第五层呈波浪状。残长 6.2、残宽 10、瓦身厚 2.7~2.9、滴水端面宽 4.9 厘米（图 3-1-52，9；图版二三九，5）。

09G13③：7，滴水端面与瓦身呈钝角相接，分六层，纹饰位于第二、四层，第五、六层呈波浪状。残长 6.5、残宽 9、瓦身厚 2.2、滴水端面宽 5.2 厘米（图 3-1-52，10；图版二三九，6）。

10MZ1MD1②：20，滴水端面与瓦身呈钝角相接，分五层，纹饰位于第二、四层，第五层呈波浪状。侧缘保存有内侧切割痕迹。残长 12.2、残宽 17.1、瓦身厚 2.5~2.7、滴水端面宽 5.3 厘米（图 3-1-53，1；图版二四〇，1、2）。

10MZ1MD1②：21，滴水端面与瓦身呈直角相接，分五层，纹饰位于第二、四层，第五层呈波浪状。侧缘保存有内侧切割痕迹。残长 13.8、残宽 25.2、瓦身厚 2.8~3.2、滴水端面宽 4.7 厘米（图 3-1-53，2；图版二四〇，3）。

10MZ1MD1②：22，滴水端面与瓦身呈直角相接，分五层，纹饰位于第二、四层，第五层呈波浪状。侧缘保存有内侧切割痕迹。瓦身凸面距离折沿 6 厘米处存有红彩。

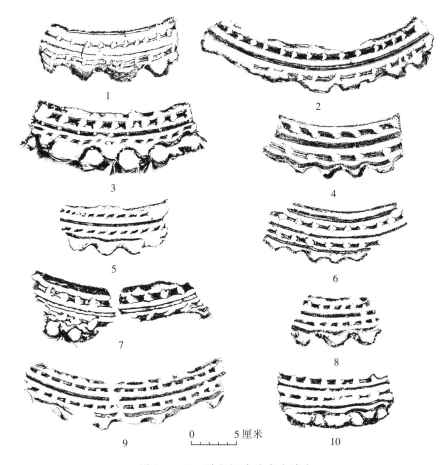

图 3-1-53　黑龙门遗址出土滴水

1. 10MZ1MD1②：20　2. 10MZ1MD1②：21　3. 10MZ1MD1②：22　4. 10MZ1MD1③B：77　5. 10MZ1MD1③B：78　6. 10MZ1MD1③B：79　7. 10MZ1MD1③B：116　8. 10MZ1MD1③B：117　9. 10MZ1MD1③B：119　10. 10MZ1MD1③B：122

残长 12、残宽 19.1、瓦身厚 2.7~3.3、滴水端面宽 5 厘米（图 3-1-53，3；图版二四〇，5、6）。

10MZ1MD1③B：77，滴水端面与瓦身呈直角相接，分六层，纹饰位于第二、四层，第五、六层呈波浪状。侧缘保存有内侧切割痕迹。残长 6.8、残宽 17.3、瓦身厚 2.1~2.6、滴水端面宽 5.6 厘米（图 3-1-53，4；图版二四〇，4）。

10MZ1MD1③B：78，滴水端面与瓦身呈直角相接，分六层，纹饰位于第二、四层，第六层呈波浪状。侧缘保存有内侧切割痕迹。残长 13.6、残宽 17、瓦身厚 2.4~2.9、滴水端面宽 5.1 厘米（图 3-1-53，5；图版二四一，1）。

10MZ1MD1③B：79，滴水端面与瓦身呈直角相接，分七层，纹饰位于第三、五层，第七层呈波浪状。残长 19.2、残宽 19.5、瓦身厚 2.6~2.8、滴水端面宽 5.7 厘米（图 3-1-53，6；图版二四一，2）。

10MZ1MD1③B：115，滴水端面与瓦身呈直角相接，分五层，纹饰位于第一、三层，第五层呈波浪状。滴水端面大部分为白灰覆盖。侧缘保存有内侧切割痕迹。残长 12.9、残宽 15、瓦身厚 2.7~3.5、滴水端面宽 6 厘米（图版二四一，3）。

10MZ1MD1③B：116，滴水端面与瓦身呈直角相接，分六层，纹饰位于第二、四层，第五、六层呈波浪状。侧缘保存有内侧切割痕迹。残长 15.4、残宽 23.4、瓦身厚 2.7~3.9、滴水端面宽 5.6 厘米（图 3-1-53，7；图版二四一，5、6）。

10MZ1MD1③B：117，滴水端面与瓦身呈直角相接，分六层，纹饰位于第二、四层，第六层呈波浪状。残长 3、残宽 10.6、瓦身厚 2.4、滴水端面宽 5.2 厘米（图 3-1-53，8；图版二四一，4）。

10MZ1MD1③B：119，滴水端面与瓦身呈直角相接，分六层，纹饰位于第二、四层，第六层呈波浪状。残长 7.8、残宽 25、瓦身厚 2.5~2.7、滴水端面宽 5 厘米（图 3-1-53，9；图版二四二，1）。

10MZ1MD1③B：120，滴水端面与瓦身呈直角相接，分六层，纹饰位于第二、四层，第六层呈波浪状。残长 7.9、残宽 23.2、瓦身厚 2.6~3、滴水端面宽 5.5 厘米（图 3-1-54，1；图版二四二，2）。

10MZ1MD1③B：122，滴水端面与瓦身呈直角相接，分七层，纹饰位于第二、四层，第七层呈波浪状。残长 11.8、残宽 13.9、瓦身厚 2.4~3、滴水端面宽 5.4 厘米（图 3-1-53，10；图版二四二，3）。

10MZ1F1①：51，滴水端面与瓦身呈直角相接，分六层，纹饰位于第二、四层，第六层呈波浪状。侧缘保存有内侧切割痕迹。瓦身凸面距离折沿约 11.5 厘米处有红彩。残长 16、残宽 28.1、瓦身厚 2.8~3.9、滴水端面宽 4.8 厘米（图 3-1-54，3；图版二四二，4~6）。

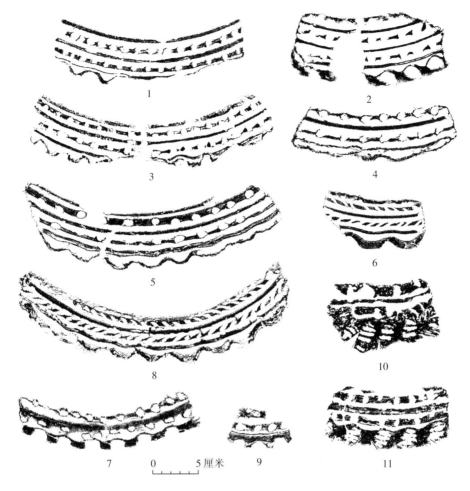

图 3-1-54 黑龙门遗址出土滴水

1. 10MZ1MD1③B：120 2. 10MZ1F1①：53 3. 10MZ1F1①：51 4. 10MZ1F1①：58 5. 10MZ1F1①：52
6. 10MZ1F1①：59 7. 10MZ1F1①：60 8. 10MZ1 东北坡道②：2 9. 10MZ1③：4 10. 09G1②：1~2
11. 09G5②：4

10MZ1F1①：52，滴水端面与瓦身呈钝角相接，分六层，纹饰位于第二、四层，第六层呈波浪状。残长9、残宽29.4、瓦身厚3~3.4、滴水端面宽6.1厘米（图3-1-54，5；图版二四三，1）。

10MZ1F1①：53，滴水端面与瓦身呈直角相接，分七层，纹饰位于第三、五层，第七层呈波浪状。残长8.8、残宽17、瓦身厚3.1、滴水端面宽6.4厘米（图3-1-54，2；图版二四三，2）。

10MZ1F1①：58，滴水端面与瓦身呈钝角相接，分六层，纹饰位于第二、四层，第六层呈波浪状。侧缘保存有内侧切割痕迹。瓦身凸面距离折沿8厘米处有疑似红彩痕迹。残长13.8、残宽19.1、瓦身厚2.1~2.3、滴水端面宽5.9厘米（图3-1-54，4；

图版二四三，3~5）。

10MZ1F1 ①：59，滴水端面与瓦身呈直角相接，分六层，纹饰位于第二、四层，第六层呈波浪状。侧缘保存有内侧切割痕迹。残长 5.5、残宽 12.2、瓦身厚 2.5~2.7、滴水端面宽 5.4 厘米（图 3-1-54，6；图版二四三，6）。

10MZ1F1 ①：60，滴水端面与瓦身呈直角相接，端面刮削痕不清晰，可分三层，纹饰位于第一、二层，第三层呈波浪状。侧缘保存有内侧切割痕迹。残长 16.4、残宽 20、瓦身厚 2~2.5、滴水端面宽 3.3 厘米（图 3-1-54，7；图版二四四，1~3）。

10MZ1 东北坡道②：2，滴水端面较完整，与瓦身呈直角相接，分六层，纹饰位于第二、四层，第六层呈波浪状。侧缘保存有内侧切割痕迹。残长 21.2、残宽 30.9、瓦身厚 1.9~2.6、滴水端面宽 5 厘米（图 3-1-54，8；图版二四四，5、6）。

10MZ1 ③：4，滴水端面与瓦身呈直角相接，分三层，纹饰位于第二层，第三层呈波浪状。侧缘保存有内侧切割痕迹。残长 6.9、残宽 8、瓦身厚 1.3~2.1、滴水端面宽 4 厘米（图 3-1-54，9；图版二四四，4）。

第二类，8 件。滴水端面底部饰绳纹。

09G1 ②：1-2，滴水端面与瓦身呈钝角相接，分四层，纹饰位于第一、三层，第四层呈波浪状。侧缘保存有内侧切割痕迹，有线切痕。残长 18.3、残宽 13、瓦身厚 2.1~2.7、滴水端面宽 4.2 厘米（图 3-1-54，10；图版二四五，1~4）。

09G5 ②：4，滴水端面与瓦身呈钝角相接，分五层，纹饰位于第二、四层，第五层呈波浪状。侧缘保存有内侧切割痕迹，有线切痕。残长 7、残宽 14、瓦身厚 2.2~2.8、滴水端面宽 5.3 厘米（图 3-1-54，11；图版二四六，1~3）。

10MZ1MD1 ②：31，滴水端面与瓦身呈钝角相接，分五层，纹饰位于第二、四层，第五层呈波浪状。残长 7.4、残宽 11.5、瓦身厚 2.3~2.5、滴水端面宽 5.5 厘米（图 3-1-55，1；图版二四五，5）。

10MZ1MD1③B：121，滴水端面与瓦身呈直角相接，分四层，纹饰位于第一、三层，第四层呈波浪状。残长 9.1、残宽 10、瓦身厚 2.3~2.7、滴水端面宽 4.5 厘米（图 3-1-55，2；图版二四五，6）。

10MZ1MD2④：2，滴水端面与瓦身呈直角相接，分五层，纹饰位于第二、四层，第五层呈波浪状。残长 7.5、残宽 8.7、瓦身厚 2.1~2.6、滴水端面宽 6 厘米（图 3-1-55，3；图版二四六，4）。

10MZ1F1 ①：55，滴水端面与瓦身呈钝角相接，分四层，纹饰位于第一、三层，第四层呈波浪状。侧缘保存有内侧切割痕迹，有线切痕。残长 6.6、残宽 14、瓦身厚 2.2~2.6、滴水端面宽 4.2 厘米（图 3-1-55，4；图版二四六，5）。

10MZ1F1 ①：56，滴水端面与瓦身呈钝角相接，分四层，纹饰位于第一、三层，

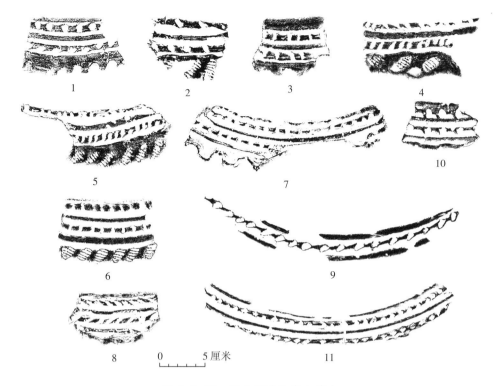

图 3-1-55　黑龙门遗址出土滴水

1. 10MZ1MD1 ②：31　2. 10MZ1MD1 ③B：121　3. 10MZ1MD2 ④：2　4. 10MZ1F1 ①：55　5. 10MZ1F1 ①：56
6. 10MZ1F1 ①：57　7. 09G5 ②：5　8. 10MZ1MD1 ③B：118　9. 10MZ1F1 ①：9　10. 09G13 ③：5　11. 10MZ1
③：3

第四层呈波浪状。残长 14.5、残宽 18.3、瓦身厚 2.4~2.7、滴水端面宽 4.5 厘米（图
3-1-55，5；图版二四六，6）。

10MZ1F1 ①：57，滴水端面与瓦身呈钝角相接，分五层，纹饰位于第一、三层，
第五层呈波浪状。侧缘保存有内侧切割痕迹，有线切痕。残长 12.8、残宽 13、瓦身
厚 2.1~2.6、滴水端面宽 4.8 厘米（图 3-1-55，6；图版二四七，1~3）。

第三类，5 件。端面底部残缺，纹饰不明。

09G5 ②：5，端面底部局部素面，局部存戳印痕。滴水端面与瓦身呈直角相接，
分七层，纹饰位于第二、四层，第六、七层呈波浪状。侧缘保存有内侧切割痕迹。
残长 11、残宽 22.8、瓦身厚 2.4~2.7、滴水端面宽 5.9 厘米（图 3-1-55，7；图版
二四七，4、5）。

09G13 ③：5，滴水端面与瓦身呈直角相接，残存五层，纹饰位于第一、三层。
残长 8.2、残宽 8.5、瓦身厚 3.1~3.3、滴水端面残宽 5 厘米（图 3-1-55，10；图版
二四七，6）。

10MZ1MD1 ③B：118，滴水端面与瓦身呈直角相接，残存六层，纹饰位于第二、

四层。侧缘保存有内侧切割痕迹。残长10.3、残宽11.2、瓦身厚2.2~2.9、滴水端面残宽4.9厘米（图3-1-55，8；图版二四八，1）。

10MZ1F1①：9，滴水端面两侧缘保存完好，与瓦身呈直角相接，残存三层，纹饰位于第二层。侧缘保存有内侧切割痕迹。残长36.1、宽30.6、瓦身厚2~2.7、滴水端面残宽3.5厘米（图3-1-55，9；图版二四八，3、4）。

10MZ1③：3，滴水端面与瓦身呈直角相接，残存四层，纹饰位于第二、四层。侧缘保存有内侧切割痕迹。残长15.5、残宽31、瓦身厚2.5~3.3、滴水端面残宽3.8厘米（图3-1-55，11；图版二四八，2）。

（5）垒脊瓦

共2件。陶质，灰胎。皆由筒瓦加工而成。凸面素面，凹面保留布纹，侧缘均保留内侧切割痕迹。

10MZ1F1①：46，残长21.1、宽10.8~11.8、厚1.7~2厘米（图3-1-56，1；图版二四八，5、6）。

10MZ1F1①：47，残长17.9、宽11.5、厚1.6~2.2厘米（图3-1-56，2；图版二四九，1、2）。

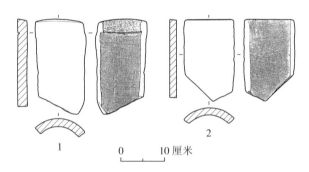

图3-1-56　黑龙门遗址出土垒脊瓦

1.10MZ1F1①：46　2.10MZ1F1①：47

（6）鸱兽

共29件。均为陶质，以灰胎为主。个别涂有红彩。部分标本附着有白灰。

鸱吻　23件。

10MZ1MD1②：8，构件正面贴塑一侧视兽首造型，上方为一凸起的大圆形眼，眼前后有凹弦纹组成的装饰。眼上方有一饰戳刻痕的凸棱带，形成眉脊。眉脊上方有鬃毛状装饰。眼下方有一条弯曲的凸棱带，其上有较密集的戳刻痕形成鳞片状装饰。凸棱带前侧有一条素面装饰带，其前的獠牙较大，牙上饰一凹弦纹，牙根处饰两排戳刻纹。獠牙下方一排戳刻纹组成的白齿，被刻痕分为两段。弯曲凸棱带后方有鬃毛状装饰，其上有五道凹弦纹。后方残存两道凹弦纹。构件上、下各有一穿孔。

背面素面，连接隔板处存有凸棱。长60.6、宽51、厚12.6厘米[1]（图3-1-57，1；图版二四九，3）。

10MZ1MD1②：25，正面贴塑图案分为三部分。中部为一条纵向凸棱带，其上存有十组"品"字形戳印纹。凸棱带一侧残存九条弧向凸棱带和凹弦纹组成的鳍状纹；另一侧素面，其上有一径约2厘米的穿孔。背面素面，存有一段连接隔板。长55.4、宽33.4、厚17厘米（图3-1-57，4；图版二四九，4）。

10MZ1MD1③B：27，正面饰一侧视兽首造型。中部为一弯曲的凸棱带，其上有较密集的戳刻纹形成鳞片状装饰。前侧有一条素面装饰带，局部饰戳刻纹，该装饰带前方有饰戳刻纹的臼齿和獠牙牙根。弯曲凸棱带后侧有两绺鬃毛状装饰，其上有多道凹弦纹分为上、下两部分。偏上的一绺尾部上翘，呈螺旋状内卷；偏下的一绺尾部略下翘收尖。鬃毛状装饰后方存有刻划痕。背面素面，存有一块连接隔板，隔板上有一孔，已残。长50.9、宽47、厚20.6厘米（图3-1-57，3；图版二四九，5）。

10MZ1MD1③B：75，正面饰一侧视兽首造型。前端为一凸起的大圆眼，眼前后有凹弦纹组成的装饰。眼上方有一饰戳刻痕的凸棱带，构成眉脊。凸棱带上方有鬃

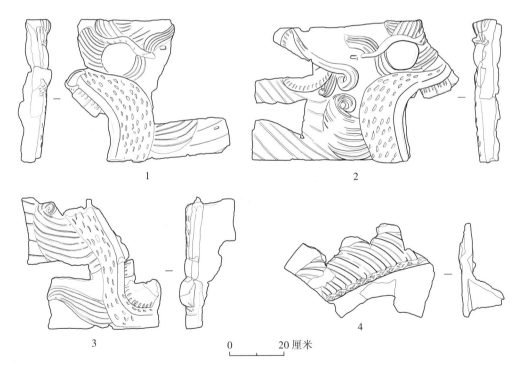

图3-1-57 黑龙门遗址出土鸱吻

1. 10MZ1MD1②：8　2. 10MZ1MD1③B：75　3. 10MZ1MD1③B：27　4. 10MZ1MD1②：25

[1] 除个别标本较完整外，以下公布鸱兽尺寸皆为残长，特此说明。

毛状装饰。眼下方有一条弯曲的凸棱带，其上有较密集的戳刻痕形成鳞片状装饰，其前侧有一条素面装饰带，装饰带前方有一排饰戳刻纹的臼齿被刻痕分成两段。弯曲的凸棱带后方有一绺鬃毛状装饰，尾部上翘，呈螺旋状内卷。鬃毛状装饰后方有九道弧线刻划纹，刻划纹上方三条带状装饰，最上方一条饰凹弦纹，一端呈卷云状，另一端尾部呈弧状且饰戳刻纹。下方一条饰凹弦纹，尾部卷曲内收。另一条呈弧状，饰戳刻纹。构件上、下各有一小穿孔。背面素面，连接隔板处有两道纵向凸棱。长76、宽51.2、厚11.4厘米（图3-1-57，2；图版二四九，6）。

10MZ1F1①：12-1，正面堆贴图案可分为三部分。中间为细长的凸棱，其上有较大的戳印痕，形成鳞片状装饰。一侧附有随凸棱走势而起伏的素面条形装饰，紧贴该装饰带有一鼓起的獠牙，牙面饰一周凹弦纹。獠牙后有一排饰纵向戳刻纹的臼齿，被较深的刻痕分成三节。细长凸棱的另一侧有两绺鬃毛状装饰，分别饰有六至七条凹弦纹。背面素面。长42.9、宽26.9、厚8.6厘米（图3-1-58，1；图版二五〇，1）。

10MZ1F1①：12-2，正面图案可分为三部分。一侧饰三条带状纹饰。最上方为一高凸的带状纹，一端残缺，另一端卷曲，饰有三条凹弦纹；其下有两条较低矮的带状装饰，饰戳刻纹。另一侧一端为七条弧向凹弦纹组成的装饰；另一端为一略微凸起的鬃毛状装饰，其上有六条凹弦纹，尾部收尖。背面素面。长29.1、宽26.2、厚7厘米（图3-1-58，2；图版二五〇，2）。

09G3②：1-1，正面饰一弧形宽凸棱带，其上密集的戳刻纹被凹弦纹分成六段，形似鳞片。其侧面饰有一周波浪状纹饰，形似背鳍，鳍上饰一排戳刻纹。背面素面，保存有一段连接隔板。长28.2、宽18.8、厚12.9厘米（图3-1-58，3；图版二五〇，3）。

09G3②：1-2，正面饰一突出的凸棱带和一排似"月牙"形的戳刻痕。背面素面，连接隔板处存有凸棱。长14.4、宽9.6、厚5.5厘米（图3-1-58，7；图版二五〇，4）。

10MZ1MD1②：2，胎心局部呈青黑色。正面有两道纵向凸棱和一道横向凸棱，背面有横向的连接隔板。长27.2、宽13.1、厚10.2厘米（图3-1-58，4；图版二五〇，5）。

10MZ1MD1②：6，正面饰凸棱带构成的卷云纹和刻划的两处较小的草叶状纹饰。背面素面，连接隔板处存有凸棱。长17、宽14.2、厚5.3厘米（图3-1-58，8；图版二五〇，6）。

10MZ1MD1②：7，红胎，正面饰一突出的螺旋状纹饰，螺旋纹饰周旁有若干道回旋的凹弦纹。长10.4、宽7.1、厚6.7厘米（图3-1-58，6；图版二五一，1）。

10MZ1MD1②：10，正面饰六条凸棱带和凹弦纹组成的鳍状纹。背面素面，连接隔板处有一小段凸棱。长21.1、宽17.7、厚6.6厘米（图3-1-58，5；图版二五

图 3-1-58　黑龙门遗址出土鸱吻

1. 10MZ1F1①：12-1　2. 10MZ1F1①：12-2　3. 09G3②：1-1　4. 10MZ1MD1②：2　5. 10MZ1MD1②：10
6. 10MZ1MD1②：7　7. 09G3②：1-2　8. 10MZ1MD1②：6　9. 10MZ1MD1②：12　10. 10MZ1MD1②：13

一，2）。

10MZ1MD1②：12，正面贴塑图案分为两部分。一侧残存一条纵向凸棱带，其上饰三组"品"字形戳印纹；一侧残存三条弧向凸棱带和凹弦纹组成的鳍状纹。背面素面，对接隔板处有纵向的凸棱痕迹。长17.8、宽12.4、厚4.9厘米（图3-1-58，9；图版二五一，3）。

10MZ1MD1②：13，正面饰一凸起的大圆形乳丁，其外环绕一周饰戳刻纹的凸棱带。背面素面。长11.5、宽10.4、厚4.4厘米（图3-1-58，10；图版二五一，4）。

10MZ1MD1②：24，胎心局部呈青黑色。正面饰凸棱带构成的两朵卷云形饰和一段弧形装饰。一侧有一段弧形凸棱，另一侧有刻划的草叶形纹饰。背面素面，存有一条纵向凸棱。长18、宽16.9、厚6.4厘米（图3-1-59，1；图版二五一，5）。

10MZ1MD1②：26，正面饰起伏的弧形装饰，由弦纹分成五段。背面素面，存有一段连接隔板。长18.1、宽15.7、厚8.2厘米（图3-1-59，2；图版二五一，6）。

10MZ1MD1③B：3，红胎，正面中间饰有线状刻划纹饰，其左右两侧有凸棱带。背面素面，凹凸不平。长21.5、宽14.1、厚7.5厘米（图3-1-59，9；图版二五二，1）。

10MZ1MD1③B：16-1，红胎，正面饰一五道凸棱带组成的鬃毛状装饰，其前端有压印纹。背面素面，存一条弧形凸棱带。长27.2、宽19.6、厚8厘米（图3-1-59，5；图版二五二，2）。

10MZ1MD1③B：16-2，红胎，正面存一道凸棱和几道刻划纹，局部呈弧形。背面素面。长28.6、宽16.6、厚11.4厘米（图3-1-59，6；图版二五二，3）。

10MZ1MD1③B：16-3，一端存有双向凸棱，截面呈"T"形。两面均为素面。长17、宽14.2、厚6.3厘米（图3-1-59，3；图版二五二，5、6）。

10MZ1MD1③B：28，正面贴塑图案由两部分构成，一端系两道高起的弧状凸棱带，略弧，外侧凸棱饰两排戳印纹；另一端为一月牙形饰，其上饰三道浅凹陷纹和一排戳印纹，可能是獠牙。背面素面且凹凸不平。长25.4、宽19.6、厚10.4厘米（图3-1-59，7；图版二五二，4）。

10MZ1MD1③B：76，正面贴塑图案分为两部分，一侧残存一条纵向凸棱带，其上饰七组"品"字形戳印纹；一侧残存七条弧向凸棱带和凹弦纹组成的鳍状纹。背面素面。接有一段连接的隔板。长27、宽21、厚9.4厘米（图3-1-59，4；图版二五三，1）。

10MZ1MD2③B：3，正面存一道弧向凸棱带。背面素面且粗糙，连接隔板处有鼓出的残凸棱。长29.6、宽22.1、厚10.8厘米（图3-1-59，8；图版二五三，2）。

兽头　3件。

10MZ1F1①：15，分前、后两部分。后部为一弧长方形陶板，其上半部分呈方

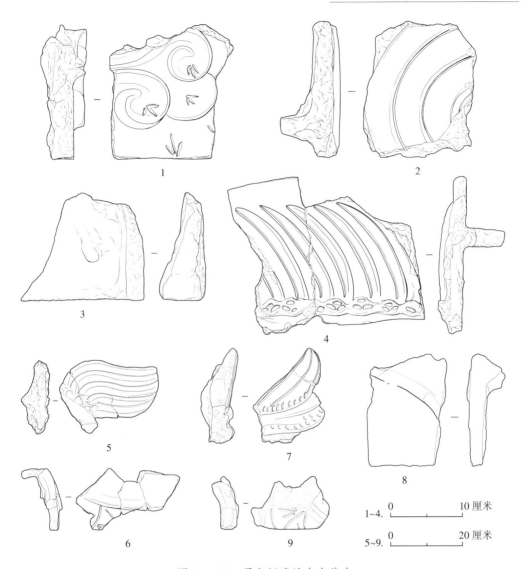

图 3-1-59 黑龙门遗址出土鸱吻

1. 10MZ1MD1②:24 2. 10MZ1MD1②:26 3. 10MZ1MD1③B:16-3 4. 10MZ1MD1③B:76 5. 10MZ1MD1
③B:16-1 6. 10MZ1MD1③B:16-2 7. 10MZ1MD1③B:28 8. 10MZ1MD2③B:3 9. 10MZ1MD1③B:3

形缺孔状。前部为一突出的兽首造型，嘴大张，下颌饰两颗獠牙，舌略上翘。上颌一侧有一颗獠牙，其内有一排门齿。獠牙和门齿外侧缘均饰戳刻纹。眼部呈凸起的圆形，由两道凹弦纹组成双层眼睑，眼皮饰戳刻纹。眼周围由凸棱带、凹弦纹和戳刻纹构成眼眶和眉脊。眼前部有鼻，略鼓，两鼻孔呈椭圆形穿孔状，相互贯通。眉脊上方有兽耳。兽首侧面和下底有一圈凹弦纹组成鬃毛状装饰。长30.6、宽23.7、高39.4厘米（图3-1-60，1；图版二五三，4~6）。

10MZ1MD1②:5，整体呈卷曲状，由两侧和中间的陶板组成。两侧陶板饰较深

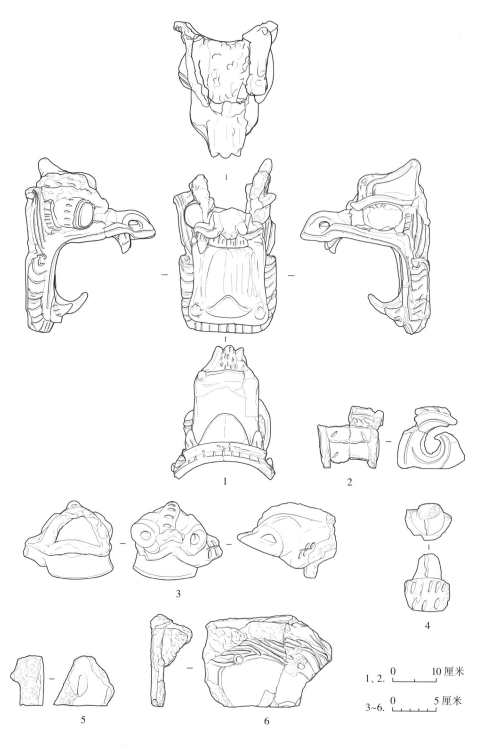

图 3-1-60 黑龙门遗址出土兽头、鸱兽残块

1. 兽头（10MZ1F1①：15） 2. 兽头（10MZ1MD1②：5） 3. 兽头（10MZ1F1①：22） 4. 鸱兽残块（09G2③：3）
5. 鸱兽残块（09G3②：1-3） 6. 鸱兽残块（10MZ1MD1②：23）

的凹弦纹，一侧已残，另一侧保存较好，卷曲内收。中间陶板分为多层，其上有刻划纹。长 15.5、宽 15.1、高 14.5 厘米（图 3-1-60，2；图版二五四，1、2）。

10MZ1F1 ①：22，为一兽首鼻部和上颌残块。鼻部两侧鼓出，鼻孔呈椭圆形，一侧后方有戳刻纹。鼻梁凸起一脊，脊上饰一排戳刻纹。残块内部中空。长 11.4、宽 10.6、高 8.7 厘米（图 3-1-60，3；图版二五四，3、4）。

鸱兽残块　3 件。

09G2 ③：3，现存部分略呈蘑菇形，侧视略弧。一端饰戳刻纹，存两行；一端有竖向沟槽。长 6.6、宽 5.4、厚 4.3 厘米（图 3-1-60，4；图版二五三，3）。

09G3 ②：1-3，正面饰长椭圆形戳刻纹。背面素面，局部凸起。长 7.1、宽 5.6、厚 3.9 厘米（图 3-1-60，5；图版二五四，5）。

10MZ1MD1 ②：23，局部涂红彩。正面有一道凸棱，凸棱一侧饰细密的凹弦纹，旁有两孔，两孔相距 6.5、孔径约 1 厘米。背面素面。长 14.8、宽 10.3、厚 4.9 厘米（图 3-1-60，6；图版二五四，6）。

（7）砖

共 6 件。灰胎，个别胎色偏红。

文字砖　1 件。

10MZ1MD1 ③B：25，砖的一面刻有一疑似"女"字，其下还有一字难以辨认。另一面饰沟纹。残长 12.8、残宽 16.3、厚 5.5 厘米（图 3-1-61，1；图版二五五，1）。

刻划砖　2 件。

10MZ1MD1 ③B：110，一面素面，另一面饰斜向沟纹。砖的一侧立面阴刻有符号。残长 19.9、宽 19、厚 5.5 厘米（图 3-1-61，3；图版二五五，3、4）。

10MZ1MD2 ③B：37，一面饰纵向沟纹，并粘附白灰残块。另一面素面，凿有一个圆形小坑，直径 2.3、深 1.1 厘米。自小坑向外分散出 6 条射线，旁边有横纵相交的刻划痕。残长 24、残宽 14.6、厚 5.7~6.1 厘米（图 3-1-61，4；图版二五五，5、6）。

菱纹砖　2 件。

09G2 ⑤：2，一面为素面，另一面为菱形纹。素面一侧残存有灰浆。残长 17.4、残宽 14.8、厚 5.5 厘米（图 3-1-61，5；图版二五六，1、2）。

09G13 ③：10，胎心呈青黑色。一面饰网格状菱纹。残长 16、残宽 13.6、厚 5.2 厘米（图版二五六，3、4）。

斜面砖　1 件。

10MZ1MD1 ③B：94，红胎。一面素面，一端呈斜面状。另一面饰纵向沟纹。残长 19.6、宽 18.4、厚 6.1、斜面长 8.4 厘米（图 3-1-61，2；图版二五六，5、6）。

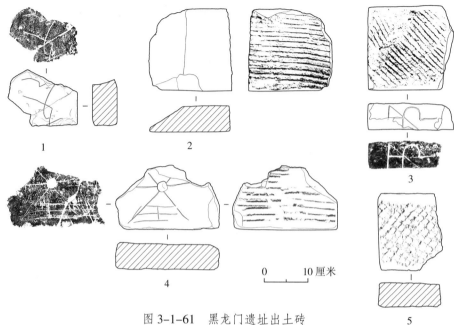

图 3-1-61 黑龙门遗址出土砖

1. 文字砖（10MZ1MD1③B：25） 2. 斜面砖（10MZ1MD1③B：94）
3. 刻划砖（10MZ1MD1③B：110） 4. 刻划砖（10MZ1MD2③B：37） 5. 菱纹砖（09G2⑤：2）

（8）土坯

共 1 件。

10MZ1MD1③B：41，内夹杂少许石子。平面呈长方形，凹凸不平。长 36、宽
20.5、厚 6 厘米（图版二五五，2）。

3. 壁画残块

共 37 件。

主要位于门道内的倒塌堆积中。出土壁画标本残损均较严重，由上至下依次为颜
料层、沙土层和草拌泥。颜料层有红、黑、粉、白等多色彩绘，有花卉或草叶状图案，
多为白底或灰白底，黑彩图案外常见淡粉色轮廓，红彩上常见黑色细弧线勾勒的纹
饰。沙土层厚度多为 0.3~0.5 厘米。草拌泥厚度不一，多呈红褐色，部分标本夹黑芯。

10MZ1MD1②：9，保存较好，存有一直边，可辨一清晰的花卉图案。残长
16.4、残宽 14、厚 7.6 厘米（图版二五七，1）。

10MZ1MD1③B：1，保存较好，存有一黑、红两彩线条勾勒出的花卉。残长
34、残宽 21.5、厚 5.2 厘米（图版二五七，2）。

10MZ1MD1③B：2，残长 7.1、残宽 6.5、厚 4.5 厘米（图版二五七，3）。

10MZ1MD1③B：5，残长 12.3、残宽 7.2、厚 4.3 厘米（图版二五七，4）。

10MZ1MD1③B：6，碎成多块，最大的一块残长11、残宽9.5、厚3.7厘米（图版二五七，5）。

10MZ1MD1③B：7，残存部分呈长方形。残长17.6、残宽9.7、厚3.3厘米（图版二五七，6）。

10MZ1MD1③B：8，残长11.6、残宽8、厚2.7厘米（图版二五八，1）。

10MZ1MD1③B：9，残长13.1、残宽10.3、厚4.4厘米（图版二五八，2）。

10MZ1MD1③B：10，残长13.8、残宽10.2、厚4.5厘米（图版二五八，3）。

10MZ1MD1③B：11，已烧焦。残长12、残宽6.9、厚4.5厘米（图版二五八，4）。

10MZ1MD1③B：12，残长8、残宽7.2、厚3.6厘米（图版二五八，5）。

10MZ1MD1③B：13，碎成多块。最大块残长12.1、残宽10、厚4.1厘米（图版二五八，6）。

10MZ1MD1③B：14，残长12.6、残宽11.6、厚4厘米（图版二五九，1）。

10MZ1MD1③B：15，残长10.5、残宽7.7、厚2.3厘米（图版二五九，2）。

10MZ1MD1③B：18，保存较好，残存壁画平面近三角形。残长25.1、残宽17、厚3.4厘米（图版二五九，3）。

10MZ1MD1③B：19，碎成多块。最大块残长10.3、残宽9.8、厚5.1厘米（图版二五九，4）。

10MZ1MD1③B：20，保存较好。在草拌泥内有一圆孔，应是后置木筋形成。残长26.7、残宽15.6、厚5.1厘米（图版二五九，5）。

10MZ1MD1③B：21，碎成多块。最大块残长17.1、残宽12.1、厚2.3厘米（图版二五九，6）。

10MZ1MD1③B：22，碎成多块。最大的两块尺寸分别为残长10.8、残宽6、厚2.6厘米，残长8.8、残宽7.9、厚2.7厘米（图版二六〇，1）。

10MZ1MD1③B：23，保存较好。残长33.4、残宽23.4、厚3厘米（图版二六〇，2）。

10MZ1MD1③B：26，已烧焦变形，碎成多块。最大块残长20.4、残宽14.7、厚5厘米（图版二六〇，3）。

10MZ1MD1③B：30，保存较好，残存部分呈长方形，两残边较直。残长18.2、残宽11.3、厚2.7厘米（图版二六〇，4）。

10MZ1MD1③B：31，碎成多块。最大块残长15.2、残宽14.5、厚3.6厘米（图版二六〇，5）。

10MZ1MD1③B：32，碎成两块。最大一块残长16.3、残宽10.7、厚4.1厘米（图版二六〇，6）。

10MZ1MD1③B：34，碎成多块。保存较完整的两块中，一块存有直边，残长10.2、残宽6.7、厚3.3厘米；另一块残长9.5、残宽7.6、厚3.1厘米（图版二六一，1）。

10MZ1MD1③B：36，碎成多块。最大块残长19.3、残宽12.4、厚7厘米（图版二六一，2）。

10MZ1MD1③B：42，碎成多块。最大块残长21.8、残宽14、厚5厘米（图版二六一，3）。

10MZ1MD1③B：43，已烧焦，碎成多块。最大块残长16.7、残宽13.1、厚1.7厘米（图版二六一，4）。

10MZ1MD1③B：44，碎成多块。较大的两块中，一块残长13.4、残宽7.5、厚3.7厘米；另一块残长11.7、残宽10.6、厚6厘米（图版二六一，5）。

10MZ1MD1③B：45，残长10.4、残宽9.6、厚3厘米（图版二六一，6）。

10MZ1MD1③B：46，保存较好，存有红花叶，黑茎脉。残长20.9、残宽15.3、厚5厘米（图版二六二，1）。

10MZ1MD1③B：47，残长20.8、残宽16.2、厚4.7厘米（图版二六二，2）。

10MZ1MD1③B：73，已烧焦，碎成多块。最大块保存较好，残长21.7、残宽17.8、厚6.7厘米（图版二六二，3）。

10MZ1MD1③B：74，已烧焦。残长8.3、残宽7.8、厚2.2厘米（图版二六二，4）。

10MZ1MD2③B：2，残长6.8、残宽5.9、厚3.4厘米（图版二六二，5）。

10MZ1MD2③B：4，已烧焦，碎成多块。最大块残长16.4、残宽13.5、厚7厘米（图版二六二，6）。

10MZ1F1①：28，已烧焦。残长14.3、残宽13.5、厚5.5厘米（图版二六三，1）。

（二）表土层及门址外出土遗物

1. 日常生活遗物

包含铁器、铜器、石制品、瓷片、陶器和铜钱。

（1）铁器

共1件。

钉　1件。

10MZ1T36③：3，残且锈蚀。无帽，方头，钉身渐细、弯曲，截面呈长方形。残长11.5厘米（图3-1-62，1；图版二六三，2）。

（2）铜器

共1件。

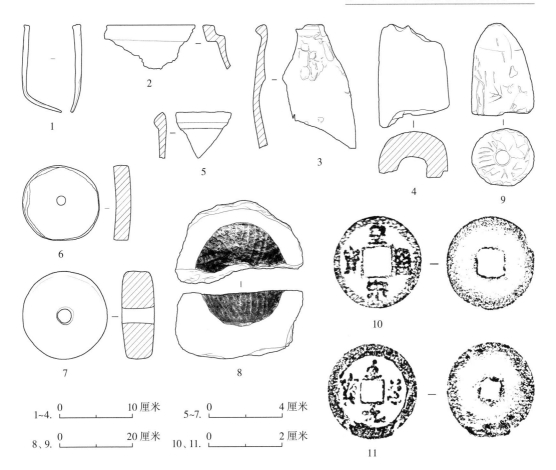

图 3-1-62　黑龙门表土层及门址外出土铁器、铜器、瓷器、陶器、石制品、铜钱

1. 铁钉（10MZ1T36③：3）　2. 铜器口沿（10MZ1T36②：3）　3. 牛腿瓷瓶口沿（10MZ1MD1 墩台北①：2）
4. 陶构件（10MZ1T36②：8）　5. 釉陶口沿（10MZ1MD1 墩台北②：1）　6. 陶纺轮（10MZ1T36③：2）　7. 陶纺轮（10MZ1T47②：4）　8. 石臼（10MZ1T47②：1）　9. 石夯头（10MZ1TG4②：1）　10. 皇宋通宝（10MZ1T36②：4）
11. 至道元宝（10MZ1T44①：1）

口沿　1件。

10MZ1T36②：3，满布绿锈。折沿，方唇。残长 12.5、宽 5.9、厚 0.6~1.3 厘米（图 3-1-62，2；图版二六三，3）。

（3）瓷器

共 1件。

牛腿瓶口沿　1件。

10MZ1MD1 墩台北①：2，灰褐胎，茶褐色釉，施釉不匀，有流釉现象。芒口，圆唇，侈口，斜弧腹。残高 16.4、宽 9.9、厚 1.2 厘米（图 3-1-62，3；图版二六三，4）。

（4）陶器

共 5 件。

釉陶口沿　1 件。

10MZ1MD1 墩台北②：1，砖红胎，敷化妆土后罩透明釉。叠唇。残长 3.1、宽 2.5、厚 0.4 厘米（图 3-1-62，5；图版二六三，5）。

口沿　1 件。

10MZ1MD2②A：2，泥质灰陶，表面略发黑。轮制。圆唇，小卷沿，敞口，斜腹。残长 25.1、高 2.6 厘米（图版二六三，6）。

纺轮　2 件。

10MZ1T36③：2，泥质青灰陶。平面近圆形，近中央处钻一圆孔。边缘磨制光滑。径 4.1~4.3、厚 0.9、孔径 0.5~0.6 厘米（图 3-1-62，6；图版二六四，1）。

10MZ1T47②：4，模制。泥质灰陶。平面为圆形，中间有孔。正面为素面；背面有布纹，部分布纹已被磨掉。直径 4.7、厚 1.5~1.7、孔径 1 厘米（图 3-1-62，7；图版二六四，2）。

构件　1 件。

10MZ1T36②：8，手制。残缺。泥质红褐陶。半圆筒状，一端略粗且壁厚，另一端略细且壁薄。素面。残长 13.6、厚 2.6~3.5、径 9.6 厘米（图 3-1-62，4；图版二六四，3）。

（5）石制品

共 2 件。

臼　1 件。

10MZ1T47②：1，花岗岩，褐色发白。平面呈不规则形，中部有臼槽。剖面似“凹”字形。整体外侧打制，顶面磨平，边缘粗糙，不整齐。臼残径 34.6、臼槽残径 23 厘米（图 3-1-62，8；图版二六四，4）。

夯头　1 件。

10MZ1TG4②：1，砂岩。雕凿。侧视呈圆锥形，顶面略平，面上有雕刻痕，中部有圆形榫眼。夯侧面靠近顶面处阴刻有纹饰。长 24.8、顶面径 17.6、榫眼径 4 厘米（图 3-1-62，9；图版二六四，5、6）。

（6）铜钱

共 2 件。

皇宋通宝　1 件。

10MZ1T36②：4，钱文楷书，对读，光背。钱径 2.5、穿宽 0.7 厘米（图 3-1-62，10；图版二六五，1）。

至道元宝　1 件。

10MZ1T44①：1，钱文草书，右旋读，光背。钱径 2.5、穿宽 0.6 厘米（图 3-1-62，11；图版二六五，2）。

2. 建筑材料

包括板瓦、筒瓦、瓦当、滴水、垒脊瓦、鸱兽、砖。

（1）板瓦

共 3 件。均为陶质，灰胎。凸面素面，凹面保留布纹。

10MZ1T44①：2，凸面有一道红彩，残宽 3.2 厘米。侧缘残缺。残长 9.2、残宽 13.6、厚 2.4~2.6 厘米（图 3-1-63，3；图版二六五，3）。

10MZ1T56①：1，侧缘保存有内侧切割痕迹。残长 44.5、宽 31.2、厚 2~2.7 厘米（图 3-1-63，8；图版二六五，5、6）。

10MZ1T56①：7，凹面一端有四道指压痕。侧缘保存内侧切割痕迹。残长 9.6、

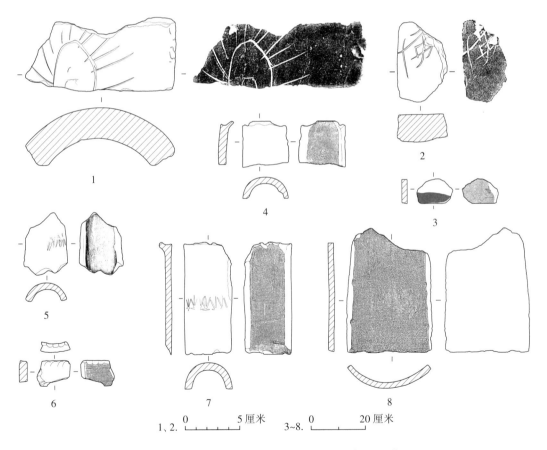

图 3-1-63　黑龙门表土层及门址外出土板瓦、筒瓦

1. 筒瓦（10MZ1T55①：3）　2. 筒瓦（10MZ1T36②：2）　3. 板瓦（10MZ1T44①：2）　4. 筒瓦（10MZ1T56①：6）

5. 筒瓦（10MZ1T44②：1）　6. 板瓦（10MZ1T56①：7）　7. 筒瓦（10MZ1T56①：12）　8. 板瓦（10MZ1T56①：1）

残宽 12、厚 3.2~3.4 厘米（图 3-1-63，6；图版二六五，4）。

（2）筒瓦

共 5 件。均为灰胎，个别标本上有白灰。凸面素面，多存有文字、图案或拍印痕迹。凹面保留布纹。

10MZ1T36②：2，仅存一残块。凸面刻有一字，难以辨认。残长 7.4、残宽 4.6、厚 2.1 厘米（图 3-1-63，2；图版二六六，1）。

10MZ1T44②：1，凸面保存有似"木"字形的拍印痕迹。侧缘保存有内侧切割痕迹。残长 22.6、残宽 15.6、厚 2.1~2.6 厘米（图 3-1-63，5；图版二六六，3、4）。

10MZ1T55①：3，凸面刻划有图案，残存一椭圆形，周围环绕一周放射状直线。侧缘保存有内侧切割痕迹。残长 6.5、残宽 13.7、厚 2.8 厘米（图 3-1-63，1；图版二六六，2）。

10MZ1T56①：6，左侧缘残缺，右侧缘内侧切割痕迹呈全切状，近凸面一侧断裂面基本不见，侧缘近凹面一侧被二次加工的斜向刮削面打破。残长 16.4、宽 16.8、厚 2.4~2.6、瓦舌长 2.1 厘米（图 3-1-63，4；图版二六六，5、6）。

10MZ1T56①：12，凸面存有形似"木"字的拍印痕迹。侧缘保存有内侧切割痕迹。凹面近下缘处经过刮削，呈斜面状。残长 40、宽 16.7~17.2、厚 2.2~2.6 厘米（图 3-1-63，7；图版二六七，1~3）。

（3）瓦当

共 15 件。皆为陶质，灰胎。包括人面、莲花纹、几何纹三大类。瓦当背面多见细线刻划，抹泥多经过修整。部分标本上存有白灰。

人面瓦当　1 件。

10MZ1T45①：1，大部分残缺。当面饰一人面形象，额头顶部存三个小乳丁，眉脊下弯，细长横眼。鼻呈三角形，较突出。边轮与人面之间有一圈凸弦纹。边轮较低平。瓦当残径 7.5、边轮厚 1.5 厘米（图 3-1-64，1；图版二六七，4）。

莲花纹瓦当　共 13 件。可分为三类。

第一类，1 件。

10MZ1T43④：3，大部分残缺。当面饰一朵莲花图案，花瓣为变体倒心形，残存一瓣，呈长椭圆状，由四条凸弦纹勾勒出外廓和两片花肉。花瓣之间由小乳丁和凸弦纹组成近"T"字形间饰。边轮与花瓣之间饰一周凸弦纹。边轮低平。瓦当残径 8.1、边轮宽 1.7~1.8、边轮厚 2 厘米。瓦当背面保存有一小段对接筒瓦，筒瓦凸面为素面。厚 2.4 厘米（图 3-1-64，2；图版二六七，5）。

第二类，2 件。当面饰一朵莲花纹图案。花肉呈凸起的椭圆形，其外有凸弦纹构成的外廓，多残损，对称复原后为八瓣。花瓣之间有小乳丁构成的间饰。当心饰一

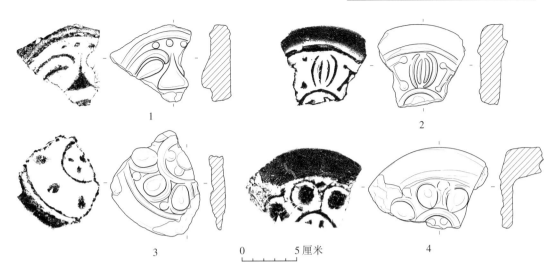

图 3-1-64 黑龙门表土层及门址外出土瓦当

1. 人面瓦当（10MZ1T45①：1） 2. 莲花纹瓦当（10MZ1T43④：3） 3. 莲花纹瓦当（10MZ1TG1②：2） 4. 莲花纹瓦当（10MZ1 墩台北①：1）

个较大的乳突，周围依次环绕一周小乳丁和一周凸弦纹，共同构成莲心。花瓣和边轮之间有一周凸弦纹。边轮较低平。

10MZ1TG1②：2，大部分残缺，仅存三瓣。瓦当残径 9.4、边轮宽 1.7~1.8、边轮厚 1.3 厘米（图 3-1-64，3；图版二六七，6）。

10MZ1 墩台北①：1，大部分残缺，仅存三瓣。瓦当残径 11、边轮宽 2~2.5、边轮厚 0.8 厘米。瓦当背面保存有一小段对接筒瓦，筒瓦凸面素面，凹面保留布纹。筒瓦厚 2.1~2.3 厘米（图 3-1-64，4；图版二六八，1）。

第三类，10 件。当面饰一朵莲花图案。当心饰一稍大的乳丁，周边环绕四个小乳丁和一圈凸弦纹，共同构成莲心。四周莲瓣由凸弦纹勾勒出长椭圆形外廓，其内有突出的花肉。各莲瓣之间饰一小乳丁。边轮与当面之间饰一周凸弦纹。边轮较低平。

10MZ1TG1②：1，较完整，花瓣中有九瓣保存完好。瓦当残径 14.6、边轮宽 2~2.4、边轮厚 1.4~1.5 厘米（图 3-1-65，1；图版二六八，2）。

10MZ1T35③：1，较完整，花瓣中有九瓣保存较好。当背有起伏。瓦当直径 15.1~15.4、边轮宽 2~2.2、边轮厚 1.4~1.6 厘米（图 3-1-65，2；图版二六八，3）。

10MZ1T35③：2，残，花瓣中有六瓣保存较好。瓦当背面对接筒瓦处存有印痕。瓦当残径 13.9、边轮宽 2.4、边轮厚 0.7~0.9 厘米（图 3-1-65，3；图版二六八，5、6）。

10MZ1T36②：1，残，花瓣中有五瓣保存较好。瓦当残径 14.7、边轮宽 1.7~2.2、

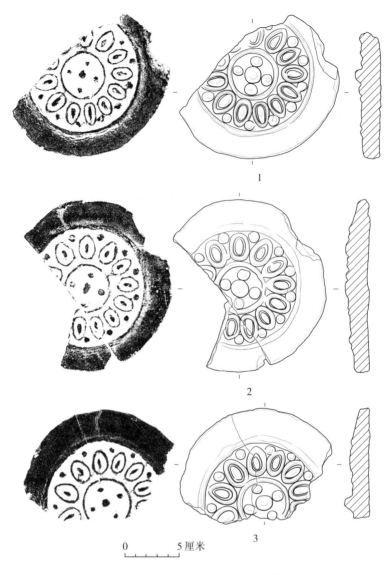

0 ____ 5厘米

图 3-1-65 黑龙门表土层及门址外出土莲花纹瓦当

1. 10MZ1TG1 ② : 1 2. 10MZ1T35 ③ : 1 3. 10MZ1T35 ③ : 2

边轮厚 1.4~1.5 厘米（图 3-1-66，1；图版二六八，4）。

10MZ1T36 ③ : 1，残，花瓣中有四瓣保存完好。瓦当残径 13.3、边轮宽 2~2.2、边轮厚 1.2~1.4 厘米（图 3-1-66，2；图版二六九，1）。

10MZ1T43 ④ : 1，较完整，共十二瓣。瓦当直径 15.6~15.8、边轮宽 1.9~2.3、边轮厚 1.4~1.6 厘米。当背保存一小段对接筒瓦，凸面素面，凹面保留布纹。筒瓦厚 2 厘米（图 3-1-66，3；图版二六九，3、4）。

10MZ1T43 ④ : 2，较完整，共十二瓣。瓦当直径 15.7~15.9、边轮宽 2.1~2.5、边

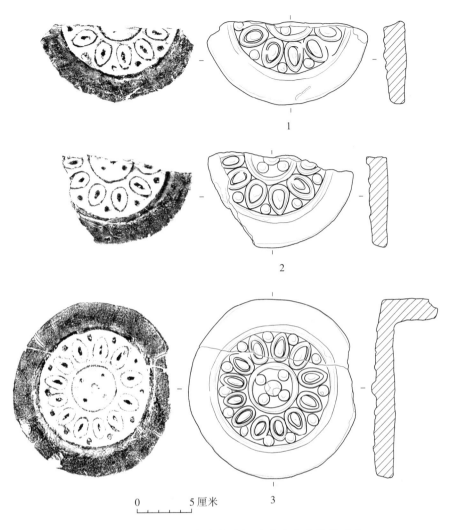

图 3-1-66　黑龙门表土层及门址外出土莲花纹瓦当

1. 10MZ1T36②：1　2. 10MZ1T36③：1　3. 10MZ1T43④：1

轮厚 1.1~1.4 厘米（图 3-1-67，1；图版二六九，5、6）。

　　10MZ1T55①：1，残，有六瓣保存较好。瓦当残径 15.4、边轮宽 1.9~2.1、边轮厚 1.4 厘米（图 3-1-67，2；图版二六九，2）。

　　10MZ1T55①：4，较完整，共十二瓣。瓦当直径 16、边轮宽 2~2.5、边轮厚 1.1~1.6 厘米（图 3-1-67，3；图版二七○，1、2）。

　　10MZ1T56①：2，较完整，共十二瓣。当背保存有一小段对接筒瓦。瓦当直径 16.2~16.6、边轮宽 1.8~2.2、边轮厚 2.1~2.6 厘米（图 3-1-68，1；图版二七○，3）。

　　几何纹瓦当　1件。

　　10MZ1T55①：2，残。对称复原后当面原应饰一五角形图案，由外向内依次为

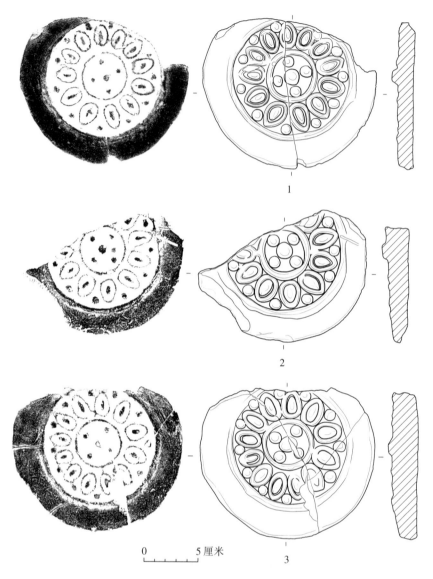

0 ————— 5厘米

图 3-1-67　黑龙门表土层及门址外出土莲花纹瓦当
1. 10MZ1T43④：2　2. 10MZ1T55①：1　3. 10MZ1T55①：4

多角折线纹、一周弦纹和当心乳丁。各角之间有小乳丁和弧线构成的间饰。五角形和边轮之间饰两周凸弦纹夹一周短线纹，构成一圈方格纹饰带。边轮宽而低平。瓦当背面中部偏下部位有一道记号线。瓦当残径 15.1、边轮宽 2.7~3.1、边轮厚 1.3~1.4厘米（图 3-1-68，2；图版二七〇，5、6）。

（4）滴水

共 8 件。皆为陶质，灰胎，分层式布局。根据滴水端面底部纹饰不同，可分三类。

第一类，6 件。滴水端面底部素面。

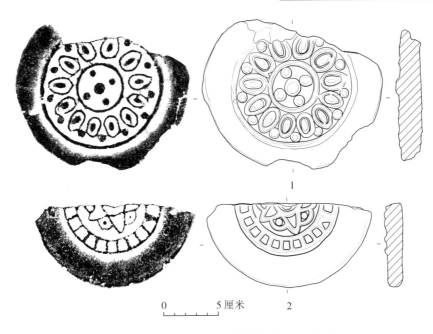

图 3-1-68 黑龙门表土层及门址外出土瓦当

1. 莲花纹瓦当（10MZ1T56①：2） 2. 几何纹瓦当（10MZ1T55①：2）

10MZ1T35③：3，滴水端面与瓦身呈直角相接，分六层，纹饰位于第二、四层，第六层呈波浪状。残长 7、残宽 17.9、瓦身厚 2.4~2.8、滴水端面宽 5.6 厘米（图 3-1-69，1；图版二七〇，4）。

10MZ1T37①：1，滴水端面与瓦身呈直角相接，分六层，纹饰位于第二、四层，第六层呈波浪状。侧缘保存有内侧切割痕迹。残长 7.4、残宽 22.5、瓦身厚 2.2~2.4、滴水端面宽 5.6 厘米（图 3-1-69，8；图版二七一，1）。

10MZ1T47②：2，滴水端面与瓦身呈直角相接，分六层，纹饰位于第二、四层，第六层呈波浪状。侧缘保存有内侧切割痕迹。残长 12.4、残宽 31、瓦身厚 2.4~2.9、滴水端面宽 5.6 厘米（图 3-1-69，2；图版二七一，2）。

10MZ1T56①：9，滴水端面与瓦身呈直角相接，分六层，纹饰位于第二、四层，第六层呈波浪状。侧缘保存有内侧切割痕迹。残长 7.5、残宽 24、瓦身厚 2.5~2.7、滴水端面宽 6.7 厘米（图 3-1-69，4；图版二七一，3）。

10MZ1T56①：10，滴水端面与瓦身呈直角相接，分五层，纹饰位于第一、三层，第四、五层呈波浪状。侧缘保存有内侧切割痕迹。残长 4.9、残宽 17、瓦身厚 2.6~3.2、滴水端面宽 6 厘米（图 3-1-69，3；图版二七一，4）。

10MZ1T56①：13，瓦身不存。滴水端面分六层，纹饰位于第二、四层，第六层呈波浪状。折沿背后与瓦身连接处有网格纹。残长 2.4、残宽 10.3、滴水端面宽 5.2

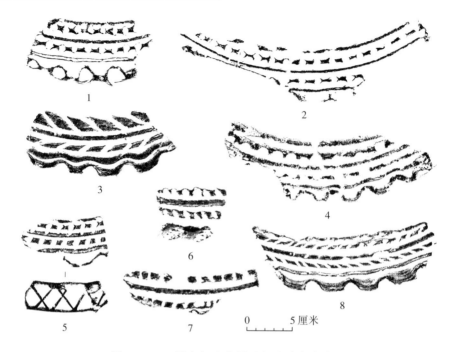

图 3-1-69　黑龙门表土层及门址外出土滴水

1. 10MZ1T35 ③：3　2. 10MZ1T47 ②：2　3. 10MZ1T56 ①：10　4. 10MZ1T56 ①：9　5. 10MZ1T56 ①：13
6. 10MZ1T56 ①：11　7. 10MZ1T56 ①：4　8. 10MZ1T37 ①：1

厘米（图 3-1-69，5；图版二七一，5、6）。

第二类，1 件。滴水端面底部饰绳纹。

10MZ1T56 ①：11，滴水端面与瓦身呈钝角相接，分四层，纹饰位于第一、三层，第四层呈波浪状。残长 6.2、残宽 8.4、瓦身厚 2.2~2.4、滴水端面宽 4.3 厘米（图 3-1-69，6；图版二七二，1）。

第三类，1 件。滴水端面底部残缺。

10MZ1T56 ①：4，滴水端面与瓦身呈直角相接，残存三层，纹饰位于第一、三层。侧缘保存有内侧切割痕迹，有线切痕。残长 6.5、残宽 15、瓦身厚 2.3~2.5、滴水端面残宽 3.8 厘米（图 3-1-69，7；图版二七二，2）。

（5）垒脊瓦

共 1 件。

10MZ1T56 ①：8，灰胎。系用板瓦切割而成。侧缘存有内侧切割痕，一边侧缘粘有白灰。残长 13.5、宽 8.1、厚 1.9~2.1 厘米（图 3-1-70，1；图版二七二，3、4）。

（6）鸱兽

共 6 件。多为陶质，个别标本上施釉。

鸱吻　3 件。

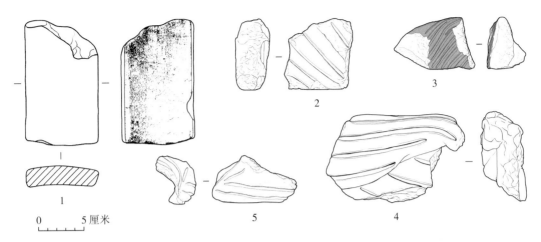

图 3-1-70 黑龙门表土层及门址外出土垒脊瓦、鸱兽

1. 垒脊瓦（10MZ1T56①：8） 2. 鸱吻（10MZ1T56①：3-3） 3. 鸱兽残块（10MZ1T47②：3） 4. 鸱兽残块（10MZ1T56①：3-1） 5. 鸱兽残块（10MZ1T56①：3-2）

03MZ1：采 1，灰胎。正视呈弧形，截面呈扁椭圆状，一面切割出斜面。长 18.6、宽 8.7、厚 5.8 厘米（图版二七二，5、6）。

10MZ1T56①：3-3，灰胎，胎心局部呈青黑色。正面有三道凸棱和凹弦纹构成的鳍状纹。长 7.6、宽 7.5、厚 3.9 厘米（图 3-1-70，2；图版二七三，1）。

10MZ1T56①：5，灰胎。残存平面略呈长方形。正面贴塑图案，分两部分。一侧存两处相连的弧形装饰，其上饰凹弦纹和戳刻纹。弧形装饰旁有高起的凸棱，凸棱侧缘饰数道凹弦纹。凸棱两旁有穿孔，均残。另一侧有一绺鬃毛状装饰，其上饰四道凹弦纹。背面素面，存有一段连接隔板。长 27.8、宽 24.5、厚 12.4 厘米（图版二七三，2）。

鸱兽残块 3 件。

10MZ1T47②：3，红胎，外施绿釉。残存部分呈三角形，一面饰细密的刻划痕。长 9、宽 5.5、厚 4.4 厘米（图 3-1-70，3；图版二七三，3）。

10MZ1T56①：3-1，灰胎。正面饰一凸起的鬃毛状装饰，尾部略弯曲，其上饰四道凹弦纹。旁边低平部分有三道凹弦纹。长 15.5、宽 9.6、厚 5.2 厘米（图 3-1-70，4；图版二七三，4）。

10MZ1T56①：3-2，灰胎。残存部分呈不规则形，一面隆起，另一面内凹。隆起面上饰多道凹弦纹，至一端相交。凹面一侧存有戳刻纹。长 9.3、宽 5.1、厚 4.4 厘米（图 3-1-70，5；图版二七三，5）。

（7）砖

共 6 件。灰胎。

爪印砖　1 件。

10MZ1T36②：9，一面接近砖角部位有一梅花形犬爪印，四趾。另一面素面。爪印长 9.3、宽 8.4 厘米，砖残长 19.9、残宽 16.3、厚 6 厘米（图 3-1-71，1；图版二七四，1、2）。

棋盘砖　2 件。

10MZ1T36②：5，一面饰一棋盘纹，自外而内包括三个由大而小的方形，外侧

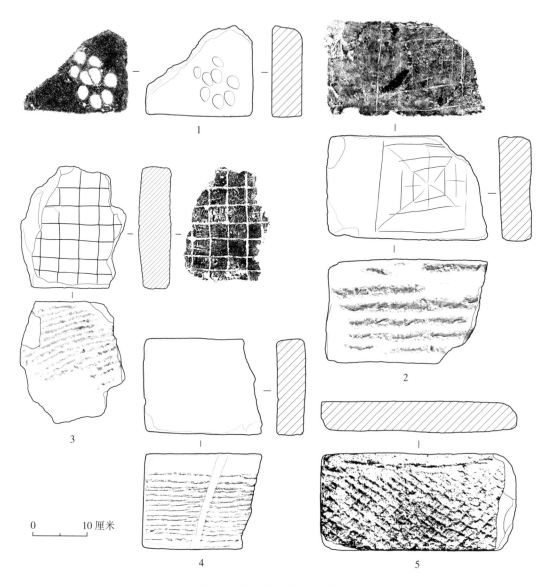

图 3-1-71　黑龙门表土层及门址外出土砖

1. 爪印砖（10MZ1T36②：9）　2. 棋盘砖（10MZ1T36②：5）　3. 棋盘砖（10MZ1T36②：7）　4. 长方形沟纹砖（10MZ1T36②：6）　5. 长方形菱纹砖（10MZ1T36①：1）

方形四角和边线近中间部位，刻划线纹至中心的方形四角和边线中部。另一面饰沟纹，沟纹较粗。饰沟纹一面和侧立面粘有白灰。残长 29.2、宽 18、厚 6 厘米（图 3-1-71，2；图版二七四，3、4）。

10MZ1T36②：7，一面饰方格形棋盘纹；另一面饰斜向沟纹，略弧。两面和侧立面均粘有白灰。残长 21.6、残宽 19.2、厚 6 厘米（图 3-1-71，3；图版二七四，5、6）。

长方形沟纹砖　1 件。

10MZ1T36②：6，胎心呈青黑色。一面饰纵向沟纹，存一道切断沟纹的斜向压印痕，另一面素面，存有少量白灰。残长 21.7、宽 17.2、厚 5.5 厘米（图 3-1-71，4；图版二七五，1、2）。

长方形菱纹砖　2 件。一面饰网格状菱纹，纹饰一侧不到边；另一面为素面。

03MZ1：采 2，残长 15.4、宽 17.4、厚 5~5.4 厘米（图版二七五，3、4）。

10MZ1T36①：1，饰菱纹一面存有白灰。长 36、宽 17.7、厚 5.5 厘米（图 3-1-71，5；图版二七五，5、6）。

五　初步认识

黑龙门遗址的考古发掘是首次对辽代帝陵陵门遗址进行的科学考古发掘，填补了辽代帝陵和都城门址考古工作的空白，具有重要的学术意义。

（一）黑龙门的性质和年代

根据考古调查和发掘可知，辽祖陵陵园四面环山，只有在东南方位有唯一的一个出入口，编号为一号门址。《辽史·地理志》载："太祖陵凿山为殿，曰明殿。殿南岭有膳堂，以备时祭。门曰黑龙。"文献记载与考古调查和发现相吻合，因此可定辽祖陵一号门址就是《辽史》所载之"黑龙门"。

黑龙门是辽祖陵陵园唯一的正门，为一门三道格局，代表了辽代的高等级门制。辽庆陵东陵的陵门遗址[1]、辽上京皇城东门遗址和宫城东门遗址[2]都是一门三道的规制。

---

[1]［日］田村实造、小林行雄：《慶陵——東モンゴリアにおける遼代帝王陵とその壁畫に關する考古學的調查報告》，座右宝刊行会，1952 年。

[2] 中国社会科学院考古研究所内蒙古第二工作队、内蒙古文物考古研究所：《内蒙古巴林左旗辽上京宫城东门遗址发掘简报》，《考古》2017 年 6 期。

《辽史·太祖本纪》[1]载，辽天显元年（公元 926 年）七月辛巳，辽太祖耶律阿保机征服渤海国后，在班师回朝的途中，猝崩于扶余城。天显二年（公元 927 年）八月，"葬太祖皇帝于祖陵，置祖州天城军节度使以奉陵寝"。《辽史》等文献没有事先营建祖陵的记载，因此推测辽祖陵应始建于辽太祖驾崩的天显元年（公元 926 年）下半年。黑龙门大体也始建于此时。

《金史·太祖本纪》载，天辅四年（即辽天庆十年，1120 年）五月，完颜阿骨打亲自统领金兵攻克辽上京外城。辽朝上京留守"挞不野以城降"。辽祖陵距辽上京城仅约 20 千米，应大体同时被金人占领。《三朝北盟会编》卷二十一引《亡辽录》载："辽天庆九年（金天辅三年，即 1119 年）夏，金人攻陷上京路。祖州则太祖阿保机之天膳堂，怀州则太宗德光之崇元殿，庆州则望圣、望仙、坤仪三殿，乾州则凝神、宜福殿，显州则安元、安圣殿，木叶山之世祖享殿，诸陵并皇妃子弟影堂，焚烧略尽，发掘金银珠玉器物。"[2]与以往朝代更迭相似，辽祖陵陵园和祖州城等也为金人所盗掘并破坏。《金史》卷二十四《地理志上》载："庆州，下，玄宁军刺史。境内有辽祖州，天会八年改为奉州，皇统三年（1143 年）废，辽太祖祖陵在焉。"辽祖陵和祖州城从皇统三年（1143 年）以后，逐渐沦为废墟。

根据考古发掘情况可知，辽祖陵黑龙门始建于基岩之上。从发现门道内残存被烧焦的木地栿和排叉柱以及烧毁的木构件看，黑龙门系毁于火灾，或许与文献记载金人破坏辽祖陵有关。在中门道废弃堆积上发现晚期的踩踏面，其又为淤土和现代地表层所叠压，或许与陵门被破坏后，金人的活动有关。

辽祖陵黑龙门遗址出土遗物以建筑构件为主，仅出土很少的陶瓷片，其中有篦点纹陶片。根据出土瓦当的形制风格考察，以 10MZ1MD2 ④：1 和 10MZMD1 ③B：83 等为代表的莲花纹瓦当，与渤海上京城出土同类器[3]十分相似，属于辽代早期瓦当形制。这也许与渤海工匠参加辽祖陵营建工程有关。

根据《辽史》记载，并结合地层关系和出土瓦当等遗物，我们推定黑龙门建于修筑辽祖陵陵园的辽代初期（辽天显元年或略晚）。其废弃年代应是金人占领此地的辽代末期（辽天庆十年或稍后）。

值得注意的是，在黑龙门现存的东墩台、东隔墙和西隔墙的夯土破坏面中，均发现包砌了更早的包石或砖面遗迹。由此可确认陵门墩台曾经过大规模修缮和改建，现存黑龙门遗址当是最后一次改建后的遗存。至于门址始建时的规模形制和营造做法，有待未来进行更深入的考古解剖工作。

---

［1］［元］脱脱等撰：《辽史》卷二《本纪第二·太祖下》，中华书局，1974 年。
［2］［南宋］徐梦莘：《三朝北盟会编·政宣上帙二十一》，上海古籍出版社，1987 年。
［3］黑龙江省文物考古研究所：《渤海上京城》，文物出版社，2009 年。

（二）黑龙门的主要形制特征

黑龙门是辽祖陵陵园唯一的陵门，为三门道过梁式陵门，是经考古发掘保存最好的陵门遗址之一。黑龙门一门三道的规制与中原关中地区帝陵和大多数都城的正门规制相似。从陵门的形制结构和营建方式上看，黑龙门门址与汉唐时期门址有着明显的传承关系，同时也形成了自己的特色。其主要特征有三方面。

1. 门址主体建筑保存之完好国内罕见

中原地区都城城门和帝陵陵门多只保存建筑基础部分，难以窥见全貌。辽祖陵黑龙门遗址现存两个门道内的将军石和门砧石均在中间原位；土衬石、木地栿和排叉柱也都可窥原貌；东隔墙南侧现存最高近8米，气势雄伟，其上存有覆盆式石柱础和原始营建台面，为研究和复原陵门上面的城楼建筑的形制与尺度等提供了难得的原始资料。

2. 门道基础匠作之法独具特色

经清理发现，黑龙门门址两个门道的基础做法相同，都是在规整的土衬石上面置木地栿，木地栿上开榫眼，上插排叉柱。这种门道基础做法在辽代较为普遍。辽上京皇城乾德门第二次营建（门址二）[1]、辽祖州城内城兴圣门[2]、蒙古国布尔干省南部的青陶勒盖古城（可能是辽代镇州城）[3]等门道的基础做法都与辽祖陵黑龙门门址的基础做法相同。

城门门道的基础做法在不同时期和不同地区有所不同。傅熹年先生认为汉、唐以来至元代，城门"门道基础做法"可分三型。"Ⅰ型：用石柱础，础上用木地栿，栿上立木柱。Ⅱ型：用方形石础，础上立柱。Ⅲ型：用土衬石，石上用石地栿，栿上立木柱。"[4]其中Ⅰ型以汉长安城东墙南侧的霸城门（长乐宫东门）[5]为代表；

[1] 董新林等：《辽上京城遗址首次大规模考古发掘乾德门遗址》，《中国文物报·文物考古周刊》2012年1月20日第8版。

[2] [日]岛田正郎：《祖州城：東蒙古モンチョックアゴラに存する一遼代古城址の考古学的历史学的發掘調査報告》，中泽印刷株式会社，1955年，PL.11。

[3] 宋国栋：《蒙古国青陶勒盖古城研究》，内蒙古大学2009年硕士学位论文。巴图：《蒙古国辽代城址的初步研究》，吉林大学边疆考古研究中心2012年硕士学位论文。

[4] 傅熹年：《唐长安大明宫玄武门及重玄门复原研究》，《傅熹年建筑史论文集》，百花文艺出版社，2009年，第235~261页。

[5] 王仲殊：《汉长安城城门遗址的发掘与研究》，《考古学集刊》第17集，中国社会科学出版社，2010年，第124页图14和图版26。

Ⅱ型以唐代长安城皇城南墙西侧的含光门[1]和唐代洛阳郭城南正门——定鼎门[2]为代表；Ⅲ型以唐代洛阳城东城东墙上的唯一城门——宣仁门[3]为代表。

由此可见，辽祖陵黑龙门的门道基础做法独具特色，是在传承汉唐匠作传统的同时，逐渐形成辽代自身的特色。辽代门道基础做法秉承了汉代和渤海使用木地栿的传统，将规整的土衬石与木地栿结合，开启了有辽一代独特的建筑技术特色[4]。这不仅为中国古代陵门建筑模式增加了新的实例，而且也为古代门制考古研究和古建筑复原研究等提供了珍贵资料。

3. 首次考古发现"五瓣蝉翅"慢道

《营造法式》卷十五《砖作制度》中"慢道"条规定"垒砌慢道之制"："城门慢道，每露台砖基高一尺，拽脚斜长五尺。（原注：其广减露台一尺。）厅堂等慢道，每阶基高一尺，拽脚斜长四尺。作三瓣蝉翅，当中随间之广。（原注：取宜约度。两颊及线道，并同踏道之制。）每斜长一尺，加四寸为两侧翅瓣下之广。若作五瓣蝉翅，其两侧翅瓣下取斜长四分之三。凡慢道面砖露龈，皆深三分。（原注：如华砖即不露龈）"[5]

关于《营造法式》所载"三瓣蝉翅"和"五瓣蝉翅"慢道，因为没有实例，所以梁思成等先生也不知其形制，"只能从文义推测，可能就是三道或五道并列的慢道"[6]。

黑龙门东门道（MD1）和中门道（MD2）南口外，均用砖修筑登临门道的五面斜坡慢道，由中间矩形慢道和四面护坡组成。中间矩形慢道呈南北向斜坡状，北高南低。两侧护坡整体各由两个三角形构成，中间共用一边。即以门道口为起点，向下划分出一个小锐角三角形（北侧）和一个大钝角三角形（南侧）。面砖逐层"露龈"，有些部位沟纹砖面朝上，起到防滑作用。黑龙门慢道从形制到做法，都与《营造法式》记载"五瓣蝉翅"慢道的形制结构基本一致。在辽祖陵黑龙门遗址中，首次发现《营

---

[1] 中国社会科学院考古研究所西安唐城工作队：《唐长安皇城含光门遗址发掘简报》，《考古》1987年5期，第444页图一和图版伍。

[2] 中国社会科学院考古研究所洛阳唐城队、洛阳市文物工作队：《定鼎门遗址发掘报告》，《考古学报》2004年1期，96页图八和图版拾玖。

[3] 中国社会科学院考古研究所洛阳唐城队：《河南洛阳隋唐城宣仁门遗址的发掘》，《考古》2000年11期，第44页图四和图版陆。

[4] 董新林：《辽代城门营建规制初探》，《庆祝张忠培先生八十岁论文集》，科学出版社，2014年，第533~546页。

[5] 梁思成：《营造法式注释》，《梁思成全集》第七卷，中国建筑工业出版社，2004年。引述原文时，有些句读所用标点，略有改动。《营造法式》系北宋将作监李诫编修的关于建筑设计和施工的官书，于北宋崇宁二年（1103年）刊行。

[6] 梁思成：《营造法式注释》，《梁思成全集》第七卷，中国建筑工业出版社，2004年。

造法式》中"五瓣蝉翅"慢道的考古实例[1]，是十分重要的考古发现，具有重要的学术价值。

第二节　甲组建筑基址

辽祖陵玄宫的东南部、南岭（L2）东侧，有一处相对平坦的区域，东南通往陵园山口。其东西宽约 53、南北长约 68.5 米。地势略有倾斜，西北高，东南低。为了叙述方便，本文暂称之为东南部广场。现地貌主要是杂草，零星有些榆树等。

甲组建筑基址位于东南广场中部，西侧为第二道山岭（L2），东侧有由北至南的排水沟（图版一九）。这是陵园内目前已知唯一平地起建的大型建筑基址。其他大型建筑基址多建在山岭上。甲组建筑基址地表略有隆起，散见砖瓦碎块。

一　发掘工作概况

2003 年中国社会科学院考古研究所内蒙古第二工作队在调查辽祖陵陵园时，初步确认这是一处大型建筑基址，编号为甲组建筑基址。地表暴露两个 1 米见方的大型石柱础和两个小型石柱础，表明这里应有高等级建筑。2004 年内蒙古第二工作队对甲组建筑基址进行了考古勘探和试掘，初步认为甲组建筑基址总体平面呈"品"字形，朝南向，方向约 178°，由三个单体建筑构成。但没有发现封闭的院落围墙一类设施。我们将西基址、北基址和东基址，分别编号为 J1、J2 和 J3。

2008 年，辽祖陵考古队对甲组建筑基址的西基址（J1）和北基址（J2）进行全面的考古发掘（图版二七六）。因为受规定的发掘面积所限，仅对东基址（J3）进行了探沟试掘。2008 年 8 月 2 日开始发掘，9 月 16 日结束，共历时 46 天。

8 月 2 日，根据考古调查和试掘资料提供的线索，发掘领队董新林和肖淮雁带领技师到准备发掘的地点踏查，确定发掘地点。用全站仪按照正方向布设 10 米见方的探方。J1 布设两排两列探方，J2 布一列 4 个探方。所布设探方基本覆盖 J1 和 J2，局部有扩方（图 3-2-1）。发掘之初，采用探方法发掘，严格根据土质土色划分地层，由晚及早逐层清理，并及时对遗迹现象和重点遗物进行绘图和照相，按考古单位分别收集遗物。将砖瓦建筑材料全部采集后，按单位分层堆放，为进一步整理研究做准备。

---

[1] 中国社会科学院考古研究所内蒙古第二工作队、内蒙古文物考古研究所：《内蒙古巴林左旗辽代祖陵陵园黑龙门门址和四号建筑基址》，《考古》2011 年 1 期。

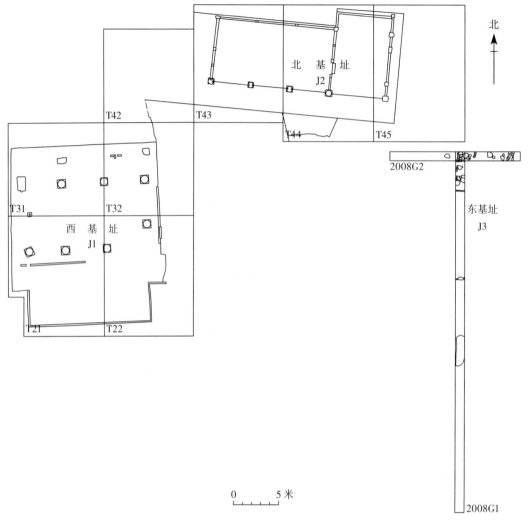

图 3-2-1 甲组建筑基址探方和遗迹位置图

在完全暴露遗迹倒塌堆积后，为更全面地把握遗迹现象，我们清理掉探方隔梁，以遗迹为单位分块清理。

（一）西基址（J1）

首先，确认 J1 倒塌堆积范围。清理掉含有现代遗物的表土层（即①层），把第②层视为 J1 的废弃和倒塌堆积（编为 J1 ①层）（图版二七七，1）。该层出土石僧人像（图版二七七，2）、石人像，以及刻划罗汉头像的板瓦残块等。

其次，确定 J1 的四至和台基面等。打掉隔梁，清理 J1 基址。基址的基础由西北部基岩和东南部夯土组成。先后清理出夯土台基东部、南部、西南部的边壁包砖，以及西侧和北面基岩上的散水砖等，并清理出完整的台基顶面。

第三，寻找 J1 的废弃地面和登临台基的慢道。利用探沟，对夯土台基东侧进行试掘，初步了解 J1 外地面的叠压情况。但是寻找登临台基慢道成为发掘难点。从考古发掘情况看，J1 台基月台南侧、东侧和西侧均不见慢道，推测慢道可能在台基南部的东、西两侧，而恰巧此处被现代地窖子破坏。经过清理，在现代地窖子下面，发现了残存的 J1 夯土。以此为线索，对月台北部东侧和夯土台基南端东侧区域进行仔细清理，终于在夯土台基南端东侧找到了突出向东的夯土范围，初步认定这可能是东侧登临台基通道的基础部分。考虑到遗迹的对称性，推测西侧也应有相同登临月台的通道。于是便在月台和夯土台基的西边扩方，清理后发现确实有相对应的通道，但不是夯土，而是直接建在基岩上。

第四，确认建筑西北部（T31）的包砖墙体等，并对柱础石的承重情况进行了局部解剖。至此，J1 的形制布局基本清晰。

（二）北基址（J2）

首先，确定 J2 倒塌堆积范围。清理掉含有现代遗物的表土层（即①层），把第②层视为 J2 的废弃和倒塌堆积（编为 J2 ①层）。出土遗物有勺、刀、锥、箭头、矛、马镫等铁器，碗、盘等陶瓷器，还有铜钱、石棋子、兽骨等。

其次，确定 J2 的四至和台基面等。并打掉隔梁，按遗迹单位清理。通过用全站仪配合测量出土遗物位置等，较早确认了 J2 基址的南侧慢道和台基南边，以及 J2 基址后侧自然山体的石护墙。随后根据发现的墙基，确认了 J2 基址的范围，并清理出建筑基址的地面。

根据 J2 的建筑形制结构，将其分为两大部分。东侧南北长方形的房间，称为 J2 的东偏间（编号为 J2E1）；西侧东西向长方形的建筑，称为 J2 的西正间（编号为 J2W1-3）。

在 J2E1 清理出早、晚两期地面，发现地面破坏较严重。同时发现地面北部堆积与南部的灰黄土地面有所不同。在北部发现的大缸和大陶瓮口沿似乎是镶嵌在土中。通过仔细分析和清理，发掘出一处半地穴式厨房建筑（编号为 E1F1）。J2W1-3 的石柱础、砖铺地面和四周墙体都有保存，可以确定西正间是面阔三间、进深三间的建筑。在倒塌堆积和砖铺地面上，清理出瓷片、陶片、兽骨、铁刀、铁构件、铁制品残片、铜钱，以及大量建筑构件。

第三，确认西正间和东偏间之间的通道位置，以及西正间烟囱的位置。在西正间和东偏间的南部，有门相通。西正间的烟囱在西北角。清理西正间内的火炕和地面，发现有改建的现象。

至此，J2 全部清理完毕。最后用全站仪测绘总平面图，局部照相，并用气球照全景像。

二　地层堆积

甲组建筑基址中J1、J2的地层堆积情况有所不同。现分别选择典型地层堆积进行介绍。

（一）J1地层堆积

以T22东壁（J1基址外东侧地面）剖面为例（图3-2-2）。

第①层：分a、b两小层。

①a层：表土层。灰土，土质疏松。包含物有少量砖瓦等建筑构件，夹杂有现代玻璃片等。厚0.12~0.2米。分布于整个探方。

①b层：冲积层。黄土，土质疏松。厚0.1~0.26米。包含有较多黄砂。分布于探方东部。

第②层：深灰土，土质疏松。厚0.18~0.32厘米。包含物有较多砖瓦等建筑构件，以及铁锅残片等。分布于东半部。

第③层：灰褐土，土质疏松。即建筑倒塌堆积层。厚0.06~0.67米。包含有大量砖瓦建筑构件及白灰颜料。分布于西半部。

第④层：灰黄土，较纯净。厚0~0.52米。仅分布于T22东部砖包边外局部。

此层以下为生土。

（二）J2地层堆积

以T45西壁剖面（图3-2-3）为例。

第①层：表土，呈深灰色，质疏松。厚0.05~0.26米。包含有沟纹砖残块、板瓦块、铁锈花瓷片、陶片、铁甲片、铁镞、铜钱、碑文残片等。还杂有现代酒瓶盖等。

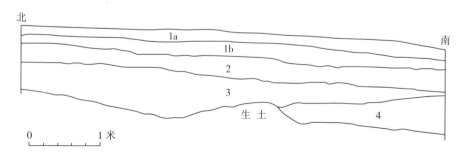

图3-2-2　甲组建筑基址2008T22东壁剖面图（局部）

南　北

J2 建筑基址未发掘

3 生土

0　　　　　2 米

图 3-2-3　甲组建筑基址 2008T45 西壁剖面图

第②层：灰土，质松散。厚 0.02~0.36 米。为 J2 基址倒塌堆积。夹杂大量板瓦、筒瓦、滴水、兽面瓦当、沟纹砖等建筑构件残片及石块。还有残瓷碗、盘、陶片、石臼、兽骨、铁甲片、铁钉、铁箭头、棋子和铜钱。

第③层：浅灰土，掺杂小石块。厚约 0.05 米。层下为 J2 相关遗迹。

第③层以下为生土。

三　主要遗迹

甲组建筑基址总体平面呈"品"字形，由西基址（J1）、北基址（J2）和东基址（J3）三个彼此关联的单体建筑，组成一组有围合取势的建筑群（图版二七八）。但没有发现封闭的院落围墙一类设施。

（一）西基址（J1）

西基址（J1）坐北朝南，方向为 178°。现存遗迹由台基和殿身组成（图 3-2-4；图 3-2-7，1；图版二七九）。

夯土台基平面呈"凸"字形，由台基、南侧月台和东、西侧慢道组成。

主体夯土台基东西宽 16.9、南北进深 12.2 米。台基是直接在自然基岩上分层夯筑，夯土西北薄，东南厚。台基夯土较为纯净。月台位于台基南侧，略低于台基。东西宽 14、南北进深 6.7 米。月台南部夯土中夹杂较多石块（图版二八〇，1）。台基及月台边壁用单层顺砖错缝砌筑，外壁抹白灰皮（图版二八〇，2）。台基南壁东段包砖残存 2 至 5 层，外侧抹白灰面。包砖砌法为底部铺一层丁砖作土衬砖，露明半块，用长方形砖错缝顺砌成护墙。用白灰加少量黄土做浆黏合。台基南壁西段包砖残存 2 至 4 层。包砖与夯土之间残存 2 块填缝砖，外侧抹白灰及勾缝。

台基和月台边壁之外做单层砖铺散水，最外为单层侧立砖线道。仅主体台基北侧残存部分砖铺散水（图版二八一，1）。

月台慢道位于台基与月台交接处的东、西两侧，破坏较严重。东慢道仅残存底部黄褐色夯土和局部包砖（图版二八一，3）。残存夯土厚约 0.12~0.31 米；坡道南

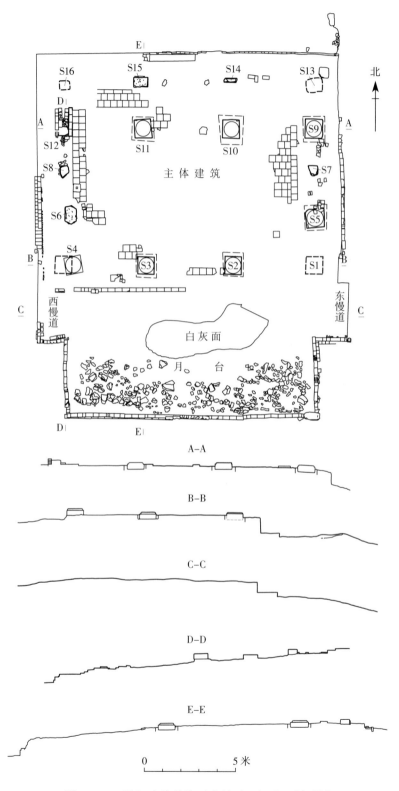

图 3-2-4 甲组建筑基址西基址（J1）平、剖面图

侧存包边砖 2 至 5 层，外侧抹有白灰面。东慢道北界凸出台基东壁约 0.6 米。慢道西高东低，南北宽约 2.6、东西长约 1.9 米。西慢道局部用灰黑土夯筑，残高约 0~0.25 米。慢道南北宽 2.65、东西长 1.5 米。

台基之上的殿身现存柱础、墙体、地面铺砖和砖痕等遗迹。殿身平面为长方形，面阔三间，进深四间。当心间柱心距 4.8 米，两梢间柱心距约 4.5 米。进深方向每间柱心距约 2.5 米。

殿身柱网现存石柱础 16 个，东西 4 列，南北 5 排。石柱础有宝装莲花覆盆础和不规则形素面础两类。按照自东而西、从南向北的顺序依次编号为 S1~S16。第一排（S1~S4）4 个柱础，均为覆盆柱础（图 3-2-5，1），底边长约 1 米（图版二八一，2）。S2、S3 位于原位，S1 被移走，S4 略移位。第二排（S5~S6）共 2 个柱础。S5 为覆盆柱础，柱础北面正中凿出一个榫口（图版二八二，1）。S6 为不规则平石础，为墙内柱暗础。第三排（S7~S8）共 2 个柱础。S7 和 S8 均为不规则平石础，为墙内暗础。第四排（S9~S12）共 4 个柱础。东面三个（S9~S11）为覆盆柱础。值得注意的是，S10 础石东北角、S11 础石西北角各凿出一个向北的榫口。最西侧（S12）为不规则形平石础，位于残存的殿身西墙内，S12 为墙内暗柱础（图版二八二，2）。第五排（S13~S16）应有 4 个柱础。已发掘的东侧 3 个，均为不规则形平石础。其中 S14 被扰动，现状为侧立状。最西侧础石（S16）未清理，推测也应是不规则平石础。

殿身墙体几乎破坏殆尽。仅台基西墙北部残存一小段砖墙基（图版二八三，1）。砖墙结构为内、外两侧作单层顺砖边壁，中芯填碎砖。砖墙整体宽约 1 米，残高 0.2 米。外侧残存三层顺砌长方形砖，内城残存二层顺砖，均为错缝砌筑。在内外砖壁之间发现平石柱础（S12），为不露明的暗柱柱础。础石上面正中所对的外侧砖壁处，在砌筑时有意留出一个方孔，孔宽 0.08 米，底与础石平齐。此为墙内柱的通气孔（图版二八三，2）。

殿内地面铺方砖。方砖边长 0.36、厚 0.06 米。地面铺砖仅存少数，大部分被破坏取走，但铺砖痕仍清晰可见。铺砖顶面与覆盆式柱础的覆盆底面相平。殿内中部不见铺砖，地面平坦，也不见铺砖痕迹。中部略呈方形区域的土质土色略呈不同，推测可能是原来殿内佛坛的位置。殿身外四周台明铺砖，现破坏无存。台明南侧边界为单层长方形砖顺砌，略高于南部外地面约 0.06 米。

通过对 S11 柱础进行局部解剖可知，殿内覆盆础的营建次序如下。首先，在夯土台基柱础位置下挖浅坑，坑东西长 1.24、南北宽 1.5、深约 0.1 米。然后安置石柱础，将底部垫稳，四周夯实。第三，安置好所有柱础后，在整体台基范围再垫一层黑土并夯实，垫土厚约 0.11 米。第四，在台基顶面铺设方砖，用黄泥勾缝（图版二八四，1）。不规则形平石础未见挖浅坑现象。

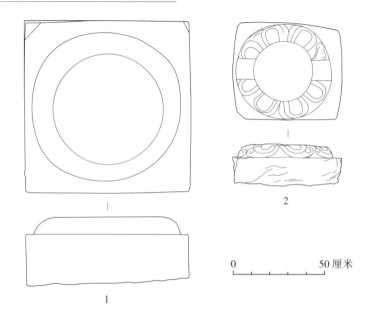

图 3-2-5 甲组建筑基址柱础石规格示意图
1. 西基址 S1 柱础石　2. 北基址 S4 柱础石

（二）北基址（J2）

北基址（J2）坐北朝南，主要遗迹为台基和殿身（图 3-2-6；图 3-2-7，2；图版二八四，2）。

1. 台基

J2 台基东侧与 J3 台基相连，西侧和 J1 台基北侧相关的自然地面相接。J2 台基低矮，是利用北高南低、略有起伏的自然砂岩，在南部低洼部分用黄土垫平而成。

台基平面呈曲尺形，东西宽约 19.6、南北进深约 11.6 米（图版二八五）。台基南壁残存包石边壁，残高 0.46~0.7 米。台基北侧为开凿自然岩体形成的立壁，高出台基面约 0.3~0.8 米。用砖石混合包砌边壁，边壁残长约 13.9 米。基岩包砌边壁东段保存不好，约到台基东壁界线。

台明为东西长条形，用长方形灰砖铺筑，为一丁一顺铺设。残存 4 行铺砖，砖面已断裂。长方形砖较大，长 0.55、宽 0.25、厚 0.05 米。

台基南壁偏东有"三瓣蝉翅"慢道。慢道呈三面坡状，中间隆起，三面呈慢坡状与地面相接（图版二八六，1），南端已被破坏。慢道东西最宽 6.1、南北残长约 4 米。地面铺砖，平顺砖错缝铺砌，多已破坏不存。两侧边缘用两行线道砖。慢道与台基包石衔接处做一行侧立砖。慢道垫土为掺杂一定石块的灰土。

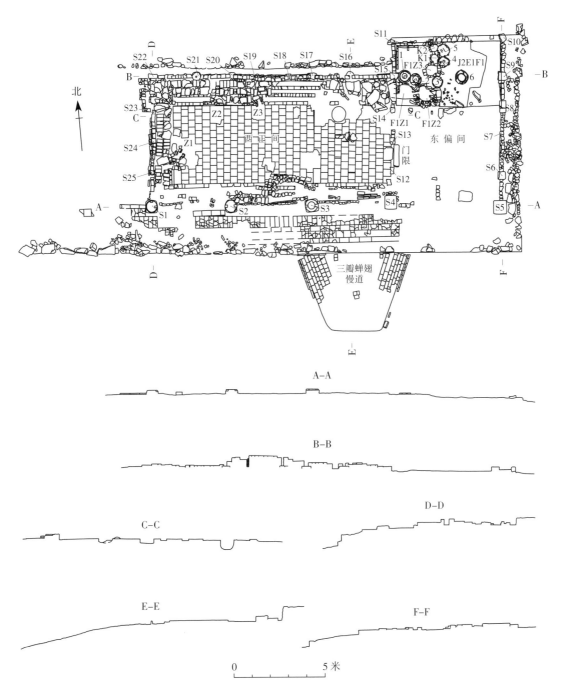

图 3-2-6　甲组建筑基址北基址（J2）平、剖面图

在房屋建筑北侧的挡土墙和西正间北墙之间，清理出宽约 0.34 米的凹槽，应是房后的排水道。其底部堆积为疏松的灰土，内有砖瓦块、陶瓷片、铁器和兽骨等。在接近东偏间西墙位置的底部清理出马下颌骨、狗头骨和人下颌骨等。

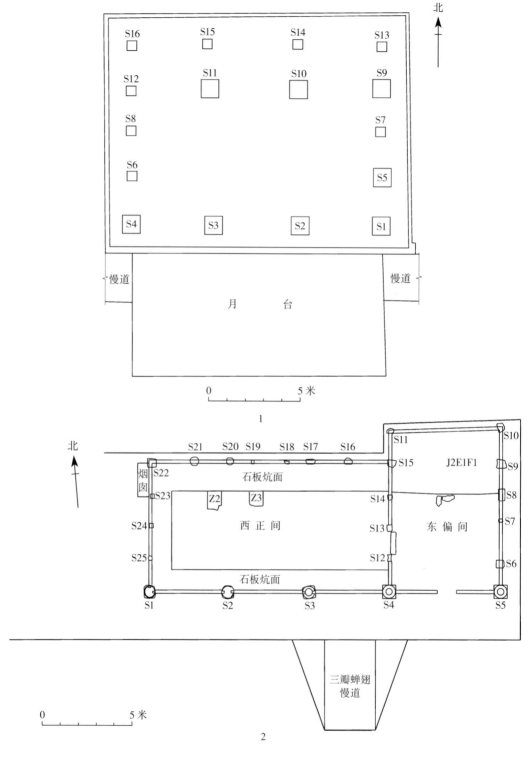

图 3-2-7　甲组建筑基址复原平面图

1.西基址（J1）平面复原图　2.北基址（J2）平面复原图

2. 殿身

殿身现存石柱础、木柱痕、墙体、炕面及烟道、地面铺砖、门踏石、灶坑、半地穴建筑等遗迹（图版二八五）。

殿身平面呈曲尺形。南面面阔四间，其中西面三间进深四间，东面一间进深五间，中间有单砖隔墙。我们将隔墙以东称为"东偏间"，隔墙以西称为"西正间"。殿身四面均有墙体，为单层顺砌砖墙。南墙一线有5个莲花覆盆石柱础，其中西侧3个为原位，东侧2个存取础坑，柱础已被扰动移位，出土于地表层。由西至东编号为S1~S5。东、西、北三面墙内有不规则形平石暗柱础。

（1）东偏间（J2E1）

东偏间平面呈南北向长方形。东西面阔5.82、南北进深8.45米。

1）墙体和柱础

南面墙体无存。但南面柱础S4、S5覆盆边缘中部均有凹槽，中部有豁口迹象，故判断此处是J2的大门所在。

东墙为单层长方形砖砌筑，残存4层，残高0.22米。墙体底部由南及北共有6个柱础，进深五间。最南侧现存S5取础坑，在附近地表找到原莲花纹覆盆石柱础（图版二八六，2）。其北侧五个不规则平石础（S6~S10）为不露明的暗础。

北墙为砖石混筑。底部为石筑，上部为单层砖筑，残高0.55米。按照西正间加暗柱的开间距离推测，北墙内可能还有两个暗柱础。

西墙是在进深四间的隔墙向北再增筑一间。西墙为单层长方形砖错缝平砌，残存2~8层，残高0.5米。墙体底部由南及北共有6个柱础。在最南侧清理出S4取础坑，于现地表发现原莲花纹覆盆石柱础（图3-2-5，2；图版二八六，3）。其北侧为5个不规则平石础（S11~S15）。隔墙柱础S12和S13开间1.2米，其间不见墙体，地面嵌一条石块，条石边缘摩擦光亮，有明显的踩踏磨痕，应为过门石（图版二八七，1）。说明此处为隔墙开门的位置，用以连通东偏间和西正间。

2）铺地

东偏间地面不见铺砖。垫土可分两层，上层地面为灰黄土掺杂石块铺垫，遍布室内，南、北两侧各有一扰坑破坏地面（图版二八七，2）。于地表发现一残石臼（图版二八八，1）。下层地面则分为南、北两部分，南半部为灰黄土地面，北半部为半地穴灶坑。

3）半地穴操作间（J2E1F1）

位于东偏间北部，地面低于房内南部地面约0.8米。平面呈长方形，东西面阔4.94、南北进深3.42米（图版二八八，2）。J2E1F1东、北、西三面利用东偏间墙体，在平地下挖大方坑而建。北墙西段墙内立置两块石板。西墙墙内再置一行立砖。南面立壁砖石混砌。距东墙约 2.4 米处嵌有一块条石（图版二八九，1），条石边缘磨蹭痕迹明显，当为 J2E1F1 过门石。

J2E1F1 室内西北角、东北角和东南角各留一近方形的砂岩土台面。西南角有 1 个灶台（编号 F1Z1），南部和中部各有灶坑 1 个（编号 F1Z2 和 F1Z3）。

J2E1F1 室内地面局部垫有小石块，凸凹不平，有些石块表面磨蹭光亮，可能与长期踩踏有关（图版二八九，2）。有些地面直接使用原生土面。地面堆积较厚的草木灰烬，厚约 0.3 米。堆积中出土有残瓷盘、圆陶片、铁剪刀、铁刀、铁锁、铁斧、铁箭头、铁构件、铁甲片和铜钱，以及滴水等建筑材料和兽骨等。

F1Z1 平面近长方形，东西长 1、南北宽 0.72 米。灶壁北侧用石块砌筑，南侧为砖石垒砌。西侧设有两条烟道通向西正间北侧炕内，烟道口现被砖瓦堵塞，灶内填满草木灰。东侧有一宽 0.11 米的烟道口通向 F1Z2。F1Z2 平面略呈“瓢”形，直径 0.76 米。灶壁用断砖和石块垒砌。灶门位于东侧，宽 0.34、残高 0.36、进深 0.45 米，现被砖石堵塞。灶门两侧各立一石板，灶底平铺一石板。F1Z3 位于室内中部，平面呈椭圆形，东西长 0.6、南北宽 0.5、残高 0.23 米。灶壁系用断碎砖垒砌而成。灶门位于东侧，残宽 0.2、残高 0.17、进深 0.29 米。灶底铺石板。灶门处用砖石堵塞。

室内紧邻灶台（F1Z1）和灶坑（F1Z2、F1Z3）北侧，有 2 个酱釉缸和 4 个陶瓮，分别半埋于室内活动面内。自西向东依次编为 1~6 号。1 号酱釉缸位于西部偏中，南侧紧邻 F1Z1。瓷缸口部下凿有一孔。2 号陶瓮南侧紧邻 F1Z1，西侧紧临 1 号酱釉缸。瓮内出有铜钱 2 枚（元祐通宝和元丰通宝）、铁锁 1 把。底部还有 1 件小陶罐。填土夹杂砖瓦片。3 号陶瓮位于 F1Z2 和 F1Z3 之间，位于 2 号陶瓮东侧约 0.6 米处。其内出土一把铁锯。4 号陶瓮位于 F1Z3 东北处。5 号陶瓮紧邻 4 号陶瓮北侧。6 号酱釉缸位于室内东部，在 F1Z3 东部，西距 3 号陶瓮约 0.7 米。另外，在室内北部中段，即 4 号陶瓮和 5 号陶瓮西侧，各有一用断碎砖垒砌的半圆形遗迹（编号为 K1 和 K2）。K1 直径 0.5、深 0.08 米。K2 直径 0.4、深 0.15 米。

根据清理出来的现象判断，半地穴操作间为东偏间始建房屋的一部分。后期改建时将 F1 废弃且填平，原地面也被破坏，不见铺地砖。在黄土地面发现有铁菜刀、剪刀、箭头等生活用具和北宋铜钱。

（2）西正间（J2W1）

西正间平面呈东西向长方形，东西面阔三间 12.7、南北进深四间 6.95 米（图版二八五）。面阔开间 4.4、进深开间 1.7 米。

1）墙体和柱础

西正间南墙砌砖无存，仅存砖槽与 4 个莲花纹覆盆方座石柱础，由西至东编号为 S1~S4（图版二八九，3~5）。柱础方座长 0.7、宽 0.67 米。值得注意的是，S2、S3、S4 三个石柱础形制相同，在方座的覆盆边缘东西两侧中端，都凿有长方形凹槽。东凹槽长 0.21、宽 0.12~0.14、深 0.42~0.48 米，西凹槽长 0.21、宽 0.12~0.13、深 0.6 米。S1 与 S5 为转角柱础，凹槽分别开在柱础的北、东侧和北、西侧。

西墙用长方形砖单层砌筑，墙体宽 0.24、残高 0.35 米。其中北中段保存较好，长约 3.8 米。西墙内共有 5 个础柱，除 S1 为覆盆础之外，北侧 S22~S25 均为平石暗础。

北墙用单层长方形砖错缝顺砌，仅残存 5 层，宽 0.19、残高 0.61 米（图版二九〇，1）。墙内发现不规则形平石础 8 个，从东至西依次编号为 S15~S22。其中 S22、S20、S17、S15 四个暗础石与南面 S1~S4 分别南北共线对应，其他为辅助加柱（图版二九〇，2）。S19 上，还残存松木立柱（图版二九一，1）。残长 0.44、宽 0.11、厚 0.04 米。

2）火炕

火炕位于西正间的北、西、南三面，倚靠外墙体砌筑。火炕由炕墙、炕面和烟道构成，西北部保存最好（图版二九〇，1）。炕墙用长方形砖单层错缝顺砌，内炕墙紧贴外墙，外炕墙在室内露明。烟道用单排顺砖（多断砖）顺砌出隔墙，隔墙与炕墙组成多条烟道。烟道宽约 0.23、高约 0.27 米。烟道顶部为炕面，用石板或方砖铺盖，其上抹白灰面。

北面火炕宽 1.45、高约 0.3 米。炕面下有三条烟道，呈东西向（图版二九一，2）。炕底为灰土面，烟道内残存厚约 0.06 米的草木灰烬。东端有二条烟道与东偏间灶台（F1Z1）相通（图版二九二，1）。内炕墙顶部用残瓦找平。

西面火炕宽 1.6 米（图版二九二，2）。炕面下有三条烟道，呈南北向。西侧二条烟道底部为灰土面；东侧一条烟道底部有铺砖，且与室内铺地砖相连。推断东侧烟道可能为后期增补而成。

南面火炕破坏严重，仅局部残存烟道隔墙。炕面下有二条烟道，呈东西向（图版二九三，1）。烟道底为灰土面。S3 柱础以东烟道隔墙有用两行立砖的情况。砖面上烟熏痕迹明显，烟道内有烧土块。S3 柱础以西的火炕，烟道底部有铺砖，且与室内铺地砖相连，推测北侧为后期所增补。

在南面中部烟道内曾清理出保存完好的 2 把铁刀。两铁刀东西向并排放置，一大一小（图版二九三，2）。此外，在烟道内还发现一枚铜钱。根据残存火炕的内侧（南侧）砖炕墙和烟道隔墙的分布情况可知，南侧火炕横贯西正间。因此西正间南墙是封闭的，不直接开设房门，而是由东偏间进入室内再经过隔墙进入西正间。

3）烟囱

西正间西北角有一处突出于墙外的遗迹。遗迹略呈长方形，长 1.87、宽 0.65 米，砖石混砌，立墙为长方形单砖砌筑，内有草木灰，与房内的北侧火炕烟道相通。推测此遗迹应为烟囱（图版二九三，3）。

（4）铺地

西正间室内地面铺砖（图版二九四，1）。方砖错缝平砌，长 0.37、宽 0.36、厚 0.05 米。根据破坏坑的剖面堆积可知，局部地面方砖下垫有一层厚 0.45 米的黄土，再下为厚约 0.25 米的灰土，再下为基岩。有的地方是在基岩上直接垫黄土找平后再铺方砖。

（5）灶

在北面、西面火炕附近，发现 3 个明灶坑，编号 Z1~Z3。Z2 位于北面火炕西部，平面呈长方形，内有烧灰和炭粒，深 0.11~0.22 米。Z3 位于 Z2 以东 1.51 米处（图版二九四，2），平面呈正方形，内有烧土灰及烧骨，灶内堆积厚 0.22 米。与火炕用两处火道相连，火道宽 0.11~0.25 米。火道内出土一件锈蚀铁环和一头盖骨残片。西侧灶 Z1 深 0.13~0.23 米。

（三）东基址（J3）

东基址（J3）没有经过大面积发掘。仅根据 2004 年考古钻探的线索，布十字探沟两条。

2008G1 为南北向，南北长 38、东西宽 1 米。发掘面积 38 平方米。2008G2 为东西向，位于 G1 北端。

G1 探沟内分布有遗迹 4 处（图版二九五，1）。自北而南第一处为东西向砖墙，位于自北向南 4.3 米处。第二处为南侧的东西向石墙，位于自北而南 13.5 米处。这两道砖墙相距 9.1 米，或许为房屋的北墙和南墙。第三处为炕面，位于自北 5.7 米处，两道南北砖墙上盖有石板，推测其可能为炕面。第四处为黄土面，位于探沟自北而南 19.6~23 米处。

G2 探沟东西长 14、南北宽 1 米（图版二九五，2）。探沟内的遗迹有 4 处：第一处遗迹为炕面，位于探沟自西而东 7.5~8.7 米处，为砖墙上盖石板，与 G1 北部的遗迹为同一炕面。第二处为石板遗迹，位于探沟自西而东 10.5、12.2 米处，底部平铺数块石板，石板下叠压砖块。第三处为南北向砖墙，宽约 0.3、残高 0.3 米。位于从西到东 8.7 米处。第四处为一道南北向石墙，位于探沟东端，石墙宽 0.65 米，为砖石混筑。此两道南北向墙体相距 5.3 米。

根据探沟试掘资料可知，东基址存在火炕面、砖墙等遗迹，大体为一座长方形房屋建筑。南北宽约 9.1、东西进深约 5.3 米。